Welcome to
元宇宙书房

我的Avatar数字化身"李小帅"7x24小时随时恭候哦！

调查问卷

欢迎区

答题游戏

七大
功能区

介绍区

阅读区

大屏区

视频墙

扫码立即进入

前沿科技·科普系列

工业元宇宙

李剑峰　著

电子工业出版社·
Publishing House of Electronics Industry
北京·BEIJING

内 容 简 介

数字科技的高速发展，推动工业社会持续地走向数字化。从企业的数字化转型，到数字政府建设，再到数字城市、数字地球，以及人类日益数字化的生存方式，我们生活在其中的这个科技发达的工业文明世界，逐渐形成了一个"数字化版本"——这就是工业元宇宙。

本书通过六章内容，介绍了工业元宇宙的前世今生。第一章介绍工业元宇宙前传，包括元宇宙的萌芽和实践等；第二章介绍元宇宙的概念、要素及风险；第三章介绍工业元宇宙的概念，指出工业元宇宙是数字化发展的必然趋势；第四章描绘了工业元宇宙带来的一些全新体验，包括新经济、新商业等；第五章介绍工业元宇宙的关键技术，包括沉浸式交互技术、互联技术和映射技术；第六章介绍作者对工业元宇宙未来发展的一些思考。

本书适合所有对前沿科技感兴趣的读者阅读。

图书在版编目（CIP）数据

工业元宇宙/李剑峰著. —北京：电子工业出版社，2022.6

（前沿科技. 科普系列）

ISBN 978-7-121-43781-6

Ⅰ. ①工… Ⅱ. ①李… Ⅲ. ①信息经济－普及读物 Ⅳ. ①F49-49

中国版本图书馆 CIP 数据核字（2022）第 101381 号

责任编辑：满美希

印　　刷：天津千鹤文化传播有限公司

装　　订：天津千鹤文化传播有限公司

出版发行：电子工业出版社

　　　　　北京市海淀区万寿路 173 信箱　　邮编：100036

开　　本：720×1000　1/16　印张：17.75　字数：290 千字　彩插：2

版　　次：2022 年 6 月第 1 版

印　　次：2022 年 6 月第 1 次印刷

定　　价：88.00 元

凡所购买电子工业出版社图书有缺损问题，请向购买书店调换。若书店售缺，请与本社发行部联系，联系及邮购电话：(010) 88254888，88258888。

质量投诉请发邮件至 zlts@phei.com.cn，盗版侵权举报请发邮件至 dbqq@phei.com.cn。

本书咨询联系方式：manmx@phei.com.cn。

序一

两周前李剑峰博士给我打电话，让我为其著作《工业元宇宙》作序，我先是吃惊，后是犹豫。吃惊的是去年刚刚火起来的元宇宙，他已经写成书！犹豫的是我对元宇宙知之甚少。我只知道元宇宙是一个虚拟世界，现在的真实世界可以与此关联，还知道与元宇宙关联的概念股涨幅很大，风投等都赚了钱，也知道 2021 年是元宇宙的元年。除此之外，我一无所知，如何作序？电话里他听出了我的犹豫，马上说尽快给我一本样书，让我看看再定，我便接受了他的建议。上周日，他亲自把样稿送给我。一周来，特别是这个周末，我一口气读完了《工业元宇宙》，感受颇深：

首先这是一本主体脉络十分清晰的科普著作。本书不但文笔流畅、通俗易懂地介绍了元宇宙的基本概念、发展历程、基本内涵、关键要素和风险防范，而且系统论述了工业元宇宙定义和关键技术，以及工业元宇宙与互联网、数字化、人工智能的关系。《工业元宇宙》是一本当代信息科学发展的教科书，值得向关心和从事信息科学的科技与管理人员推荐。

在全球新冠肺炎疫情暴发和蔓延的背景下，在保障供应链畅通、支持复工复产方面，数字技术发挥了不可替代的作用，促使视频会议、居家办公等数字化办公模式大行其道；俄乌冲突中信息战、网络战、认知战的作用进一步凸显，数字技术在地缘政治中占据举足轻重的地位；应对全球气候变暖，碳达峰碳中和战略成为全球共识，在节能减碳、降低单位 GDP 能耗、能源互联网等诸多方面，数字技术已是不可替代的中坚力量；在数字

技术特别是移动互联网快速发展的推动下，全人类都在向互联网迁移，据有关报道，截至 2022 年 1 月，全球互联网用户数量达到 49.5 亿人，占全球总人口的 62.5%，其中通过手机访问互联网的用户占互联网用户的 92.1%。整个人类的"半个身子"已经进入数字世界。这个数字世界，就是本书所讨论的工业元宇宙，它是当前工业社会的数字化升级版，是一个平行的数字宇宙。人类以全新的方式在其中生活、工作，并通过和现实世界的互动，推进人类文明发展达到新的高度。

其次，元宇宙不仅是一个带有几分科幻色彩的话题，也是一个极具前瞻性和挑战性的话题，我不禁感叹作者的知识渊博与写作的勇气。我和剑峰相识于 2002 年，当时我在中国石化石油勘探开发研究院任院长，他是计算所所长。见面不久他给我推荐了《第五项修炼》，我读后受益匪浅，由此石油勘探开发研究院建立起学习型组织，这是在我任院长期间，石油勘探开发研究院取得快速发展的关键。剑峰也因为持续学习能力强，德才兼备，先后担任研究院副总工程师、南京物探技术研究所所长（现南京物探技术研究院）等职，2006 年调中国石化总部任信息化管理部副主任、中国石化集团首席专家等重要职务。在这 20 年的时间里，我们始终密切联系，其中缘由，一方面是他不忘记老领导，这是他的人品使然；另一方面是我始终愿意与他交谈，学习新知识、汲取新营养。前两年我还在学习他编写的《智能油田》一书，这一次他又给了我先睹为快的机会。

宇宙本身是包罗万象的，本书从元宇宙到工业元宇宙，从科幻电影到现实世界，从工业元宇宙的核心技术到数字人的伦理，从信息技术到科学哲学，从元宇宙概念的初创人尼尔·史蒂芬森到把 Facebook 改名为 Meta（即元宇宙公司）的创始人扎克伯格，从中国古代的老子、孟子到古希腊的先哲，为读者展现了一部纵横交错、内容丰富多彩的工业元宇宙百科全书。

最后，剑峰站在人类发展的高度，讨论了元宇宙发展当前存在的乱象，规避了元宇宙的"五弊十伤"，独辟蹊径地提出了拨乱反正、行稳致远的发展思路，那就是工业元宇宙。作者以工业发展为主线，审视企业数字化转型的方向、展望数字技术发展的前景、透视产业融合发展的趋势，描绘了工业元宇宙中新工业、新经济、新人类、新文明协同发展的美好前景。

从企业发展的角度看，工业元宇宙无疑是企业数字化转型的终极目的。企业作为工业社会的重要组织形式，在其转型过程中，从技术、设施、工艺、流程到员工、组织、文化、经济形态等全方位的逐步数字化、智能化、模型化、优化并升级、映射到数字世界，成为工业元宇宙的核心构成要素，成为工业元宇宙稳定发展的压舱石。

未来我们将在现实世界中"寄身"，将有大量的时间"神游"在工业元宇宙之中，我们会在工业元宇宙中工作、社交、生活，从事各种商业活动、艺术创作或其他创造性工作，我们会逐渐习惯于和数字化身、数字员工、NPC 等元居民一起组建团队、开展协作，由此也会诞生新的组织方式、生活方式，逐渐孕育新的习惯、新的文化。

工业元宇宙是一个全新的宇宙，其中的一切都有待于开发和建设：技术、标准、协议、接口、习俗、文化，等等，如果我们能早点进入，就不需要也不可能跟在别人后面亦步亦趋，我们就能构建自己的标准、传播自己的文化，拥有新世界的话语权，就能真正实现在新的赛道上"换道超车"。当然这需要开拓创新的勇气，需要百折不挠的意志，我们应当砥砺奋发、笃行不怠、勠力同心，创造属于我们的工业元宇宙。

2021 年被称为"元宇宙元年"，到现在不过一年多的时间，工业元宇宙还是一个全新的领域。本书是我见到的第一本系统讨论工业元宇宙的书，很多认识还在起步阶段，有些观点还存在争议，不少探索都走在风险和机遇并存的道路上，比如，人类自产生文明以来，走过了农耕时代、工业化时代和现在的后工业化时代，时代特征十分清晰。相对应的元宇宙与工业

元宇宙的本质区别是什么？还有农业元宇宙吗？或后工业元宇宙吗？这是历史给我们的机遇与考问，我们唯有迎难而上、上下求索，才能不负时代、不负民族！

这本书所展示的正是这么一种敢为人先的大无畏勇气！

由于基础知识不足，时间紧迫，不吝浅薄，记录于此。

是为序。

中国科学院院士　金之钧

2022 年 6 月底于北京大学朗润园

序二

元宇宙一词从在科幻小说中被创造出来已经有几十年的时间了，几十年间孕育、成长、壮大，终于用这个概念支撑起一家成功的上市公司，进而火爆全球。这件带有几分魔幻色彩的事情就发生在我们眼前，足以引发我们的思考。

现实中发生的所有魔幻似乎都和数字技术有关。数字技术在现实社会中展现了一个个现实的魔幻场景，并且还在不断创造奇迹。

随着数字技术的广泛应用，"千里眼、顺风耳"的神话早已变得寻常；2011 年，由 90 台 IBM 服务器组成的沃森超级计算机，在一档冠军奖金为 100 万美元的语言类智力竞赛节目中，击败了雄居冠军宝座多年的两个人类选手，其间计算机不仅要听懂主持人的问题，还要理解隐藏在微妙的文字游戏、反语和谜语中的问题线索；2004 年，一位名叫扎克伯格的在校学生，在大学宿舍创建了 Facebook 公司，2018 年初，Facebook 用户数达到 21.7 亿，短短十几年的时间就成为世界人口第一的数字帝国，2021 年 4 月扎克伯格个人财富位列"2021 福布斯全球富豪榜"第 5 名；2016 年，谷歌人工智能软件"阿尔法狗"击败人类世界围棋冠军，摘下世界智能游戏的"皇冠"，攻克了过去人们认为计算机不可能进入的堡垒。

在中国石化这样的传统企业中，数字技术同样展示着一个个魔幻时刻，在新冠肺炎疫情的背景下，加油站既要实现加油工和车主的隔离，又要保证业务运行，我们有了"不下车、不开窗、一键送到后备箱"的客户服务系统；中国石化的电商平台集成了数百家上下游供应商的企业内部系统，不需要供应商大会，互联的系统可以实时沟通企业需求、供应商生产、库存及物流信息，打造了高效有韧性的供应链；中国石化集团总部的"智能运营中心"，不仅能够实时穿透到每一个装置、每一个泵站、每一把加油枪，实现细致入微的管理，而且能够实现全集团实时核算，知道每天的盈利情况，也能够根据市场波动实现全局的生产优化，实现了集团级的"尽收眼底、实时决策、全局优化、智能运营"。

当前我们正面临着百年未有之大变局，新冠肺炎疫情叠加国际竞争加剧、俄乌冲突、极端天气、双碳目标等多重因素，不确定性增加，企业面临更加复杂多变的经营和发展环境，数字技术、数字化转型、数字经济等成为数字化时代提升企业韧性，助推企业行稳致远、健康发展"关键的一招"，数字技术飞速发展、企业数字化转型如火如荼。

本书作者李剑峰同志长期从事企业信息化工作，在石化信息化、数字化、智能化建设中积累了丰富的实践经验，并在实践中勤于思考、善于总结、勇于创新，不断深化对产业数字化的认识，前不久他刚刚出版了《企业数字化转型的认知与实践——工业元宇宙前传》一书，其中既有企业数字化转型的实战指南，也有对数字化转型未来蓝图的展望。

《工业元宇宙》一书所描绘的则是一个全新的时代蓝图。当前数字化大潮汹涌澎湃，从国民经济、社会生活到各行各业都在数字化的道路上飞速前进，当前我国网民总数已经超过 10 亿、我国数字经济在 GDP 中的占比已经超过 40%，整个工业社会的数字化趋势已经成为不可阻挡的潮流。《工业元宇宙》一书前瞻性地探讨了当我们整个工业社会进入数字世界后的未来场景，为人类社会在数字化发展的道路上行稳致远提供了一个超前思维框架，引人入胜、启迪思考。

2021 年 12 月，国务院印发了《"十四五"数字经济发展规划》，2022年 6 月，国务院印发了《关于加强数字政府建设的指导意见》，科学研究也已经从实验范式、理论范式发展到数据密集型科学发现的"第四范式"。政府的政策指引和科技自身发展规律的带动，为广大科技工作者的数字化转型提供了遵循，《工业元宇宙》一书中描绘的"双融四新"发展途径也具有现实指导意义。

著名未来学家阿尔文·托夫勒（Alvin Toffler）曾经说过："唯一可以确定的是，明天会使我们所有人大吃一惊。"工业元宇宙是一个全新的数字宇宙，亟待龙头企业积极加入，为之打基础、定标准、建生态，要积极抢占文化的制高点，让东方文化的血脉成为工业元宇宙的文化根基。《工业元宇宙》是一声呐喊、一个起步、一点星火，诚望广大科技工作者以此为基点，踔厉奋发、笃行不怠，走出中国科技"换道超车"的新通途，翻开中华民族大国崛起的新篇章。

中国工程院院士　郭旭升

大咖推荐——先"读"为快

元宇宙被视作下一代互联网的萌芽，是数字化发展的新阶段，将加速人类生产、生活方式的变革。推动"研、产、销、服"各环节的数据融通与虚实联动，是工业数字化改革的关键，也是元宇宙的核心理念。展望未来，工业领域将成为元宇宙蓬勃发展的重要土壤。《工业元宇宙》系统地描绘了未来新工业的图景，带我们探寻关键技术与实现路径，也引发对未来虚实空间风险与机遇的思考。作者深入浅出的前沿介绍，将带给我们更多对工业数字化转型的期待。

——教育部"长江学者奖励计划"特聘教授
北京大学工学院副院长 宋洁

大卫·克里斯蒂安在《起源：万物大历史》中写道：世界是由能量和信息构成的。沿着这个思路，我们可以发现人类社会的经济运行模式，由三大环节构成，从能源与信息的生产到传输，再到应用，形成一个闭环。到目前为止，这个闭环先后经历了碳基能、硅基能和比特能三种模式。碳基能闭环的代表就是石油工业。硅基能闭环则出现在当下的中国，从以多晶硅为核心的光伏发电，到特高压输电，再到电动车，有人将其称为中国崛起的"换道超车"模式。在硅基能闭环如火如荼的当下，比特能闭环又乘风而起，那就是元宇宙，它在能量和信息的生产、传输、应用三大环节中，将物理世界与虚拟世界紧密地融合在一起，开启了信息创世的新纪元，正在重塑一场新的文明。

我相信，当你打开《工业元宇宙》后，作者会带你经历一场未来工业制造的奇幻之旅。未来已来，让我们一起体验新的人间烟火吧！

——思爱普（中国）有限公司首席数字化转型专家　**孙惠民**

元宇宙，一个在数十年前的科幻小说《雪崩》中所描绘的庞大虚拟现实世界，一个被构思成通过脑机接口进入并获得感官体验的虚拟世界，在全球因新冠肺炎疫情肆虐而不得不采取非接触式交流方式的时代突然引爆，迅速成为科技界、投资界及社会治理领域的热门词汇。信息化和数字化专家李剑峰博士与这个词发生了强烈共振，他敏锐地预感到，这个与现实世界平行并反作用于现实世界、多种高科技结合、不断生长的元宇宙，将在工业领域完美实现，并对传统工业产生巨大的颠覆性影响。这部《工业元宇宙》，保持李剑峰博士的一贯风格，深入浅出、文采四溢，值得一读！我强烈推荐！

——哈佛大学工程与应用科学学院杰出客座教授
中国石油大学（北京）人工智能学院院长　**肖立志**

李剑峰博士是我在工作中接触到的最具情怀、积极探索并落地实干的工业数字化引领者之一。他在书中高屋建瓴地描绘了工业元宇宙的内涵外延、发展规律、社会形态等，让我们越来越接近和理解数字化世界的真相。李剑峰博士对工业数字化的体系思考、对原创理论的系统构建、对技术前沿的洞悉，无疑给我们的实践工作提供了新的视角和现实指导。

阅读本书时，我在脑海里不断构想工业元宇宙落地的价值场景、有效的路径和方法、核心竞争力等。期待后续能与李剑峰博士有更多的交集和探索，一起为中国工业高质量发展添砖加瓦。

——中国电子科技集团太极股份企业 BG 工业创研院原院长　**彭丽林**

数字时代在不知不觉中到来了，人们在生活于大千物理世界的同时，

日渐步入天马行空的数字世界，30 年前出现在科幻小说中的元宇宙，正在变成现实，而工业作为社会经济发展的中流砥柱，它的变迁更是牵动着无数人的心弦。

本书以通俗易懂的语言，图文并茂地展示了元宇宙的发端、全貌和挑战，描绘了工业元宇宙的架构和关键技术，带领大家畅想工业元宇宙未来话题，给人以启迪。本书是使我们能一窥工业元宇宙的不可多得的书籍，推荐给大家。

——昆仑数智科技有限责任公司党委书记、总经理　杨剑锋

工业革命经历了蒸汽时代、电气时代，正在经历科技时代。每个时代新技术的出现，都推动了生产力的发展，给全球经济创造发展机遇，促进社会的进步。

随着科技的迅猛发展，工业元宇宙将进入人类的生活和工作中。李剑锋博士凭借对科技的热爱，撰写《工业元宇宙》科普著作，助力全民加深对工业元宇宙的了解和认识，对我国早日实现工业现代化具有积极的指导作用。

——中国计算机用户协会副理事长兼秘书长　唐群

元宇宙风口正盛，是未来已来还是概念炒作？李剑峰博士率先做了有益的探索。元宇宙不是一个简单的虚拟世界概念，而是物理世界与数字世界的深度融合，是人类未来工作、学习、娱乐、社交的新模式。

本人长期从事油气生产数字化建设工作，实现了超过 10 万口油气水井、2000 座站场由传统的生产模式向数字化生产模式的转变，工业元宇宙为新一代油气生产数字化指明了方向。让我们一起跟随元宇宙的发展步伐，走进一个全新的数字时代。

——中国石油勘探开发研究院首席专家　龚仁彬

卡尔达舍夫提出的文明等级表明，我们当前处于 0.73 级中。元宇宙所需的计算渲染资源，穷尽地球之力也不能支撑，必须依靠太空工业进行能源的获取。所以构建工业元宇宙，不仅是建造数字孪生世界的远程智能操作台、创意设计制造的工程化游乐场，更是建造探索星辰大海的模拟仿真试验地。工业元宇宙是支撑元宇宙存在的基础压舱石。强烈推荐大家阅读这本书，其精神内核至少可以帮助你的个体在高度沉迷的元宇宙中，保持理性和存在。

——北京虚实科技有限公司创始人兼 CEO　张金玉

元宇宙是大数据时代孕生出的新兴事物，本质上是对现实世界的虚拟化、数字化过程；工业则是基于对自然资源的加工而产生的。二者看似风马牛不相及。所以，我最初在听到李剑峰先生这个《工业元宇宙》的书名时，心里不禁充满了好奇。

在本书中，李剑峰先生站在时代的高度上思考，以独具智慧的视角，为原本平行存在于两个世界中的"工业"与"元宇宙"，在二次元的空间里找到了一个完美的交汇点，从而为我们这些原本沉浸在传统工业思维中的人们，推开了一扇全新的逻辑之门，进而帮助我们建立一个全新的、立体的新式工业思维模式。

——财经资深记者　傅明

工业元宇宙是一个关于梦想、雄心、技术、实践、生活、未来等话题的系统性体系，本书从工业元宇宙的前世今生到未来发展趋势，从基本概念到全新体验，从构成要素到关键技术，从发展现况到未来发展预测等方面，全面且深入地介绍了工业元宇宙的知识体系，是带我们走进和了解工业元宇宙的首创之作。

——DAMA 中国理事　郑保卫　博士

祝贺李剑锋博士又一大作即将问世！马克思、恩格斯在《德意志意识形态》中描述了未来世界理想的生活状态：人们不再把劳动作为谋生的手段，而是作为人生快乐的第一需要，人们有充足的时间，可以上午打猎，下午捕鱼，傍晚从事畜牧，晚饭后进行批判，每天可以做自己喜欢的任何事……工业元宇宙就是通向这一理想生活的桥梁，必将推动工业文明升维，社会形态升维，人类生活也将随着工业元宇宙的到来而发生巨大改变。期待！

——中石化石油工程地球物理有限公司

原执行董事、党委书记、总经理　**周松**

在工业元宇宙中，工业产业所期盼的各种神奇功能都可能实现，那是未来工业文明所展现的最高级形态！

由实向虚：工业企业通过数字孪生等方法实现由现实世界向虚拟世界的映射，完成工业元宇宙建设，现实工业将在工业元宇宙中摆脱各种物理限制，从而使工业生产全环节超越空间、地域限制，可在多维度开展同步协同，工业水平得到极大提高。

由虚向实：工业元宇宙不仅是现实世界的映射，还能实现超越现实的体验与交互。透视地层，深入地下去观察、研究油气矿藏，犹如亲临；直上九天，到太空之外，去探索宇宙星辰的演化，一念万年！元宇宙中的研究成果可以落实到现实世界中，助推现实世界的进步发展。

虚实相生、虚实互动：工业社会积累的各种认识、规律，在虚实宇宙之间的穿越往复中再现、再悟、再升华，推动人类工业文明迈向更高的阶段。

——胜利油田临盘采油厂信息中心　**关治国**

油气工业面向深地，上天容易入地难，更加需要新一代数字技术和传统油气业务的融合创新。在油气田勘探开发中，可视化的数字油气储层精细描述，可视化的井筒、地质导向与作业现场，以及实时的地质工程数字一体化互动……油气田开采从过去摸着打变成看着打！期待有一天大家相聚在油气田工业元宇宙中，在数据里找油气，未来油气田的新运营模式充满无限可能。

—— 中国石油化工股份有限公司中原油田分公司

信息化管理中心党委书记、副经理　**龙飞**

当下，工业元宇宙还是个梦想，但它并不遥远。如同二十多年前的数字油田之梦，如今已经基本实现，并逐步发展到智能阶段，正在向更远大的目标——油田元宇宙或元油田迈进。

我们的事业，需要脚踏实地的建设者，也需要披荆斩棘的开拓者，更需要先知先觉的思想者和高瞻远瞩的领航者。不论你是哪个角色，《工业元宇宙》都可以成为你的一本专业教科书和实操导航图。

从"数字"到"元"，就是从"模拟"到"超越"、从"信息"到"全息"、从"系统"到"大系统"——从数字油田到工业元宇宙。我们一路携手并进，矢志不渝，奋勇争先。今天，让我们带上导航图，再次扬帆起航，向新的梦想出发！

—— 大庆油田页岩油指挥部信息综合组组长

数字油田专家，正高级工程师　**王权**

新兴事物快速发展，认知不同，必有争议。加快数字化转型智能化发展，打造未来数字化企业，是业界共识。元宇宙是未来新型社会体系的数字生活空间，而工业元宇宙必将成为未来工业企业的数字化新模式。未来数字化企业在工业元宇宙中的存在形式、应用场景、支撑技术、商业用途和运营模式等，都值得我们进行深入探讨和前瞻性研究，以寻求工业企业

数字化转型发展的落脚点和归宿。

可以预见，未来工业元宇宙必然具备三大特点：

一是无处不在的联通性。感知和互联带来无限想象空间，企业内部、产业链上下游和行业生态模式全面演化，无边界、全业务、全数据、多场景的全面联通，虚实镜像全面融合，业务边界无限拓展，工业互联、跨界异业合作、多样化和数字化运营成为可能。

二是无所不有的体验感。虚实和情境化体验带来无限应用可能，场景式、触发式、沉浸式的用户体验，所感所得的交互体验，大数据、人工智能、虚拟现实、增强现实、数字孪生和区块链等新兴技术全面融入工业企业生产和经营的全过程，彻底打破传统工业企业应用的局限和束缚。

三是无所不能的智能化。软件定义一切开启全新企业应用模式，提供全景化、亲情化、多样化的定制服务，业务场景化和全面云化发展，大数据和人工智能等技术、产品、应用和产业深度融合，智能化处理、智慧化分析，未来数字化企业将进入"人机一体"的智能企业应用模式。

——北京神州宏图科技有限公司总经理　孙立宪　博士

技术是人类能力的延伸，借助元宇宙的虚拟化与现代通信的低时延传输，人类将可以远程控制阿凡达，出差、开会、探险、旅游或许不再需要本人亲临，元宇宙会在视觉方面消除时空的距离，传感器与遥控机器人会让行为跨空间同步。万物互联，人类个体感知或将无处不在。而脑机接口等元宇宙相关技术会持续演进，终将带来技术爆炸，人类技术发展方向将走进新的范式，数字孪生发生进化，奇点来临。《黑客帝国》《头号玩家》中的虚拟世界终将变成现实。

——东营靶点软件有限公司技术总监　郑曙光

发现新宇宙

天下万物生于有，有生于无。

——《道德经》老子

万物皆数。

——毕达哥拉斯学派

由于万有引力等定律的存在，宇宙能够而且也必定是无中生有，自我创造的，无须祈求上帝之手让宇宙运转，自我创造是宇宙、人类存在的原因。

——《大设计》斯蒂芬·威廉·霍金

——他们来这里就是为了做梦吗？

——不是，他们是为了醒来。

——电影《盗梦空间》

在现实世界中，人类创造了发达的工业文明。随后，人类开始把自己珍贵的创造物一点一滴迁移到自己创造的数字空间中，藏了起来，而今，我发现了它，这就是工业元宇宙。

——李剑峰

从大学接触用纸带穿孔、身形庞大的"原始"计算机开始，我此后漫长的工作经历都和计算机紧密地联系在一起。现在回想起来，开始用汇编语言，后来用 BASIC、Fortran、Pascal、C、C++、Java……现在可以用人类的正常语音和计算机对话。这就像面对一个牙牙学语的婴儿，一开始用童言童语和他对话、教他知识，之后陪着他慢慢成长，和他一起生活、一起工作，逐渐走进他的世界——一个人就是一个世界。

而今，计算机长大了，通过网络连接的一个个节点覆盖全球，包括海洋和太空；它的知识体系无比庞大，几乎储备了人类的所有知识，甚至还包括一些人类都没有掌握的"暗知识"；它的能力无比强大，运算速度是人类的无数倍；它的感官无比发达，摄像头、温度、压力、运动等各类传感器，各种仪器仪表，遍布大街小巷、江河湖海、每个家庭、每个工厂；它的成长无比迅猛，按照摩尔定律不停翻番、从未停歇。

在我们不经意间，计算机的"内心"已经无比丰富，丰富到远远超出我们的想象，那已经形成了一个宇宙！

就像我们从未留意过，也从未打开过的孩子的抽屉，那也是一个小世界。

近几年我专注于企业的信息化、数字化和智能化建设工作，特别是推动企业的数字化转型，近距离聆听企业从物理世界匆匆走向数字世界的跫音，感受到一种无法阻挡的节奏。那是一种春雨骤至、竹笋破土的声音，迅猛有力、无所不在。如果说前些年推进信息化，在企业中总是还有一些久推不动的"缓慢部门""沉睡部门"，不知何时，所有的部门都突然醒来，纷纷提出数字化、智能化的急迫需求，仿佛要立刻把蹉跎的时光都抢回来。

每当这时，我的脑海中总是浮现出巨轮新船下水的场景：斜向滑道上巨轮的固定装置已经被拆除，绳索已经被切断，巨轮以不可阻挡之势，越来越快地冲向无边的海洋。

企业的巨轮在越来越快地"滑向"数字化，周边的一切也都在同一条滑道上：数字生活、数字城市、数字矿山、数字政府……整个工业社会、全部工业文明都在数字化的"斜向滑道"上飞速向前——前方那片依稀可见的图景就是"工业元宇宙"。

工业元宇宙一直就在我们身边。几十年来，我们通过"窗口"在里面堆满了数据、算法、模型、系统、应用等各种各样的东西，但从未进去过，只是当作存放东西的仓库。直到我们的数字化身"阿凡达"第一次进入，才发现这个宇宙已经展露雏形。

大道至简，工业元宇宙的建设并非遥不可及！

遥想 20 世纪 70 年代，那个时候的计算机性能还不及现在手机的百分之一，当时的通信、空间定位、材料等技术现在看来都很落后，但"阿波罗"计划照样完成了把人类送上月球的壮举，以至于至今还有人不敢相信，仍在质疑"登月"的真假。

"阿波罗"计划的成功在于用一个伟大的目标，把当时最新的技术和精英凝聚起来，在服务目标完成的同时完善新技术、催生新技术。它不是简单地用技术，而是发展技术。

同样，工业元宇宙的相关技术都已经存在（也许并不完善），如人工智能、区块链、3D 建模、物联网、数字人、移动通信、VR、AR、数字孪生技术，等等，我们需要一个伟大的目标、宏伟的计划，把所有的技术融合起来，相互促进、共同发展，在完成伟大事业的过程中促进技术的成熟，而不是等待所有技术都成熟再去完成伟大的事业。

从国际竞争的大视野来看，我们在发达国家开拓的工业化道路上"追赶"了很多年，我们虚心学习、不停地"对标对表"，亦步亦趋地沿着前人的足迹前行。当我们快要接近那些前行者时，能够清晰看到的不仅有前行者的脚印，还有他们故意留下的陷阱和绊脚石。前行者不会让道，在同一条道路上弯道超车存在巨大的撞车风险，换道超车、另辟蹊径，也许会是更好的选择。

在工业元宇宙中，我们和发达国家一起发现"新大陆"，同时印下第一行足迹，在同一个起跑线上，考量的是勇气、智慧、勤奋和毅力。在这几个方面，中华民族从来都是最优秀的选手。纵观人类数千年的文明发展史，中华民族一直引领着历史的潮流，近代百年沉睡的雄狮，而今已经醒来，我们重新站到了历史正确的一边。

人世间有千万条道路，哪一条是成功的道路？脚下的这一条！

元宇宙概念的"泛化"对元宇宙的发展而言是一个危险的信号。有人把远古岩画、敦煌飞天、神话小说等和元宇宙挂起钩来，把所谓的"沉浸感"当作元宇宙的唯一标识，这是对元宇宙概念的曲解。元宇宙必须具备坚实的数字技术，是科技时代的产物，是工业文明的数字版。因此，工业元宇宙必须率先发展，奠定元宇宙的主基调。就像当前人类社会，工业文明是主基调一样。

本书从元宇宙的提出和爆发谈起，重点讨论了对工业元宇宙的思考和工业元宇宙优先发展的必要性、迫切性。工业元宇宙是装载工业社会数字化升级版的平行数字宇宙，是未来人类生存的新家园，是人类新文明的孕育之地。在工业元宇宙中有 5 类元居民，因为元居民对人类劳动的广泛替代，工业元宇宙是马克思所揭示的"存在于真正物质生产领域彼岸"的"自由王国"（《马克思恩格斯全集》第 25 卷），人类自身将从繁重的工作中解放出来，人类将不再被"捆绑"在机器设备跟前，不再被"栓"在办公室，可以自由地选择工作方式和工作地点，不再有蓝领、白领之分，实现社会分工的真正平等。企业员工的工作方式、企业的组织都将发生颠覆性变化，人类将有更充裕的时间从事艺术、科技等各方面的自由创造，工业元宇宙将带领人类文明达到新的高度。

回想十几年前首次读到《雪崩》中译本的时候，我被作者天马行空的幻想所折服，感叹中国科幻作家稀缺、科幻作品创作的落后。但不过几年之后，2015 年和 2016 年，刘慈欣的《三体》、郝景芳的《北京折叠》先后获得第 73 届和第 74 届雨果奖，这是世界科幻文学领域的最高奖，我们为科幻小说赶超世界水平而欢欣鼓舞。

然而，我作为一个在工业企业工作了几十年的科技工作者，对科幻作品的认识还停留在"科幻阶段"，总觉得科幻虽然带一个"科"字，但依然是幻想，科幻和实实在在的工业世界之间有着遥不可及的距离。直到 2021 年 Roblox 高举元宇宙招股说明书成功上市，引爆元宇宙元年，我才恍然大悟，我们真正缺少的不是科幻小说，而是把科幻变为现实的勇气！

从科幻小说中的一个概念到一个成功上市的公司，这种变化给我带来了巨大的震撼，也带来很多启示。2021 年我一直在跟踪、研究、思考元宇宙的方方面面，搜集了 40 多份元宇宙研究报告，发现这些报告大多是证券公司、银行、传媒、游戏公司等发布的，没有一个来自工业界。发现元宇宙初期在中国的发展很"虚"、很乱，卖元宇宙课程的、卖白皮书的、炒作NFT 的、卖虚拟房地产的，乱象丛生、泥沙俱下。我忽然明白，在一个"虚"的世界里，需要一个"实"的"稳定器""压舱石"，我开始结合自己正在推进的企业数字化转型工作，思考工业元宇宙的问题，我认为当前发展工业元宇宙才是元宇宙发展的正途，是元宇宙发展行稳致远的保证。

2021 年 10 月 15 日，在第五届国有企业数字化转型与发展研讨会上，我首次在公开场合谈论了自己对工业元宇宙的认识，得到了很好的反馈，随后在阿里巴巴 2021 年云栖大会上，我应邀做了一个演讲，在演讲的后半部分再次分享了我对工业元宇宙发展前景的乐观认识。此后，我还在不少场合（包括在中国石化内部）多次演讲工业元宇宙，上周末我刚刚完成了 2022 年世界工业互联网大会演讲视频的录制，演讲的题目是"数字化转型——工业元宇宙序章"。尽管自己每次演讲之后都会引起不少同行的关注，但真正开展工作、投入研究的科技工作者还不多，和社交、文旅、金融、娱乐行业内元宇宙的火爆相比，工业元宇宙依然有点"门前冷落车马稀"。我热切希望本书的出版能为工业元宇宙在中国的发展添一把火！

本书能够诞生也有一件趣事。我在云栖大会上演讲工业元宇宙之后，刚回到座位上，有一位美丽的女士过来跟我交换名片，并盛邀我撰写一本工业元宇宙方面的书，她就是电子工业出版社的满美希编辑。我当时觉得自己的认识还不够深入，有些忐忑和迟疑，推脱说再想想。刚回到北京的第二周，满美希编辑就和他们的柴燕社长一同到访我的办公室，还给我带来了几本他们出版的非常漂亮的出版物。我们的聊天愉快又深入，很快就坚定了我撰写本书的决心。我对他们敏锐的意识和敬业精神充满钦佩。

工业元宇宙是一个关于梦想、关于雄心的话题，是关于人生观、宇宙观的话题，也是一个关于技术、关于实践、关于生活、关于未来的话题。工业元宇宙，既是现在，也是未来！

本书的出版得益于电子工业出版社，尤其是满美希编辑、柴燕社长敏锐的嗅觉和开阔的视野，得益于中国石化集团信息和数字化管理部领导王子宗、张朝俊、景帅和部门同事们的宽容、理解和支持。在撰写本书的过程中，我向中国科学院金之钧院士多次请教，和中国石油大学（北京）人工智能学院肖立志院长、中国华能集团原首席信息师朱卫列、国务院国有资产监督管理委员会办公厅电子政务与信息化处处长朱占军等诸多领导、专家进行了多次深入讨论，获益良多，他们深邃的思考、透彻的洞见，带给我多方面的启迪，开拓了我的视野。

我对工业元宇宙的很多方面都还处于思考、探讨、完善的过程之中，书中的疏漏、偏颇甚至谬误之处在所难免，请有缘看到本书的读者朋友不吝赐教。为了更好地阐释观点，书中引用了不少来自"万能的"互联网和朋友圈的图片与文字，在此一并表示感谢。

欢迎关注我的微信公众号"十一维"，我会时常在这里撰写一些短文，发表自己的一些新认识。也欢迎进入我的"李博士的元宇宙"（其实是一个元域），"开轩面场圃，把酒话桑麻。"和我的阿凡达一起，讨论科技、讨论生活、讨论文明、讨论未来、讨论元宇宙的话题。

我在撰写本书的同时，也在开展元宇宙实践，尝试推出了一些与本书相关的 NFT，欢迎大家认领，期待大家的反馈。因书结缘，期待本书是一场友谊的开始。

2022 年 6 月

目 录
CONTENTS

工业元宇宙前传

工业元宇宙的提出受到了元宇宙概念的启发，但又不同于元宇宙。元宇宙一词诞生于几十年前的一本科幻小说，并在其后的一系列电影等文艺作品、游戏产品中不断地被应用、讨论和完善。这些零散在几十年之间的一次次思考和探索，如珍珠般散落在历史的海滩上，本章试图用一条思维的细线把它们串成一条亮闪闪的珍珠项链，呈现给读者，还原元宇宙的历史全貌。

1.1

创世——《雪崩》里的元宇宙

元宇宙（Metaverse）一词最早出现在《雪崩》这部科幻小说之中，是作者尼尔·斯蒂芬森（Neal Stephenson）创造的一个新词汇。《雪崩》是尼尔·斯蒂芬森的第三本科幻著作，也是第一本以网络人格和虚拟现实为特色背景的赛博朋克小说，内容涉及历史学、语言学、人类学、考古学、宗

教学、计算机科学、政治学、密码学、哲学等。小说中的人物在混乱的现实世界和虚拟的元宇宙之间迂回穿插、光怪陆离、虚实莫辨，是一部很好看的科幻作品。

既然 Metaverse 的源头就在这里，我们就从讨论这本书开始研究元宇宙，看看在尼尔·斯蒂芬森最初的幻想中，元宇宙的基本形态、基本构成。

人类是凌驾于万物之上的万物之灵，其根本的特质之一就是"想象力"。其中最为人类崇拜的是超前的"想象力"——预测的能力。

罗贯中在《三国演义》中描写的诸葛亮筑七星坛，披发仗剑、步罡踏斗借东风的场景，流传千古，塑造了诸葛亮千古第一智者的高大形象。但这毕竟是小说的虚构，和载于正史《三国志》中的事实风马牛不相及。

科幻小说则不然，科幻作家凭借其扎实的科学素养、敏锐的嗅觉和超前的思考，常常有很多"神预测"，提前几十年描绘出人类未来的生活场景。这些伟大的著作甚至在某种程度上指明了技术演变的路径，引导了科学的发展方向。

尼尔·斯蒂芬森无疑就是这样的科幻作家之一。

尼尔·史蒂芬森是美国著名的赛博朋克流科幻作家，在当今被计算机陪伴成长起来的一代 IT 人群中，他享有很高的声誉。其作品包括科幻小说、历史小说和高科技惊险小说，题材涉及数学、哲学、宗教、金融、密码破译和科技史等多个学科领域。同时，除了小说，他还频繁涉足于技术领域，担任公司顾问，并为各类杂志撰写了大量技术文献。

《雪崩》是尼尔·斯蒂芬森写作生涯黄金时代到来的标志性作品。

《雪崩》以一种不可抵挡的气势，征服了英语国家的读者，并迅速波及非英语国家和地区，成功地将科幻小说的重要流派"赛博朋克"推进到了后赛博朋克时代。

1.《雪崩》的故事

在四川科学技术出版社翻译出版的《雪崩》中译本中，有一个作者介绍，其中很好地概括了《雪崩》一书的主题：它是天下第一刀客的传奇；它是史上最酷滑板女郎的生活写真；它是最牛黑客的伟大冒险史；它是最凶悍杀手的宿命悲歌；它既是侠客小说，也是惊险小说，还是高科技小说，最终，它是有着坚硬技术内核及超凡想象力的一流科幻小说。它展现的"超元域"（Metaverse）对后来的计算机技术，尤其在游戏领域产生了深远影响。

《雪崩》的故事背景设定在 21 世纪的美国。在书中，美国社会彻底公司化，美国政府已经垮台，联邦政府将大部分权力给予私人企业家和组织。政府经商，沦为二流企业，为大财团、大公司跑龙套。将国家安全交付给了雇佣军队，公路公司之间也相互竞争来吸引司机上他们的路，政府剩余的权力只是做一些琐碎的文案工作而已。在严重的恶性通货膨胀下，美元急剧贬值，一兆美元也是一个会被忽略的数字，人们交易中通常使用的是其他货币。

主人公 Hiro 是一名顶级黑客，他在他的名片上写着"最后的自由黑客和世界上最强的剑斗士"，在失去工作之后，他成了一名为黑手党送比萨的快递员。在工作中他遇到了一位名叫 Y.T.的女孩，他们决定合伙进行情报工作。他们发现了一种名叫"雪崩"的药物，这种药物实际上是一种计算机病毒，这种病毒不仅能在网络上传播，还能在现实生活中扩散，是人和计算机共患的病毒，会造成系统崩溃和头脑失灵。这个病毒是由五旬节教会通过其基础设施和信仰体系进行传播的。在 Hiro 和 Y.T.的深入调查下，他们发现这种病毒与古代苏美尔文化有着莫大的联系。

在小说中，尼尔·斯蒂芬森创造了一个"超元域"（Metaverse），在现实世界中地理位置彼此隔绝的人们可以通过各自的"数字化身"在 Metaverse 中进行交流、娱乐，Metaverse 成为人们生存的重要组成部分。

书中的许多超前"幻想"如今已经成为现实，我们来看看下面的描述与现在常用的导航系统何其相似：

"由买主的来电号码可以推断出送货地址，将这个地址先输入智能盒的内置存储器，再传送到汽车上。于是，一幅闪闪发光的彩色地图便出现在挡风玻璃上，送货员甚至不必低头就能掌握行程。"

要知道，《雪崩》原著是在 1992 年出版的，1991 年 Web 技术标准才刚刚公开发布，互联网刚具雏形，手机还处在"大哥大"时代，移动互联还没有踪影，作者似乎就已经洞见了移动互联时代的到来。

2. 元宇宙（Metaverse）的提出及其基本形态

Metaverse 是《雪崩》作者创造的词汇，两个基本的词根分别是"meta"和"verse"，前者有"在……之后""超越"之意，后者明显来自 Universe。Metaverse 在《雪崩》中译本中被译作"超元域"，结合上下文意境，这个翻译还是恰当的。当然，现在人们更熟悉的译名是元宇宙，这是 Metaverse 从科幻小说走入网络世界后新的中文译名。

小说原著对超元域的基本描述是：

"他在一个由计算机生成的世界里：计算机将这片天地描绘在他的目镜上，将声音送入他的耳机中……这个虚构的空间叫作超元域。"

其后，小说对超元域还有很多细致的描述。

超元域的核心是"一条通衢，环绕于一颗黑色球体的赤道之上，这颗球体的半径超过 1 万千米，而大街更是长达 65536 千米，远比地球赤道周长长得多"。

"大街宽一百米，正中贯穿着一条狭窄的单轨铁道。单轨列车是一个免费的公用软件，可以让大街上的用户快速平稳地变换自己的位置。许多人登上列车只是为了来来回回地观赏沿途的风景。"

"当然，用户也可以自己开发汽车和摩托车软件，在电子夜幕下的黑色荒漠中狂飙竞逐。"

"和现实中的任何地方一样，大街也需要开发建设。在这里，开发者可以构建自己的小街巷，小街巷依附于主干道。他们还可以修建楼宇、公园、标志牌，以及现实中并不存在的东西。"

"这条大街与真实世界唯一的差别是，它并不真正存在，它只是一份计算机绘图协议……更确切地说，它不过是一些软件，通过遍及全球的光纤网络供大众使用。"

超元域的运营管理和盈利方式也有设定：

"若想把这些东西放置在大街上，各家大公司必须征得'全球多媒体协议组织'的批准，还要购买临街的门面土地，得到分区规划许可，获得相关执照，贿赂检察人员，等等。这些公司为了在大街上营造设施而支付的钱全部流入由'全球多媒体协议组织'拥有和运营的一项信托基金，用于开发、扩充机器设备，维持大街继续存在。"

"超元域中的每个人其实都是软件，名为'数字化身'，是人们在超元域互相交流时使用的声像综合体。"

"每个人的数字化身都可以做成自己喜欢的任何样子，这就要看你的计算机设备有多高的配置来支持了。"

"大街协议规定，数字化身的高度不得高于本人，这是为了防止有人使用无限高的数字化身四处游荡。"

"在超元域里，你能以任何面目出现：一头大猩猩、一条喷火龙，等等。"

"计算机懒得去费力解决数字化身之间的相撞问题，所以在大街上，数字化身们只需径直穿过对方的身体向前走就行。"

"当众多数字化身挤在一起的时候，计算机就会把所有的数字化身简化得如同幽灵一般，人人都成了半透明的鬼影。"

在一些高级的地方，如"黑日"中，人们都有精致的数字化身，数字化身之间是不能碰撞的。但"在大街上不值得使用精致的数字化身，因为那里拥挤不堪，所有的数字化身都交叠在一起，彼此穿插流动"。

"人们不能在超元域中的任何地方随意现身。"

"通过公用终端进入超元域后，你就会在入口处现身。大街上共有 256 个入口。"

"入口的功能同机场有些相似，这里是你进入超元域的地方。一旦你在入口处现身，你就可以到大街上行走，或者跳上单轨列车，去做任何事情。"

通过这些设定，就能够基本明了 Metaverse 的大致构想。由此也能够发现元宇宙的一些基本要素，如身份、沉浸感、实时交互、创造、交易，甚至是形成某种文明形态，等等。

3. 元宇宙的基本要素梳理

尼尔·斯蒂芬森提出了元宇宙这一概念，并没有专门大篇幅地刻画元宇宙的相关细节，而是在小说的故事情节发展中，不经意间展现出一些元宇宙独特的元素。

现阶段，元宇宙的定义还处在"一千个读者眼中就有一个哈姆雷特"阶段，吵闹喧哗均属正常。不同的观察者，其出身、背景、职业、修养各不相同，看待元宇宙的眼光和出发点也会有巨大的差异。理发师先看头发、体育老师观察手脚，每个人把握一个侧面，等到大家都观察一段时间，各种观点经过碰撞、融合后，就会形成一幅全面、完整的"图像"。

当前阶段，讨论元宇宙的定义固然很有意义，但从不同的方面去分析元宇宙，把握和梳理元宇宙的一些关键要素，也许是一种理解元宇宙、建设元宇宙更有效的方法。

从《雪崩》故事情节的发展入手，看看在科幻作家最初的构想中，元宇宙有哪些关键要素。

一是"底座"设定。关于元宇宙主体的设定，如前所述的通衢。元宇宙的"天空和大地都是漆黑一片，宛如一幅没有任何图像显示的计算机屏幕。这里永远都是夜晚，而大街上始终华丽耀眼、灿烂夺目。这个黑色的球体以及宽阔的大街就是元宇宙的"底座"，是数字世界元宇宙的"宇宙空间"，虚拟人的活动、建造、生存都在这里进行。

二是人物设定：数字化身（Avatar，阿凡达）。数字化身是真人在虚拟世界中的形象，可以任意设置不同的形象和性别，由真人操作其行动。"数字化身不会死亡、也不会崩溃"。但在格斗中，会出现数字化身被砍成两段造成的数字化身"死亡"，这种死亡其实是被踢出系统。"他的计算机会与全球网络，即超元域，断开连接，他会被踢出系统。这是超元域所能提供的最接近真实的死亡。"因为数字化身不能同时出现在两个地方，只能在死亡并被彻底清理后，"它的主人于是又可以像平常一样登入系统，创造一个新的数字化身四处游逛"。

三是交互方式：VR 头盔和沉浸感。在写作《雪崩》的年代，这些还都是很新潮的科技，给科幻作家提供灵感是必然的。沉浸感的另一个含义是一旦进入虚拟世界就不受现实世界干扰，游戏世界和现实世界割裂，和小说中描写的混乱现实相对照，这里有很强烈的"逃避现实"的味道。

四是去中心化。整个超元域的黑色球体是由全球各地的黑客们共同打造的，没有中心管控，除一些基本的系统设定外，对个人不加干涉，数字化身可以绝对自由地行动，因此难免充斥暴力和丛林法则，很多现实世界所不允许或者违法的行为，在这里肆意泛滥。这是元宇宙饱受诟病的重要因素。

五是社交。人们通过数字化身在元宇宙中活动，当然包括社交，可以结识朋友、组建团队，相互争斗或者相互帮助。这种沉浸式的社交方式，在形式上无限逼近现实世界，但因为是"虚假"身份，又可以避免真实世界社交的风险。

六是虚拟资产/土地。人们可购买虚拟土地，并在其上建设园区或房舍，也可以构建自己的小街巷。

七是虚拟交通。元宇宙中有免费的单轨列车可以搭乘，也可以自己开发汽车和摩托车等交通工具软件。

八是自由创造。如前面提到的在自有土地上随意地建造。包括"无视三维时空法则的特殊街区"，当然也包括基于软件开发的其他创造物，如小说中的主角"为了和朋友们四处行走，只好自己编写汽车和摩托车软件"。黑客是元宇宙时空的"大侠"，因为这里所有的创造物几乎都是由软件构成的。

九是交易。超元域中有和现实世界类似的各种各样的生活服务、物品买卖、演出、格斗、贩卖情报等，这些都需要通过交易来完成。不过在超元域中没有设计新的"数字货币"，而是通用很多现实中的货币，以刷卡的方式支付。

十是虚实共患的病毒。这是一个富有想象力的创造。"雪崩"是一种计算机和人共患的病毒，小说作者用了大量的篇幅，引经据典地"论证"了人机共患的可能性。最底层的逻辑就是"语言"，计算机受编程语言的控制，按照编程语言的指挥行动。人类语言在发端之初是最简单的，那时候的语言还只是如幼儿学语一样"咿咿呀呀"的简单音节，也许能找到一种计算机语言和人类语言共同的"根"语言，用这个语言来编写"指令"，同时操纵计算机芯片和人类的"潜意识"，这似乎存在逻辑上的可行性。

十一是文化方面。《雪崩》描写的是一个如同大都市一样有众多人物和关系的场景，因此，其中暗含了很多行为规范以及道德、文化方面的东西，并不系统、完整，但人际交往一定存在一些基本的道德规范。这也是一个新创建的"元宇宙"赖以正常运行的基础。小说中有非常浓厚的"后朋克"文化特色，"重科技、轻生活"，普罗大众的生活环境和生活质量普遍较低，两极分化严重，暴力和堕落充斥整个社会，毒品泛滥，等等。

小说中元宇宙设定的大背景是分崩离析的美国，美国"人人都有权为所欲为，而且人人有枪"，军队"分裂成一个个相互竞争的组织"，"大多数人连国会是什么意思都不太清楚"。

中央情报局变成了"中央情报公司"。

监狱和看守所变成服务公司，"看守所可以提供优质优价的监禁和管制服务，欢迎巴士整车运送的批量业务"。

比萨快递规定必须在半个小时送到，迟到哪怕一秒钟，顾客都可以枪杀快递员……

这些在原文中的设定无疑充斥着混乱、暴力的负面因素。

在《雪崩》作者幻想的元宇宙中几乎不存在所谓道德规范和行为准则之类的东西，人们进入元宇宙似乎就是为了超脱"现实的束缚"，追求一种虚幻的"极致的自由"。

这一方面可能激发无拘无束的自由创造，但同样，过度的自由注定会产生无政府主义、极端的利己主义等极端思潮。这种文化和现实生活相互影响，势必带来很多负面的文化因素。

元宇宙是超脱现实世界独立运行的虚拟世界，人们越是陷入虚幻的、自我想象的美好世界中，就越可能对现实世界产生厌恶和仇恨，进而催生心理扭曲与极端行为，对现实世界带来巨大威胁。

如果虚拟世界的运行规则和现实世界出现巨大差异，并且依托"去中心化""公开透明""平等自由""民主公平"等理念吸引大量精力和物力投入其中，就可能引发现实世界与虚拟世界的严重分化，甚至对立。

从小说中诞生，从游戏产业发展而来的元宇宙，就好像是在一张白纸上"绘画"。从心所欲、自由描绘固然能够激发创造者内心深层次的创造欲望，但这些东西极端个人化，很容易带来个人的负面情绪。自由描绘是没有现实"蓝本"的，过分的"虚拟"容易流于放纵。

工业元宇宙是参照现实世界中的"工业现实"描绘的，有"蓝本"作为参照，就不会过分失真。同时工业元宇宙的打造也会把"工人阶级"引入元宇宙，而工人阶级是最有组织纪律性的阶级，能够带来一系列的道德规范。

因此，在元宇宙的发端之初，就要进行文化层面的顶层设计，走好第一步。

赛博空间（Cyberspace）这个名词是由威廉·吉布森（William Gibson）在 1981 年的一部小说中创造的，随后在其著名的小说《神经漫游者》（*Neuromancer*，1984 年）中进一步具体化。同样是典型的赛博朋克流小说，同样包含科幻、性、摇滚、迷幻药、黑客科技等元素，但是在今天移动互联、人工智能等高度发达的背景下，元宇宙比赛博空间更胜一筹。

1.2

重生——Roblox 的元宇宙

从尼尔·斯蒂芬森创造出元宇宙（Metaverse）这个词汇起，已经差不多 30 年过去了，其间尽管时常有人提起，但真正让这个词汇引起街谈巷议、成为流行词的，是一家公司的上市。这家公司第一次把元宇宙写进招股说明书，成为"元宇宙第一股"，并使公司市值在两天内狂升数倍，资本的力量使"Metaverse"获得了重生，这家公司就是 Roblox。

2021 年被称作元宇宙元年。这一年的 3 月 10 日，"Big Bang"的一声，Roblox 通过 DPO 的方式在纽约证券交易所上市。上市前纽约证券交易所的参考价为每股 45 美元，上市后股价一飞冲天，第二天收盘，股价峰值达到每股 103 美元，成为美国资本市场炙手可热的明星股。

这一声"Big Bang"，让全世界瞬间知道了一个全新的概念——元宇宙。其实元宇宙的概念早已存在，但知道的有几人？这一声"Big Bang"才让元宇宙一鸣惊人天下知。

Roblox 是第一个把元宇宙的概念写进招股说明书的公司。该公司在股市上的火爆表现，刺激了新闻传播的神经，把元宇宙的概念变成了一个"流行语"。相比于元宇宙一词被提出后几十年的默默无闻，还是资本的力量更加强大，在极短的时间里，从纽约证券交易所走向全球的很多交易所，创造了许多元宇宙概念股的"涨停板"，把元宇宙推向了资本的风口、科技的风口。

1. 走出"小学生社区"

就像阿里巴巴曾经也有一个"黄页"的童年一样，Roblox 早在 2004 年

就已经成立。

Roblox 成立的基础是两位创始人 David Baszucki 和 Erik Cassel 编写的用于模拟物理实验的软件平台——Interactive Physics（交互式物理学），Interactive Physics 早期其实是一个"小学生社区"，其初衷是打造一个 3D 虚拟平台，学生可以在这个平台上以交互的方式，一起玩游戏、学习、交流、探索和连接。后来创始人想要更大规模地复制学生们的这种学习方式，充分激发学生的想象力与创造力，扩大规模和影响力，遂于 2004 年注册成立了 Roblox。

Roblox 是一个平台，在这个平台上，玩家可以利用系统提供的工具，编写各种各样的游戏，进而创造出自己的虚拟世界，想象力是唯一的限制。

玩家编写好自己的游戏之后，可以邀请朋友来玩，可以和朋友交换虚拟物品，可以用虚拟币进行虚拟交易，虚拟币还可以和现实世界中的真实货币交换。这个平台最先是在美国的小学生群体中流行，直到 2020 年新型冠状病毒肺炎疫情暴发，学生在家自学，让这款富有创意的沉浸式、交互式"游戏+学习"平台彻底燃爆。在公司上市前，Roblox 成为 2020 年占据美国 App Store 和 Google Play Store 榜首的游戏。Roblox 的发展历程如图 1-1 所示。

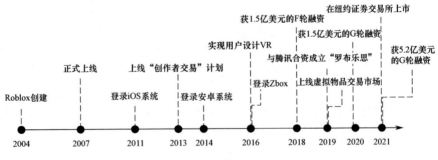

图 1-1　Roblox 的发展历程（资料来源：Roblox 网站）

2．Roblox 的生态

发展到今天，Roblox 已经不仅仅是一款游戏，而是一个内容生态平台，是一个兼具游戏、开发、教育属性的在线游戏创建者系统。Roblox 既提供游戏，又提供创作游戏的工具（Roblox Studio），同时它有很强的社交属性，玩家可以自行输出内容、实时参与，并且还有独立闭环的经济系统。

Roblox 中大部分内容是由玩家中的业余游戏开发者创建的。一些资深的游戏玩家经常会冒出一些有意思的游戏构思，但无法获得商业资助，就可以通过 Roblox Studio 自主创作游戏，然后邀请其他玩家来参与。随着其他人的参与，游戏规则在玩的过程中逐渐形成与完善。这种"创造性"吸引了大批希望打破固定的游戏框架、愿意自主发挥创造力的新生代玩家。

同时，为满足游戏社区玩家的整体需求，Roblox 的创建者也会对游戏进行快速的升级换代。正是由于游戏库能不断搭建、变化和扩展，Roblox 才能常玩常新、魅力不减。在 Roblox 的官方表述中，游戏被称作 Experience（体验）。截至 2020 年底，Roblox 用户已经创造了超过 2000 万种体验，其中 1300 种体验已经被更广泛的社区造访探索。这些体验都是由用户而非公司创造的。

用户可以在手机、台式机、游戏主机和 VR 头盔上运行 Roblox。注册创建一个免费的虚拟形象后，就可以访问绝大多数的虚拟世界。

Roblox 平台中不仅有游戏，还提供了"Play to Earn"（边玩边赚）模式。Roblox 创建了一个经济系统，提供一种既可以在游戏中使用，又能和现实世界中的货币进行兑换的虚拟货币——Robux。玩家可以购买 Robux，然后在虚拟世界中消费。开发者和创造者可通过搭建游戏来获得 Robux。

用户可以通过消费 Robux 来获取某一特定世界的最佳体验，或者买首饰和服装等通用道具来凸显个性。在用户购买道具时，其支付的 Robux 是

给该道具的开发者的，Roblox 在其中收取一小部分佣金。

Robux 可以兑换成现实世界的货币，如美元，也可以进行投资，或者重新投入游戏中。这个闭环的经济系统沟通了虚拟世界和现实世界，让Roblox 不仅仅是一个游戏消费场所，也可以通过创造赚取现实世界中的货币。2020 年，超过 120 万名开发者赚到了 Robux，其中超过 1250 名开发者收入超过 1 万美元，超过 300 名开发者收入高达 10 万美元。不过开发者每年至少要赚取 10 Robux 才有资格加入把 Robux 兑换成美元的"开发者兑换"计划。

Roblox 平台已经形成了良好的生态。玩家越多，开发者也就越多，就会有更多开发者创造出更好的内容，更好的内容就会吸引来更多的用户。用户、玩家、开发者、内容借助 Roblox 平台和其所提供的的经济系统聚合到一起，形成不断膨胀的元宇宙。

目前 Roblox 的用户已经遍布 180 个国家，平均日活用户（DAU）达到3710 万，其中超过一半的用户年龄在 12 岁以下。9 至 12 岁的小朋友占比最大，达 29%，而 25 岁以上的青年人仅占 15%。用户平均每天使用 Roblox的时间为 2.6 小时，每个月大约探索 20 种体验。

Roblox 公司希望通过投资翻译辅助技术的方式渗透其他国家的市场。Roblox 正通过与游戏和科技巨头腾讯成立合资公司，来探索中国市场的巨大潜力，目前中文版的 Roblox（中文名称为罗布乐思）已经上线。

3．Roblox 的元宇宙

Roblox 是首个将"元宇宙"写进招股说明书的公司，也是第一家尝试概括描述"元宇宙"特征的商业公司。

在该公司的招股说明书中，Roblox 描述了元宇宙概念的七层价值链，如图 1-2 所示。

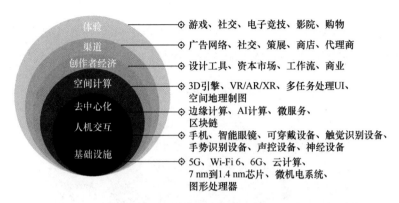

图 1-2　元宇宙的七层价值链（资料来源：Roblox 招股说明书）

其核心是基础设施层，包括支撑系统运行的云计算、图形处理器、移动通信技术等；第二层是人机交互界面，可用的设备包括可穿戴设备、声控设备、智能眼镜、手势识别设备和触觉识别设备等；第三层是一些支持去中心化的核心算法，包括区块链（NFT）、边缘计算、AI 计算等；第四层是空间计算层，包括 3D 引擎、空间地理制图、VR/AR/XR 等；第五层是创作者经济层，包括设计工具、资本市场、工作流等。第六层是渠道层，包括广告网络、社交、策展、商店、代理商等；第七层是体验层，包括游戏、电子竞技、购物等。

从技术层面看，元宇宙所涉及的技术是综合性的，既包括 ICT（信息与通信技术）基础设施，也包括当前游戏领域相关技术、社交相关技术、电商平台相关技术，以及 AI、物联网、边缘计算等前沿技术。所有技术的综合使用，为用户打造一个仿真现实世界运行方式的虚拟宇宙。这种融合多种商业模式于一体，集各种最新技术于一体的价值模式，对投资者具有极大的吸引力。

Roblox 同时也对"元宇宙"这一概念进行了阐述。

在 Roblox 的描述中，元宇宙这个术语通常用来描述虚拟宇宙中持久的、共享的三维虚拟空间，它具有八个关键特征，即 Identity（身份）、Friends

（朋友）、Immersive（沉浸感）、Low Friction（低延迟）、Variety（多样性）、Anywhere（随地）、Economy（经济）、Civility（文明），如图 1-3 所示。

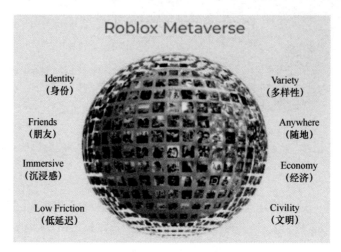

图 1-3　Roblox 元宇宙的八个关键特征

◆ **Identity（身份）**：每个人登录游戏后，都会获得一个身份。我们在真实世界有一个身份，同时在虚拟世界也需要一个虚拟身份，虚拟世界的身份跟真实世界的身份是相对应的。每个人都可以在元宇宙中有一个"数字化身"。在《雪崩》中，这个数字化身被称为 Avatar（阿凡达）。当然，目前游戏中的数字化身还远远达不到电影《头号玩家》中那种数字化身的程度，不过随着 AR、人工智能、物联网等相关技术的发展，智能化的数字化身应该不远了。

◆ **Friends（朋友）**：元宇宙内置了社交网络，每个玩家都可以在元宇宙中认识其他玩家，玩家的数字化身在游戏、创造、交易中可以和陌生人互动，也可以和熟识的朋友组建团队。元宇宙中具备和现实世界类似的社交方式。

◆ **Immersive（沉浸感）**：沉浸感经常在游戏环境中被提及。当你阅读一本引人入胜的书时，或者在观看电影、电视节目时也可以有这样的体验。沉浸感介于"专注"和"沉迷"之间，是人们感受外部世界的一种状态。这里的沉浸感是指借助 AR/VR 设备，给玩家创造一种在三维虚拟环境中"身临其境"的感受，提升玩家对游戏角色的代入感。当前的头盔式 VR 设备能够阻断玩家对现实世界的感知渠道，让玩家的所有感受都来自游戏，因此更有真实感。

◆ **Low Friction（低延迟）**：游戏延迟就是数据从游戏客户端到服务器再返回的速度。网络状态越好，服务器响应越快；使用人数越少，延迟就会越低。在一些需要快速反应的游戏中，比如竞技类和角色扮演对战类游戏，延迟对于游戏的影响很大。Roblox 里的延迟就很低，因为画面都是较低像素级别的，颗粒度很粗，这时候的计算量也就小一点，普通计算机也能够承受。如果画面很精细，则许多计算机的运转速度根本无法达到要求。

◆ **Variety（多样性）**：在元宇宙中，游戏玩家可以不受限制地进行自由创造，越新奇越有市场，因此元宇宙中就有可能出现超越现实、甚至是超乎想象的内容和令人眼花缭乱的多元性。

◆ **Anywhere（随地）**：不受时间和地点的限制，可以利用移动终端随时随地出入元宇宙。5G 网络的大规模部署、已经开始研发的 6G 网络、卫星网络，让随时随地接入网络成为现实。

◆ **Economy（经济）**：Roblox 有自己的经济系统。在拥有了足够多的玩家与游戏开发者后，Roblox 于 2008 年上线了虚拟货币 Robux，并停止了自身的游戏开发，于 2013 年开始为开发者提供虚拟商品。之后，Roblox 不断优化这套类似现实世界的货币交易系统。对开发者来说，可以通过 4 种方式挣得 Robux，即销售自己开发的付费游戏、在自己开发的免费游戏上获得玩家的时长分成、开发者间的内容和工具付费交易、在平台上销售虚拟商品。如 21 岁的 Alex，从

9 岁开始在 Roblox 上创作游戏，17 岁时，他制作的一款游戏《越狱》爆火，靠着这款游戏里的皮肤、道具等售卖，Alex 每年能赚取上百万美元。

◆ **Civility**（文明）：在元宇宙里面有"人类"活动，这些"人"可以组成团队、组成社区，社区可以组成城市，在元宇宙中存在的人群、组织、乡村、城市彼此交往，逐渐就会衍生出各种大家共同遵守的规则——这就是文明的雏形。随着元宇宙的存在、发展和演化，会慢慢形成自己独有的文明体系。

从《雪崩》中创造出元宇宙的概念，到 Roblox 上市、借助资本的力量把元宇宙推到历史的聚光灯下，元宇宙依然处在宇宙大爆炸的"前几秒"，大家还在观察、思考、探索、争论，各种截然不同的观点充斥着相关媒体，欢欣鼓舞者有之、冷静观察者有之、赞誉有加者有之、攻讦谩骂者有之。在我看来，大可不必如此热闹。就好像有人递给我们一个健康的婴儿，懵懂可爱，我们只管尽心尽力地把他抚养好，决不能横眉冷对甚至一棍子打死。至于未来这孩子会成为盖世英杰还是巨恶元凶，时间自然会给出答案。至少，我们不能成为"扼杀"婴儿的凶手。

1.3
元宇宙的萌芽和实践

元宇宙的概念出现在许多游戏作品和电影作品中。虽然这些作品并不是元宇宙的样板，但都从不同的侧面探索或者描述了元宇宙的某种特征，丰富了人们对元宇宙的思考，为我们加深理解元宇宙提供了有益的参考。

1.3.1 游戏中的元宇宙

不少游戏所展现的场景都非常贴近元宇宙的概念。大家讨论最多的就是沙盒游戏。

沙盒游戏（Sandbox Games）是由沙盘游戏演变而来的。广义上来说，凡是有玩家的数字化身进入游戏，并在游戏过程中改变游戏世界的游戏，都可以称作沙盒游戏。

沙盒游戏大多无主线剧情，普遍以玩家生存为第一目标，以探索和建设为第二目标，最后以改变世界达成某项成就为最终目标。

沙盒游戏类似开放世界游戏，但又有所区别。两者的最大区别是开放世界游戏让你探索世界的每一个角落，而沙盒游戏让你切实建造并管理你所处的这个世界。严格意义上的沙盒游戏是指以建造为主的开放世界游戏，且玩家生存于这个世界中，而非旁观者的角色。

沙盒游戏在海外发展得比较成熟，比较有代表性的作品是《我的世界》（*Minecraft*）。《我的世界》发行于 2009 年，目前销量已经达到 1.76 亿份。

《我的世界》的构成和运行能够看出构建一个"元宇宙"的萌芽。

沙盒游戏的基础元素自然是"沙"，在游戏中"沙"便是用于构建这个世界的基础元素，例如《我的世界》中的方块。游戏中的这些"沙"被定义成了不同的类型，拥有了不同的交互功能和排布规则。

因为世界的高度复杂性，玩家对这种可自由重构世界的玩法资源需求极大，因而《我的世界》沿用"最小化设计"的思路，对方块进行了高度抽象和元素化，并且单个方块的复用性极高、灵活性很强，使得在有限的开发量下，玩家可以对这些通用性极强的基础元素进行排列组合，创造出尽可能多的可能性，这种由简至繁的过程使得整个开发流程更为可控。

有了"沙"还不行，还要给玩家提供好坑的"交互工具"，使得玩家可

以用不同的方式来摆弄这些基础元素，创造出更多的可能性，而非简单的堆叠。比如《我的世界》中的制造系统就有合成、烧炼、酿造、附魔等多种方式。

除了"沙"与"工具"，有效的引导也是沙盒游戏中极为重要的部分。如何引导玩家发现其中的乐趣，指引他们看到更多的可能性，为给他们提供无限创造的空间，使得无限定目标的自娱自乐也能足够有趣，这也是沙盒游戏中的重要关注点。

《我的世界》的世界极为抽象和元素化，玩家可以利用基础元素的不同排列组合和堆叠创造各种可能性，基础元素间的关系极为紧密，灵活性很强，多数单体复用性高。所有基础元素基本都采用标准规格，即 1×1×1 的方块，从而最小化美术需求，使灵活性更强。图 1-4 所示为《我的世界》游戏截图。

图 1-4 《我的世界》游戏截图

1. 世界基础

《我的世界》中的世界基础包括方块、物品、非玩家生物几大类。

（1）方块。方块是《我的世界》中世界的最基本组成单位，也是整个游戏的核心交互对象。采集方块→拾取掉落物→加工→放置方块是《我的世界》的基本交互内容。图 1-5 所示为《我的世界》中由方块构成世界万物。

图 1-5 《我的世界》中由方块构成世界万物

（2）物品。物品是只会出现在玩家物品栏和手上，而不能在游戏世界中放置的物体。

（3）非玩家生物。非玩家生物也属于生成世界的重要部分。生物的定义可简单被认为是拥有 AI 系统的对象。多数生物是基于一定的条件自然生成的，少数生物只能由玩家创造。

2. 世界的生成

《我的世界》中的世界是基于种子伪随机生成的，根据不同的地域特色、植物、高度、温度、湿度评级等被划分为不同的生物群系。除了极个别世界较为特殊，世界基本是基于现实世界的自然地貌特点进行设计的，包括基本的生物群系，以及在这些基础生态系统上的多种变种。伪随机生成的

世界也是沙盒游戏的一个重要特点，使得游戏更具可玩性和变化。

《我的世界》中的世界有昼夜，无四季，并且亮度系统对游戏机制有影响，黑夜的危险是生存模式的重要挑战之一。丰富的地域类型使得探索成为《我的世界》中的一大乐趣。

3.《我的世界》中的交互工具

在《我的世界》中，材料的获取是其核心驱动，收集和制造则是玩家交互的主体。《我的世界》为玩家提供了丰富的交互工具，使他们可以更有趣地摆弄那些基础元素，并拥有足够多的可能性。

这些交互工具涉及农业系统（资源自生产、挖矿系统、探索世界），制造系统（包括普通合成、烧炼加工、酿造加工），战斗系统等。

4. 游戏引导

引导玩家了解并发现如何去"玩"这个世界，可以使他们自得其乐。游戏中分为生存和创造两个主要模式。

生存模式：生存模式支持一个非常完整的游戏体验。基本生存模式包括基本的收集、制造、战斗等操作。极限生存模式包括探索世界、挖矿获取稀有材料、挑战终极 Boss 等操作。

创造模式：创造模式提供无限资源，既可省去玩家收集资源的时间，也供玩家用于熟悉交互工具和资源，多用于高阶玩家后期的创造性玩法。

"Simple But Deep"使得《我的世界》不仅能满足极客玩家的创造性追求，其超高的易用性同样提供了与教育界的接口。目前许多欧美学校用《我的世界》来教小孩学习编程知识，提高团队合作意识和创造力，"小学生的力量"也为开发商带来了巨额的收入，并进一步扩大了游戏的影响力。

以《我的世界》为代表的沙盒游戏展现了这类游戏巨大的潜在市场和

受众，使得近年来越来越多的游戏厂商涉足这类游戏。

最近几年，国内的沙盒游戏市场也开始快速增长，如腾讯的《手工星球》、腾讯和乐高合作的《乐高无限》等，网易、完美世界等大厂也纷纷推出沙盒游戏，沙盒网络、代码乾坤等创业公司则对沙盒游戏的新模式进行探索。迷你玩旗下的《迷你世界》目前注册用户数量已达 4 亿，月活跃用户人数超过 8000 万。

可以看出，沙盒游戏自身打造了一个虚拟的世界，众多玩家在其中社交、生存、创造、交易，具备了元宇宙的诸多元素，和元宇宙在形态上有高度的相似性。

沙盒游戏具备了元宇宙的雏形，研究沙盒游戏的建设技巧和运行规律，对构建元宇宙有很强的借鉴作用。

1.3.2 影视作品中的元宇宙

元宇宙概念兴起后，人们把很多电影与元宇宙挂起钩来。如《黑客帝国》系列、《银翼杀手》《盗梦空间》《Her》《超体》，等等，这些电影或多或少都带有元宇宙的相关元素。但真正能够解读元宇宙的电影作品，当属《头号玩家》（*Ready Player One*）和《失控玩家》（*Free Guy*）。

1.《头号玩家》中的元宇宙元素

《头号玩家》是一部典型的好莱坞式科幻冒险片，其中游戏的背景设置非常"赛博朋克"，是典型的元宇宙风格。

在该电影中，人类的现实世界在 2045 年由盛转衰，社会经济结构全面崩溃，两极分化严重，平民百姓居住在面积庞大的"贫民窟"。人们无处可去，大多数人都沉浸在虚幻的游戏当中，像吸食毒品一样沉溺其中、不可自拔。这款人们都沉迷的游戏叫《绿洲》（*Oasis*），是一款虚拟现实游戏，只要戴上 VR 眼镜，进入其中，就可以随心所欲、为所欲为，彻底从现实的

黑暗压抑中得到释放，从中获得心灵的慰藉。

影片的男主角是一个名叫韦德的少年，他寄宿在姨妈家里，每天起床就背着自己的双肩包，穿过肮脏混乱的街区，在堆积成山的废旧汽车堆中，找到一辆废旧汽车，在里面开始自己一天快乐无比的游戏生活。现实生活的破败和游戏场景的绚丽形成了鲜明的对比，无声地揭示了人们之所以沉迷游戏的社会背景。

电影开头就是一系列韦德使用 VR 眼镜在虚拟世界游玩的炫酷镜头，展示了《绿洲》游戏里各种好玩的内容和技巧，比如可以打球、跳舞、射击、赌博、转换性别，在这个世界里玩家可以通过游戏击杀对方获得金币，金币的用途很多，比如可以购买游戏里的装备、X 战衣（送货非常快，即买即到）等。

故事的主线是游戏《绿洲》的主要制作人 Halliday 是一位单身的亿万富翁，他死后向全世界的媒体和《绿洲》游戏的玩家发送了一段视频。在视频中，他告知所有人，他在《绿洲》游戏世界中隐藏了一个彩蛋，即三把钥匙，第一个找到这三把钥匙的玩家可以继承绿洲公司的股份和对绿洲世界的控制权，这不仅是一笔巨额财富，也是一个伟大的事业。整个世界为之疯狂。无数的玩家根据游戏最初的提示和一本公开的参考书《Anorak 年鉴》，在游戏世界中疯狂地争夺、搏杀、斗智斗勇，产生了被称为"彩蛋猎人"的群体。

然而三年过去了，还是没人获得一把钥匙，所有玩家都卡在了第一关（赛车游戏）。影片中的反派是世界第二大公司 IOI，他们对这三把钥匙虎视眈眈，想通过获得这三把钥匙控制绿洲世界。

整部电影就是一场关于三把钥匙的争夺战。韦德在游戏里认识了女主角，并通过观看档案馆里游戏设计者的生前资料获得了通关线索，成功夺得第一把钥匙！第二把钥匙则藏在电影情节中，游戏设计者生前因为不敢和喜爱的女生在现实中跳舞而永远错过了她，韦德同样在档案馆中发现了这条线索，加上女主角的辅助成功获得了第二把钥匙！

电影的高潮则是关于第三把钥匙的争夺战。为了这把钥匙，IOI 可谓是无恶不作，先是把现实世界中韦德姨妈家所在的整个居民区夷为平地，炸死了韦德的姨妈，接着通过监视抓走了女主角，甚至丧心病狂地激活了游戏世界中 99 级神器魔珠，封闭了死亡世界，阻断了绿洲世界关于第三把钥匙的获取之路。

电影把绿洲世界和现实世界结合起来，镜头的切换让观众眼花缭乱。最后韦德在游戏好友的帮助下，不仅成功救出了女主角，还发现了获得第三把钥匙的秘诀，成功找到彩蛋并成为《绿洲》的头号玩家。

在这里讲述电影情节，不是为了看电影，而是要带领大家一起逛一逛绿洲世界，切身体验一把"元宇宙"。

体验过后，我们回头再看元宇宙，元宇宙的一些基本特征就会更加清晰。

一是两个世界。元宇宙是一个独立的虚拟世界，但和现实世界有千丝万缕的联系。

二是身份标识。在元宇宙中，每个人都有一个唯一的身份标识。游戏中的朋友通过这个唯一的身份标识得以相互认识。

三是数字化身。每一个进入游戏的人，都会在游戏世界中有一个自己设定的数字化身（阿凡达），性别、年龄、形象都可以"自己设定"，甚至还可以把自己设定成一个垃圾桶。

四是沉浸感。戴上 VR 眼镜，玩家就进入了一个"无限真实"的世界，会有和现实世界中一模一样的感受，只是比在现实世界中漂亮一千倍、好玩一万倍、自由百万倍……这里的沉浸感有两方面意思：一方面是指技术，就是为玩家营造沉浸感的 AR、VR 等相关设备，这方面目前有众多的商家都在倾力研发，成为竞争最激烈的技术赛道；另一方面是玩家不愿自拔的感受，这方面让沉浸式虚拟游戏备受诟病，有人称之为"精神鸦片"，甚至悲观地认为这是人类毁灭之路。

五是社交与合作。就像游戏中男主角和女主角一样，他们在现实世界中并不认识，在游戏过程中相遇、相识，并成为战斗伙伴。

六是随时随地接入。玩家能够随时进入和退出游戏，移动接入是其基本技术。

七是低延迟。游戏中的高速飞车、炸弹爆炸，都需要高带宽的网络和强大的渲染能力。这就对网络和算力提出了很高的要求。毕竟整个虚拟世界就存在于计算机的内存和 CPU 之中，还要通过网络到达玩家的眼前，所有的环节必须流畅才有真实感。

八是丰富性。游戏世界的设计细致入微，要达到和现实世界一样的丰富多彩。未来的元宇宙最好能如"抖音小视频"一样，让每个玩家都可以在平台上进行创造。

九是经济系统。游戏中有挣钱的活动，有交易活动。最好和现实世界中的交易活动能够互联，实现虚实之间的相互交易。

十是文明形态。随着虚拟世界中各种阿凡达的活动，自然就会形成各种行为规范、各种价值判断、各种心智状态，这些都是构成文明的基本元素。一个持续活动的庞大群体，逐渐就会形成文明的萌芽。

以上的元素都在《头号玩家》之中有所展现，也基本上是当前人们讨论的元宇宙的主要元素。从这些内容来看，元宇宙更像一个虚拟世界中的"大型游乐园"。联想到前不久开张的北京环球影城一票难求的疯狂场面，包含更多 ICT 技术元素的元宇宙火爆全球，也就不难理解了。

2.《失控玩家》中的元宇宙元素

其实还有一部电影那就是《失控玩家》(*Free Guy*)。虽然该电影在元宇宙圈讨论较少，但笔者觉得这部电影才真正是"独树一帜"。该电影以 NPC 为主角，讨论了 NPC 觉醒的话题，对元宇宙未来的发展很有启发，值得关心元宇宙的朋友们认真看一看。

NPC（Non-Player Character，非玩家角色）是游戏中的一种角色类型，是指游戏中不受玩家操纵的角色，其作用是引领或者配合玩家进行游戏。这个概念最早源于单机游戏，后来逐渐被应用到其他游戏领域中。NPC 通常可以分为剧情 NPC、战斗 NPC 和服务 NPC 等，有时也会有兼具多种功能的 NPC。

在游戏中，NPC 一般由人工智能算法控制，是拥有自身（设定）行为模式的角色。

在《失控玩家》这部电影中，被游戏设定身份的 NPC"觉醒"了，游戏程序编写的游戏角色，成了游戏世界中的"人"。

这是《失控玩家》的一个绝妙的构思。虚拟世界历经其自主的发展和迭代，逐渐演化出了一套独立的运行模式，其中的人物也慢慢摆脱了原来那一套代码的设定，长成全新意义上有血有肉的"真人"。

《失控玩家》是肖恩·利维执导的科幻动作喜剧电影，于 2021 年 8 月在全球上映。影片主角是一个名叫盖伊（Guy）的 NPC，他生活在游戏世界——自由城（Free City），这个游戏世界充满了烧杀抢劫各种暴力犯罪。

在这个充满罪恶的欲望都市，游戏玩家们能为所欲为地破坏城市，随便宰杀和欺负 NPC 角色，好莱坞的电影噱头、机关枪、坦克、飙车、直升机样样齐全，而生活在这座城市的 NPC（包括主角盖伊）认为这是世界本该有的样子。

盖伊每天所做的就是早晨准时醒来，穿上蓝色的 T 恤衫工作装，吃着固定的麦片牛奶早餐，去银行上班，每天都会在定时定点有玩家做任务来抢银行，而这时盖伊和旁边的好友警卫巴迪极为配合，直接躺平，日复一日。

但突然有一天，盖伊这位 NPC 遇到了觉醒的"奇点"，觉得自己不应该如此一成不变，于是和一位抢劫犯直接发生正面冲突，反手打倒了抢劫犯游戏玩家。

在游戏世界里打开上帝视角的关键在于戴上眼镜，盖伊拿到抢劫犯游戏玩家的眼镜并戴上后，整个城市的游戏视窗就被打开了。

而这时女主角的出现，更是让他确认了自己所处的游戏世界和自己 NPC 的身份，让盖伊的世界观发生了翻天覆地的变化。更重要的是，盖伊生活的游戏世界已经到了生死存亡的关键时刻，等着盖伊和女主角一起去拯救，于是一场惊心动魄的冒险在游戏和现实世界间同时展开了。

以解剖"元宇宙"的视角，我们可以从以下几个方面看《失控玩家》的独到之处。

一是元宇宙的主人从阿凡达变成了觉醒的 NPC。

《失控玩家》的主角从阿凡达变成了 NPC，特别是一个"觉醒"的 NPC，意味着虚拟空间"自由城"的主人从角色扮演的人变成了觉醒的 AI，这是一个巨大的变化，对元宇宙的发展具有不可估量的"启示"。

一直以来，具有"自我意识"的人工智能的觉醒反复出现在各种科幻作品中，引发了普通观众乃至科学家群体对此长盛不衰的讨论。

《失控玩家》的设定与传统游戏中的 NPC 不同，主角盖伊被设定为一个"患有"相思病的、具备深度学习能力的 AI。当电影中的反面人物在开放世界游戏"自由城"中盗用别人的源代码时，触发盖伊这个 NPC 脱离了设定的程序循环，进而发展出了认知能力和对"爱"的感受力。也许是代码错误，也许是"爱"，让盖伊觉醒了。从"遵守"程序到"背叛"程序，从无限循环到无限可能。在盖伊的带领下，"数据人"NPC 们也觉醒了属于它们的自由意志，进化为真正意义上的"人工智能"，成了元宇宙"自由城"真正的主人。

二是虚实之辩。

毫无疑问，元宇宙是一个虚拟的世界，当无数人沉浸在虚拟世界不可自拔时，人们对现实世界的"虚无感"就会油然而生，进而引发对人生、对物理世界"真实性"的怀疑和讨论。就像古代先贤庄子一样，因为他在梦中化作了一只蝴蝶，醒来之后，反而糊涂了，是庄子在梦中化作了蝴蝶，还是蝴蝶在梦中化为了庄子？（《庄子·齐物论》）

在《失控玩家》中，当盖伊明白自己身处一个虚构的世界，他自己也是一个虚构的人物时，他崩溃了，周遭的一切在他看来都变得没有意义。他找到自己的好友巴迪寻求帮助。巴迪告诉盖伊，我不知道这个世界是否真实，我只知道我现在正坐在我最好的朋友身边帮他排忧解难，当下安慰朋友的我是幸福快乐的。我不知道还有什么比这份感情更显得真实，那么我还有什么必要去思考那些虚幻的事情呢？

是啊，如果人们在现实世界中忧愁困顿而在虚拟的游戏世界中过得很快乐，谁还在乎哪个是真实的、哪个是虚幻的呢？

三是文化层面。

电影原版英文名是 *Free Guy*，片中游戏的名称是《自由城》（*Free City*），电影的主题——"Free"（自由）是很明确的。电影主角盖伊说："自由是做自己想做的事。"我们甚至能够看到《失控玩家》更深层的意义——自由是尊重所有人做自己想做的事——哪怕这个人是诞生于数据、生活于虚拟、

为了玩家升级而存在的 NPC。

在字面意义上，这句话冠冕堂皇，挑不出毛病。但结合游戏中的抢劫杀戮、为所欲为，我们就要对脱口而出的"自由"加上十二分的小心。

在一个虚拟世界（元宇宙）中，文化乃至文明的发生、发展是必然的，人之初，性本善还是性本恶，发展出来的文明必然大相径庭。

在元宇宙的设定中，设计以"烧杀抢掠"作为玩家升级的手段、还是设计以"渔猎、做工"作为升级手段，二者培育出的文化肯定是完全不同的。

客观地说，当前虚拟游戏的设计多以满足人们"膨胀的欲望"为出发点，游戏中难免充斥"阴暗""负面"的东西。这对一款流行一年半载就被丢弃的游戏来说，也许无伤大雅，但如果据此建立一个永恒存在的"元宇宙"，一定要慎之又慎。

1.3.3 发力元宇宙的头部企业

随着元宇宙概念成为新的风口，不少头部企业纷纷加入，亮明旗帜、抢占先机，吸引公众的关注。这些企业巨头的加入进一步提升了元宇宙的热度，丰富了元宇宙的生态。

1. Facebook（Meta）公司

Facebook 在这轮元宇宙热度提升中起到了重要作用，Facebook 明确提出元宇宙愿景。2021 年 7 月，Facebook 公司 CEO 扎克伯格在多个场合表示，预计在未来几年，Facebook 将从一家社交媒体公司转变为元宇宙公司。扎克伯格将 Metaverse 描绘为可以置身其中的实体互联网，可以体会到在 2D 应用或者网页中未必能获得的体验。

2021 年 10 月 28 日，扎克伯格在 Facebook Connect 会议上宣布 Facebook 改名为 Meta，并将从 12 月 1 日起以新的股票代码 MVRS 进行交易，同时表示公司将以元宇宙为先，Meta 旗下 VR/AR 相关产品将于 2022 年初开始，从 Oculus Quest from Facebook 转向 Meta Quest，以及从 Oculus App 转向 Meta Quest App，逐步从 Oculus 品牌过渡到 Meta 品牌。

Facebook 公司在元宇宙的布局目前是最为全面的，包括 Creator 内容创作社区、VR/AR Oculus Quest、数字货币 Diem 和商业，以及 Workplace 虚拟办公空间。Creator App 旨在让内容创作者围绕内容搭建社区，并提供一站式创作服务，包括创作、编辑、发布视频，通过 Creator 收取来自 Instagram、Messenger 等 App 的信息和评论，通过 Creator 分享 Facebook 上的信息，可以将内容发送至 Twitter、Instagram 等其他平台，帮助创作者进行统计分析，并发布更受欢迎的视频。

（1）VR 布局：Facebook 于 2021 年 9 月 17 日正式发布 Oculus Quest2，这是一款一体化无线头戴 VR 装置。Oculus Quest2 不允许用户保留完全独立的 Oculus 账户，其目的是提高 Quest 的社交性，用户可通过链接 Facebook 账户的方式在 VR 中找到好友，并可以通过 Quest 设备使用 Facebook Messenger 和好友虚拟聊天。

公司研发的 Oculus 社交空间 Horizon 进一步提高了 VR 的社交属性，Horizon 被誉为 VR 界 Roblox。Horizon 支持最多 8 名玩家在平台上一起打造属于自己的虚拟体验世界，玩家通过自己的虚拟半身卡通形象创造并装饰虚拟体验世界，并在虚拟体验世界中游玩各类社交小游戏。

Facebook 认为元宇宙的重要组成部分之一，是一个在 VR 环境中鼓励更多社交互动机会的平台，让虚拟现实中的社交参与度更富有深度和广度。

（2）AR 布局：Facebook 为 Instagram 推出了 SparkAR 功能，并将其描述为一个"任何人都可以在 Instagram 上创建和发布 AR 效果"的平台。近期 SparkAR 推出多层次分割和优化跟踪目标两项新功能，增加了 AR 技术的识别层次与目标数量，达到了更好的现实增强效果。

（3）XR 布局：Facebook 利用其在 VR 领域多年的积累，向多领域全面推进，以期在 XR 战略指导下，打通虚拟-现实生态。

（4）内容生产：Facebook 推出了开发者中心（Oculus Developer Hub，ODH）、开发集成管理中心（Device Manage）、内镜投屏工具（Screen Shot Capture）、开发者服务平台管理中心（Package Manager）等一系列内容生产工具。

（5）杀手级应用：虚拟办公空间（Workrooms）。即使 Zoom 已经提供了一种较为高效的远程办公方式，但独自一人办公会产生孤独感，解决问题的效率也不如和同事们面对面沟通。所以，Facebook 通过在 Quest2 上创建 VR 办公环境 Workrooms，重新定义了办公空间。用户可以使用数字化身参加虚拟会议，虚拟面对面的沟通能够很大程度上改善远程会议的体验，提高头脑风暴和一些创造性场景的效率。

Workrooms 提供一种虚拟现实混合体验，在里面用户可以在各类虚拟白板上表达自己的创意，并且可以将自己的办公桌、计算机等带进 VR 世界中并用它们进行正常办公。Oculus Avatar 给用户提供更丰富的外观选择，用户可以在不同场景更换不同的虚拟形象。Workrooms 提供各类办公场景和陈设，用户可以根据需求选择不同的会议室、办公室和教室等应用场景，图 1-6 所示为 Workrooms 提供的会议室和教室应用场景。

图 1-6　Workrooms 提供的会议室和教室应用场景

（6）虚拟数字货币 Diem：Diem 的原理类似于泰达币（Tether）和其他与价格挂钩的稳定币。Diem 与美元挂钩，由传统资产支撑，运行在 Diem 项目自己的区块链中，被存放在名为 Novi 的钱包里。Diem 区块链和以太坊（Ethereum）一样，开发者可以创建自定义应用程序。Diem 的市值和流通供应量是不固定的，Diem 协会可以在美元进出 Diem 的抵押储备时铸造或销毁代币。Diem 的元宇宙属性取决于其在现实世界中的可支付性。Diem 协会的一些成员很可能会接受该币作为一种支付方式，如 Shopify、Spotify、Uber 等公司。

2. 英伟达（NVIDIA）公司

英伟达公司以 Omniverse 命名其打造的开放式云平台，平台的名字模仿 Metaverse，展现了英伟达进军元宇宙的决心。英伟达声称要把用户"今天使用的工具接入明日的平台"（Connects the tools you use today with the platform of tomorrow）。

Omniverse 是一个云原生平台，集成了构建元宇宙的多方面能力，包括逼真的渲染效果、精细的视觉效果、灵活的创作功能等。在应用场景上，Omniverse 可适配多种行业标准图形开发程序，如 Autodesk Maya、Adobe Photoshop 和 Epic Games 等虚幻引擎间的实时连接。

Omniverse 是英伟达开发的专为虚拟协作和实时逼真模拟打造的开放式云平台，通过云赋能创作者、设计师、工程师和艺术家在本地或者超越物理界限的世界各地实时工作，彼此之间可以实时看到进度和工作效果，提供了极大便利性。Omniverse 基于 Pixar 的 USD（通用场景描述）技术，具有高度逼真物理模拟引擎和高性能渲染的能力。

英伟达想要基于 USD 技术创造一个整合各个 3D 软件平台的 3D 资产，构建开放式创作和共享平台。Omniverse 的愿景非常符合元宇宙的重要理念之一："不由单一公司或平台运营，而以多方共同参与的、去中心化的方式

去运营。"

英伟达在 2021 年 8 月发布了老黄（黄仁勋）与他的数字厨房短视频，不久后自爆英伟达发布会上的老黄是虚拟形象，虚拟形象的演讲时间仅为 15 s，其余时间演讲的均为老黄本人。

其后又发布了数字老黄的制作过程。为了创造出虚拟的老黄，英伟达和一支小型艺术家团队运用 3D 扫描、动态捕捉、AI 合成等技术，并利用 Omniverse 平台上的各类渲染工具才得以完成。英伟达团队驾驶着装载数百个单反相机的大卡车到老黄家，首先对老黄进行 3D 扫描，拍摄数千张老黄的照片，为老黄进行建模。英伟达团队为了让老黄的模型"活"起来，需要对模型的面部表现和身体表现做出精细的模拟。面部表现由英伟达的 Audio2Face 技术驱动，可以实现依靠音频的面目表现自动化；在这之上，团队又通过 Face Video to Video 技术将老黄的照片映射到上述模型的 CG 动画版本上，将皮肤纹理、发质、神态等完整复刻到 CG 模型上，达到栩栩如生的效果。

在身体表现方面，英伟达团队让一位演员穿戴动作捕捉装备，让演员模仿老黄演讲时的身体动作和姿态并记录下来，通过 Audio to Gesture 的技术，让身体动作表现依靠演讲时的音频来变化。

英伟达团队一共做了 21 个版本的数字老黄，而最后由老黄亲自选择用哪一个版本进行演讲。在制作并选择出最相似的数字老黄之后，还需要通过 CG 动画渲染技术，还原一个"虚拟真实场景"中的老黄。整个演讲的厨房场景皆为 CG 动画效果。团队先在老黄的厨房中以各个角度拍摄了数百张照片，建立一个粗糙的 3D 模型，再对厨房中数千个物件和数万个零件一一建立虚拟形象，并通过 CG 技术拼凑在一起，实现全 CG 厨房和 CG 动画渲染老黄模型。

英伟达还展示了基于 Omniverse 的工业应用场景，老黄与宝马共同展示了一套逼真的 AI 工厂。宝马的专家表示："这些创新将帮助我们缩短规划时间、提高灵活性和精度，最终使规划效率提高 30%。"

3. 腾讯公司

腾讯早在 2015 年就开始低调发展 VR 部门，2017 年团队规模逾千人。在 2020 年的全年总结上，腾讯 CEO 马化腾强调了 VR/AR 作为下一代全息互联网的重要性和紧迫性，同年投资了被市场称为"元宇宙第一股"游戏公司 Roblox。

腾讯在社交和游戏领域具备显著的优势，尤其是 QQ 和微信是国内最大的社交平台，腾讯的元宇宙路径也围绕社交和游戏开展了广泛布局。

其实，腾讯早已围绕其社交平台，构建了一个集成式的庞大生态圈。拓展开发了包括游戏、数字内容（小视频、音乐、图书等）、移动支付、去中心金融等各种应用。

同时，腾讯还拥有国内最大的游戏平台，以及围绕游戏打造的扩展应用，吸引了众多新世代用户。腾讯正是凭借其巨大的用户流量，采用"资本（收购和投资）+流量（平台用户）"的组合方式，来探索和开发元宇宙的。

腾讯在游戏、社交媒体及人工智能相关领域拥有丰富经验，积累了大量探索及开发元宇宙的能力与技术。目前来看，其元宇宙的策略还是从软件出发而非硬件驱动的。他们认为元宇宙最吸引人的一点其实就是用户体验，因此他们付出更多的努力吸引用户参与到虚拟世界的研发中来。同时腾讯也非常注重元宇宙中用户社区的建立，正谋划开始加大虚拟现实产品的研发投入，提供参与度更高、用户体验更好的产品。

4. 字节跳动

北京字节跳动科技有限公司（简称字节跳动）具有强大的内容运营能力，已拥有图文、短视频平台等传统社交平台。随着元宇宙概念的兴起，字节跳动正从培育元宇宙相关技术、收购或入股游戏产业及元宇宙硬件产业等多种途径，打造自身元宇宙竞争力。

在技术方面，字节跳动基于已有的雄厚技术积累，围绕元宇宙产业全面发力，积极探索元宇宙所需的技术储备，包括人工智能技术、自然语言处理、计算机图形学和增强现实、计算机视觉、大数据等。

同时，字节跳动通过资本手段，加快元宇宙产业布局。2020 年上半年，字节跳动入股代码乾坤，投资布局游戏产业。企查查显示，手机游戏研发商"代码乾坤"获战略投资，投资机构为字节跳动，投资金额近 1 亿元人民币。代码乾坤成立于 2018 年，公司产品有青少年创造和社交 UGC 平台《重启世界》（*Reworld*）。

此外，字节跳动还通过收购 Pico，完善了硬件布局。向着新兴的 VR 平台进发，拓展下一代科技硬件的需求，对标 Facebook 与 Oculus 元宇宙概念。2020 年 8 月 29 日，青岛小鸟看看（Pico）发出全员信，确认了被字节跳动收购一事。字节跳动收购 Pico 将是强强联合，VR 或成为下一个风口。

Pico 在 VR 技术上水平领先，Pico 所属的小鸟看看科技及其关联公司在 126 个国家/地区中，共有 700 多件已公开的专利申请，市场份额占有率国内领先。Pico 自成立以来已发布多款 VR 产品，如图 1-7 所示。

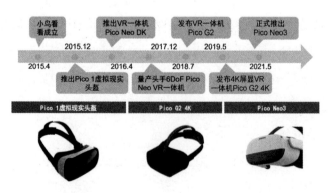

图 1-7　Pico 发布的多款 VR 产品

围绕 VR 硬件，Pico 开发了一系列软件产品，如游戏串流助手，这是一套串流辅助软件，可以帮助用户在 VR 一体机上实现串流，支持 90 Hz 新增显卡驱动检测；开发了手柄抓握键程，优化了游戏投掷手感。

软件产品 PicoUI 是专为 VR 一体机设计的操作界面系统。该软件针对 VR 游戏、影音和交互操作进行了深度优化，让虚拟现实设备的使用体验更加简洁、流畅，内置数十万小时的合作影视资源与丰富的 VR 游戏与应用。

软件产品 VR 助手是一款辅助 PicoVR 头盔的手机应用，主要用途包括报名线上观影活动、参加游戏约战、加入 PicoVR 社区讨论、辅助连接 VR 头盔的 WiFi 等。

除各种应用工具软件之外，Pico 还打造了开发者平台，主要为开发者提供国际领先的 VR 技术集成和支持服务，如最前沿的虚拟现实科技，完善的技术、支付及数据服务，主要功能包括：SDK 接入可以让开发者快速进入虚拟现实新世界；Pico 优秀的技术团队提供各类 VR 解决方案；通过数据统计可获取关键指标数据，把握应用总体趋势；高效便捷的支付体系让开发者获得更多项目回报。

5. 其他公司

还有越来越多的其他公司加入元宇宙的行业，如美国的微软、苹果，韩国的现代和 SK，日本的索尼，国内的网易等。

微软在 2022 年 1 月 18 日宣布"天价"收购动视暴雪公司引发业界强烈震动。这笔总额高达 687 亿美元（约合人民币 4364 亿元）、大幅度溢价的巨额收购交易，一举将微软推上了全球第三大游戏公司的宝座，同时也展现了微软大力扩展元宇宙业务的坚定决心。

韩国 SK 集团旗下 SK 电信公司于 2021 年 7 月推出聚焦"社交 VR""虚拟聚会"的元宇宙平台 ifland，为用户提供特定在线场景使用虚拟数字化身进行社交和娱乐活动的服务，宣布将于 2022 年底前把 ifland 推向 80 个国家，并为 ifland 配备市场系统，允许用户买卖数字物品等。

韩国最大社交平台 Kakao、最大门户网站"领航员"等互联网巨头，以及韩国国民银行等金融机构，也正携手偶像工业，积极开拓元宇宙业务。2021 年 10 月，Kakao 宣布向韩国手游巨头网石游戏旗下的元宇宙娱乐公司投资 120 亿韩元。双方将合作开发一个虚拟偶像团体。元宇宙娱乐公司还计划将 Kakao 娱乐的网络漫画、网络小说等 IP 资源与网石游戏的角色相结合，开展多个与游戏角色相关的元宇宙项目。

除行业巨头外，舆论的炒作也制造了元宇宙新的风口，逐利的资本闻风而动，带动了很多新兴创业公司加入了元宇宙的新赛道，为元宇宙带来了新的生机和活力。

元宇宙的概念、要素及风险

元宇宙的概念来势凶猛，已经成为街谈巷议的流行语。但在每个人的口中，元宇宙可能代表不同的含义。国内金融证券界、传媒领域、社交及游戏行业对元宇宙的跟踪研究最多，但从公开的资料来看，大多是各说各话。这恰好证明了元宇宙还处在快速发展的初期，需要我们给予更多的关注。

2.1
"说不清"的元宇宙

有部好莱坞电影叫《泰山归来》，讲的是一个婴儿被遗弃在丛林中和野生动物一起长大，突然有一天回到了文明社会，走在大街上，每个人看到这个腰间围着草裙、肌肉发达的大男孩，都会感到新奇，可能也都会冒出不同的念头，至少脑海里会浮现一大堆问号或者惊叹号。

元宇宙从被科幻作家提出算起，也差不多被"遗弃"快三十年了，突然被经济的巨手抓回,猛然出现在人们的视野中,每个人有不同的看法也很正常。

有人看到泡沫,会想到"割韭菜"的惨烈场景,但也有人会看到巨大的投机机会;同样,有人看到沟壑,会想到巨大的风险,但也有人会看到沟壑对岸一望无际的壮美平原。

2.1.1 众说纷纭的元宇宙

有人说元宇宙的重要性堪比当年互联网,将在未来 10 年对人类社会产生颠覆性的影响;也有人说,所谓的元宇宙只是一个充满噱头的新故事,大家都裹着高大上的元宇宙外衣来吸引资本"烧钱"。

总体看来,当前对元宇宙关注最多的还是四个行业圈:游戏圈、社交圈、币圈和金融圈,其次是传媒、咨询、IT、学术界,工业界也在关注,但发声不多。

维基百科对元宇宙的定义是:元宇宙是一个集体虚拟共享空间,由虚拟增强的物理现实和物理持久的虚拟空间融合创建,包括所有虚拟世界、增强现实和互联网的总和。

相比之下,百度百科对元宇宙的描述更细致:元宇宙是利用科技手段进行连接与创造的,与现实世界映射、交互的虚拟世界,具备新型社会体系的数字生活空间。

元宇宙本质上是对现实世界的虚拟化、数字化,需要对内容生产、经济系统、用户体验及实体世界内容等进行大量改造。元宇宙的发展是循序渐进的,是在共享的基础设施、标准及协议的支撑下,由众多工具、平台不断融合、进化而最终形成的。元宇宙基于扩展现实技术提供沉浸式体验,基于数字孪生技术生成现实世界的镜像,基于区块链技术搭建经济体系,将虚拟世界与现实世界在经济系统、社交系统、身份系统上密切融合,并且允许每个用户进行内容生产和编辑。

不少业内的龙头企业也纷纷提出了自已的元宇宙观点。

在进军元宇宙的征途上，Facebook 是动作力度最大、响应最迅速的公司，Facebook 不仅更改了公司的名字及股票代码，其首席执行官（CEO）扎克伯格更是多次向外界阐述其元宇宙理念。扎克伯格称 Metaverse（元宇宙）为"下一代互联网和我们公司的新篇章"，这是对社交网络的大规模重新构想。他也说道："这是我们正在努力的未来。一个虚拟环境，你可以在数字空间中与人们一起出现。一个你身处其中的实体互联网。"

另一个巨头公司微软，也同样关注元宇宙的发展。2021 年 11 月 2 日，在微软年度技术盛会 Ignite 2021 的在线开幕式上，微软的 CEO 萨提亚·纳德拉表示，微软将探索元宇宙技术，并加入这个有着一系列其他大品牌和企业的数字世界。纳德拉谈道："随着数字世界和物理世界的融合，我们正在创建一个全新的元宇宙。从某种意义上说，元宇宙使我们能够将计算嵌入现实世界中，并将现实世界嵌入计算中，从而为任何数字空间带来真实的存在感。最重要的是，在元宇宙中我们能够选择自己想要体验这个世界的方式，以及我们想要与谁互动。"

科技巨头英伟达的创始人兼 CEO 黄仁勋现身说法，2021 年 4 月 12 日他在英伟达 GTC 大会线上说道："Omniverse 旨在创建共享虚拟 3D 世界，就像 90 年代尼尔·斯蒂芬森在小说《雪崩》中所描述的科幻空间那样。"

在本书第一章已经介绍过，Omniverse 是英伟达最新推出的技术平台。单从字面意义上来理解，Omniverse 很像 Metaverse。据维基百科显示，Omni 来自拉丁语，意为"全""所有"；可以这样理解：Omniverse 为全能宇宙，而 Metaverse 则是超越宇宙。总体而言，二者都是探讨在现实世界外重建虚拟世界。

我国的游戏和社交平台巨头腾讯是元宇宙发展的积极参与和推动者，他们认为元宇宙就是"全真互联网"。

腾讯 CEO 马化腾提出了"全真互联网"概念，他谈道："一个令人兴奋的机会正在到来，移动互联网经过十多年的发展，即将迎来下一波升级，我们称之为全真互联网……这是一个从量变到质变的过程，它意味着线上、线下的一体化，实体和电子方式的融合。虚拟世界和真实世界的大门已经打开，无论从虚到实，还是由实入虚，都在致力于帮助用户实现更真实的体验。"

我们还能看到很多其他不同的定义。

中信证券的研究报告认为：元宇宙不只是下一代互联网，更是未来人类的生活方式。元宇宙连接虚拟和现实，丰富人的感知，提升体验，延展人的创造力和更多可能。虚拟世界从对物理世界的模拟、复刻，变成物理世界的延伸和拓展，进而反过来反作用于物理世界，最终模糊虚拟世界和现实世界的界限，是人类未来生活方式的重要愿景。

中国现代国际关系研究院认为：元宇宙被视为下一代互联网生态的潜在模式。元宇宙包含三个特征：第一是现实世界用户与虚拟世界、虚拟设备、虚拟用户在同一空间内产生互动关系，用户可在元宇宙中获得更好的情景体验。第二是虚-实世界的互动过程得到完整保存，可以完整再现。第三是虚拟世界中设备、产品和服务具有明确价值，可以永久保存。这使得虚拟世界与现实世界的界限更加模糊，虚拟世界甚至可能具有现实世界无法实现的高度互联、永久保存、全景再现、高度沉浸等功能和体验，这在一定程度上改变了现实世界的时间和空间概念。

复旦大学新闻学院在其发布的《2021—2022 元宇宙报告》中说道："广义而言，我们可以说，互联网就早已经是一个元宇宙了。我们在新冠肺炎疫情中不可或缺的远程视频会议都有一些元宇宙元素。元宇宙是永远在后退的地平线，我们可以不断靠近它，但永远无法完全实现它。""但狭义上的元宇宙是一种基于增强现实（AR）、虚拟现实（VR）和混合现实（XR）等技术，整合了用户替身创设、内容生产、社交互动、在线游戏、虚拟货币支付的网络空间。在元宇宙中，用户不仅能看内容，而且能全身心地沉浸在相互补充和相互转化的物理世界和数字世界中，恰是中国文化中的阴与阳。"图 2-1 所示为复旦大学新闻学院发布的元宇宙概念图。

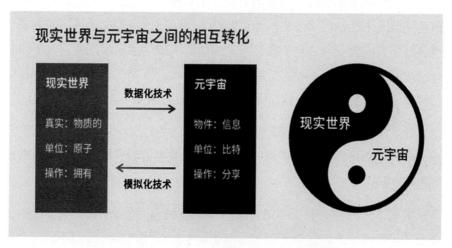

图 2-1　复旦大学新闻学院发布的元宇宙概念图

还有很多各种各样的说法。众说纷纭、各陈己见，不仅说明元宇宙得到了各方面的关注，也说明元宇宙还处在萌发期。

笔者认为，元宇宙首先是个宇宙，定义一个宇宙无疑是一件非常困难的事，以上定义或者描述都只是从不同的侧面勾画了元宇宙的轮廓。

《时间简史》中有这样一句话，"我们看到的宇宙之所以这个样子，乃是因为我们的存在"。人们对这句话也许有不同的理解，但"我们"存在对于宇宙的重要性是毫无疑问的。因此，元宇宙首先要有"智慧生命"的存在，这是和以往所谈论的网络空间、数字空间、赛博空间等最大的不同。这些智慧生命可以被称为元居民，他们可能是阿凡达、NPC 或其他智

慧物件。

在中国的古代神话中有"女娲造人"的传说，世界各地也有很多"上帝按照自身的样子造人"的神话。在元宇宙中，人类按照自身的样子创造元居民并赋予他们智慧，仿照我们的生存环境打造元宇宙的环境，按照我们的行为方式、生存方式设计元居民的行为和生存方式。

从我们自身生活的宇宙开始思考，笔者倾向于把元宇宙定义为：元宇宙是元居民生活的数字宇宙。元居民是人类仿照自身的样子打造的数字化身、数字人或虚拟人，他们在元宇宙中仿照人类的活动模式生活、工作、创造或游乐，并能以多种方式和人类世界互动。人类能够在元宇宙中获得超越现实的体验和收获，这是人类创造、维持和发展元宇宙的动力。

元宇宙对所有人来说都是全新的，很多发生在元宇宙的事情和我们已经习惯的现实世界有巨大差异，我们要先试着去接受它们，然后再慢慢地去理解它们。

中国古代先贤庄子有一句名言："井蛙不可以语于海者，拘于虚也；夏虫不可以语于冰者，笃于时也。"生命空间的隔离和时间的不同，会造成完全无法相互理解的局面。但是要学会观察，看得多了慢慢就接受了，再去理解可能就会容易一些。

理解元宇宙，也不妨从观察一些新奇的现象开始。

2.1.2 元宇宙中奇特的经济行为

存在主义者宣称："存在的就是合理的。"对元宇宙的一些已经发生的现象，且不管其是否合理，既然已经存在，我们不妨先观察，或者也可适度参与，最后也许就理解了。

某歌手在其社交媒体上宣布，自己在 Decentraland 平台上买了三块虚拟土地，花了 12.3 万美元。就在上述"土地"交易的同一天，就在同一平台上，一块虚拟土地拍出了 243 万美元的高价，比曼哈顿区域的平均单套房价还要高。

Decentraland 不是上海浦东核心区或北京长安街上某高档楼盘的名字！它是一个游戏平台，更准确地说，Decentraland 是一个建立在以太坊网络之上的虚拟现实平台（如图 2-2 所示），用户可以创建、体验或在平台上开发丰富的交互式 3D 内容。Decentraland 宣称能为用户提供对其自身数字空间、资产和体验的完全控制和所有权。

图 2-2　虚拟现实平台 Decentraland

在另一个类似的游戏平台 Sandbox 上，有玩家为了成为某嘻哈歌手的邻居，甚至花了 45 万美元买下一套元宇宙的房子。这间房子的面积是 3×3 格（该平台上的土地面积不用平方米计算），相当于一格的面积就高达 5 万美元。

并不是只有和明星做邻居的房价才这么贵。Sandbox 曾在推特上公开拍卖过元宇宙房地产，一共 400 多个地块，在 1 分钟之内就售罄，售价从几万美元到几十万美元不等。

更离谱的还有一个 Snoop 元宇宙的抢先入场体验券，2924 美元，花这笔钱你能干什么呢？你能去元宇宙的房子里看一眼。而愿意花这笔钱的人，已经有 400 多位了。

异军突起的数字艺术品交易，同样令人咋舌。在英国佳士得拍卖行举办的数字艺术品（NFT）拍卖会上，超现实艺术家 Beeple 的作品 *EVERYDAYS：THE FIRST 5000 DAYS* 以近 6935 万美元（约 4.51 亿元人民币）拍卖价格成交（如图 2-3 所示）。这在艺术界或另类投资市场，以及科技界都引起了非常大的震动。这是佳士得首次举办基于区块链的纯数字艺术品的拍卖，并首次接受使用以太坊支付本金，溢价则以美元支付。横空出世的 6935 万美元的竞拍价，使该数字艺术品成为在世艺术家拍卖出的有史以来第三昂贵的艺术作品。

图 2-3 创造佳士得拍卖纪录的数字艺术品

91% 的竞标者未满 40 岁，且之前从未在佳士得购买或拍卖过任何东西，这是一群全新的买家和收藏家。佳士得表示，这些竞标者中的大多数都是大量加密货币持有人或拥有加密货币公司。

拍卖的作品还有一个很有创意的收益结构，由于 NFT 的可追踪性，今后这个作品如果在任何拍卖中转售，对于增值收益部分，作品的创作者可持续获得10%的版税。所以对画家来讲，不仅有了一个实时、快速的流动性变现平台，而且还获得了可协议的长期收益权。

Beeple 之前曾拍卖的一段名为 Crossroads 的 10s 的视频，当时被收藏家以不到 10 万美元的价格购得，而后以 660 万美元的价格转手卖出。Beeple 也从这笔交易增值中获得了 10% 的收益，而他本人可能完全不知道这笔交易。这也是众多艺术家欢迎 NFT 的原因，当作品的拍卖价远远超过原价时，作品的创作者也会得到一部分收益。

类似案例完全颠覆了传统艺术家、收藏家和市场的理念，给整个艺术界、另类资产投资市场都带来了前所未有的冲击。

NFT 的全称是 Non-Fungible Token（非同质化通证），是一种存在于区块链中的加密数字资产。每个 NFT 都是唯一的，不能被伪造，也不可能被复制，并且在以太坊等区块链密码货币平台上具有可验证的所有权。NFT 可以对原生数字资产进行验证、确权、交易，确保了数字资产的真实性和唯一性，而且可以对所有权进行永久性追踪。

因而 NFT 天生适用于数字艺术品、视频、IP，甚至一个想法，可进行真实性、所有权确认和身份验证。不可替代的 Token 是唯一的数字标记，它们托管在区块链上，不能互换，并且可证明是稀缺的。

2021 年 8 月 27 日，NBA 球星斯蒂芬·库里（Stephen Curry）在社交媒体上更新了自己的头像，一个穿着西装的 BAYC NFT（如图 2-4 所示），该头像共花费 18 万美元（55 个以太币，约 116 万元人民币）购买，引发了市场的进一步关注。BAYC 的全称是 Bored Ape Yacht Club，是由一万个猿猴 NFT 组成的收藏品，包括帽子、眼睛、神态、服装、背景等 170 个稀有程度不同的属性。通过编程方式随机组合生成了一万个独一无二的猿猴，每个猿猴的表情神态和穿着各异。

图 2-4　BAYC NFT 及球星斯蒂芬·库里的头像

诸多奢侈品牌也纷纷试水元宇宙，"数字奢侈品"或者"虚拟奢侈品"还能保留奢侈的原意吗？你会购买一件数字奢侈品吗？

摩根士丹利发布的研究报告指出，到 2030 年，奢侈品牌的 NFT 市场规模可能会达到 560 亿美元，得益于元宇宙的存在，市场规模还可能会急剧增长。

元宇宙已经成为当下奢侈品牌都想抓住的财富密码，Coach（蔻驰）、Prada（普拉达）、Gucci（古驰）等多家奢侈品牌在快马加鞭布局元宇宙。

2021 年初，Gucci 推出虚拟运动鞋，每双售价 12.99 美元，消费者购买虚拟运动鞋之后既可以在 Gucci App 和 VR 社交平台 VR Chat 中使用，也可以在游戏平台 Roblox 中试穿，以多种方式证明自己拥有了这双鞋。

Roblox 作为一个线上游戏平台和创作系统，发现其中五分之一的玩家几乎每天都会更新自己的虚拟形象。摩根士丹利表示："在虚拟体验中，图像就是一切，奢侈品牌正在探索与游戏和元宇宙平台的多项合作。"

也有品牌商家直接加入元宇宙行业，2021 年 8 月初，LV（路易威登）就发布了其自主研发的免费手机游戏——Louis The Game（如图 2-5 所示），该游戏的目标是让玩家通过明信片的形式对 LV 品牌进行深入了解。LV 在游戏中放入了 30 个 NFT，这 30 个 NFT 被网友估值在 2 万到 2000 万美元之间。在获取方式上，LV 表示在玩家游玩期间，将会以定期抽奖的方式将 NFT 作品赠送给中奖玩家。

图 2-5　LV 推出的手机游戏 Louis The Game 页面

元宇宙似乎是一只"点金之手"，所到之处，都是金币叮当落下的声音；又像一件神奇的魔法披风，哪怕是荒山野地、穷巷陋舍，只要披上它，也会瞬间幻化成灯火院落、玉宇琼楼。

元宇宙完全是另外一个全新的宇宙，元居民——元宇宙中的居民，具有完全不同的认知和全新的行为方式，需要我们重新理解。

2.1.3　元宇宙中新颖的人类活动

随着元宇宙时代的到来，越来越多的虚拟流行歌手进入我们的世界，物理和虚拟现实之间的界限变得越来越模糊，虚拟演唱会也在技术变革下

逐渐走进人们的视野。

最著名的虚拟音乐会发生在在线射击游戏《堡垒之夜》（*Fortnite*）中。2020 年新冠肺炎疫情期间，一位说唱歌手在《堡垒之夜》举办的这场"ASTRONOMICAL"全球虚拟演唱会，总共吸引了全球 2 亿玩家，实时在线人数高达 1230 万，共获得 4580 万次的观看量。他的成功带来了很多其他跟随者，特别是在新冠肺炎疫情背景下，虚拟演唱会成了一种新的流行时尚。

虚拟演唱会是艺术和科技、听觉和视觉的增强与融合，增强现实技术的使用能够更好地展现作品的视觉效果，使艺术家们有机会真正考虑以往不可能实现的创作图景。

国内也有不少虚拟演唱会的尝试。2021 年上半年，一个国内女子偶像组合举办了"虚实之城"沉浸式虚拟演唱会。虚拟演唱会似乎越来越多地出现在了人们的视野中。

除演艺活动外，时装秀也开始进军元宇宙，如元宇宙平台 Decentraland 与在线奢侈品市场 UNXD 联合举办的虚拟时装秀活动，如图 2-6 所示。

图 2-6　Decentraland 与 UNXD 联合举办的虚拟时装秀活动

年轻一代越来越多地制造、参与各类虚拟活动，如年轻一代的家长们在沙盘游戏《我的世界》和 Roblox 上为孩子们举办生日派对，家长、来宾和孩子们其乐融融。

一些领域的学术活动也开始虚拟化。全球顶级 AI 学术会议 ACAI2020 于 2020 年 7 月在《动物森友会》（*Animal Crossing Society*，简称动森）上举行（如图 2-7 所示），会议全程通过 YouTube 平台直播。

图 2-7　ACAI2020 虚拟会议现场

会议演讲者轮流上台演讲，场地位于主持人房屋的地下室，已经提前布置好了黄金椅、讲台和笔记本电脑，还有一台意式咖啡机。

整场会议分为四大主题，分别是"人与 AI""自然语言理解""计算机视觉"和"游戏 AI"四大版块，共 17 场演讲。

加州大学伯克利分校的学生们为了在新冠肺炎疫情背景下能够举办毕业典礼，自发形成上百人团队，短短几周内在游戏《我的世界》里建造起了加州大学伯克利分校的整个校园。学生和家长都可以注册账号，在游戏中的礼堂里参与毕业典礼，如图 2-8 所示。

图 2-8　加州大学伯克利分校在《我的世界》中举办的毕业典礼

2021 年 6 月 16 日，中国传媒大学动画与数字艺术学院的毕业生们也在《我的世界》中进行了一场别开生面的"云毕业"典礼，如图 2-9 所示。学生们在游戏中根据校园风景的实拍图搭建了建筑物，还原了校园内外的场景。在典礼的进行过程中，校长还提醒同学们"不要在红毯上飞来飞去"。这场毕业典礼在哔哩哔哩直播的时候，还有网友感慨地说像"霍格沃兹的毕业典礼"。

图 2-9　中国传媒大学在《我的世界》中举办的"云毕业"典礼

当然还有虚拟创作"边玩边赚（Play to Earn）"。Roblox 的崛起影响了整个游戏生态，游戏吸引了超过 1 亿的活跃玩家，其中一半以上是 13 岁以下的青少年。Roblox 提供了超过 1800 万个游戏体验，这些游戏体验绝大多数是玩家自己创造的，玩家可以通过售卖或者出租自己的"作品"获得收益。Roblox 中出现了年收益数十万美元的玩家，"边玩边赚"大行其道，尤其受到了青少年的青睐、追捧。

曾几何时，沉迷电子游戏还是人人喊打的"负面"社会现象，现在已经成为一种新的生活方式。

传统人类和那些在婴儿时期就玩着智能手机、看着 iPad 长大的数字时代的新人类，生活在完全不同的"时空"，价值观、世界观差别巨大。数字时代的新人类天然能够接受、欣赏数字化的游戏、偶像、创作等生存方式，他们和非数字时代传统人类之间有一个明显的代沟。

2.2 "说得清"的元宇宙

在中国五千年悠久的历史长河中，无数充满智慧的先贤灿若星辰，闪烁在历史的夜空，启迪后人。老子提出的"万物生于有，有生于无""道生一、一生二、二生三、三生万物"的哲学思考，和宇宙大爆炸理论、宇宙膨胀学说如出一辙。

成书于春秋战国时期的《尸子》中提出"四方上下曰宇，往古来今曰宙"的论述，这与现代"时空"概念不谋而合。尽管全书已消失在历史长河中，但简短的话语中依然闪耀着璀璨的智慧之光。

在汉语中，"宇"代表上下四方，即所有的空间，"宙"代表古往今

来，即所有的时间。宇为无限空间，宙为无限时间，所以"宇宙"这个词有"所有的时间和空间"的意思。把宇宙的概念与时间和空间联系在一起，体现了我国古代人民的智慧。

南宋哲学家陆九渊在延续《尸子》思想的基础上，进而提出："宇宙便是吾心，吾心即是宇宙"，确认了"心学"的内核。之后的明朝哲学家王阳明将"心学"提到前所未有高度，指出"无心外之理，无心外之物"。

当我们开始讨论"宇宙"这个宏大的主题时，需要聆听古代先贤的智慧之声，有助于我们更好地认知元宇宙的真谛，照亮开创属于时代的前路。

2.2.1　我们生活的宇宙

人类作为这个星球上的"智慧"生命，从其诞生开始，从没有停止过对宇宙空间的思考：它是由什么构成的？它是如何构成的？它是如何发展演化出丰富多彩、光怪陆离的万事万物的？

智慧的先贤发出过各种各样的"天问"。几乎所有的古代文明体系都有自己的宇宙观。

大致上在中国历史上的春秋战国时代，是世界文明的"大爆发"时代，各大古文明都涌现出了一批伟大的思想家、哲学家、科学家，这些代表人类智慧的先贤，跳出生存的基本需求，思考人和这个世界的关系。在具有代表性的古希腊、古代中国和古印度文明中，或许是由于赖以生存的自然环境的差异，其代表性或者主流的思考方向各有不同。古希腊人多是研究人和自然的关系，中国的先贤更多地研究人和人的关系，古印度人专注于研究的是人和神的关系，因而提出了对这个世界的不同认识，也发展出了各不相同的文明体系。

古希腊哲学家柏拉图在总结前人思想的基础上，提出"四大元素学说"，他认为世界上有四大元素，分别是风、火、水、土。这四大元素对应着四种正多面体：火，对应着正四面体，土对应正六面体，风对应着正八面体，水对应正二十面体。后来他发现还有一种正十二面体，没有找到对应元素。之后他的学生亚里士多德提出了一种叫作以太的物质，对应正十二面体。以这个学说为基础，亚里士多德构建了以地球为中心的一个宇宙观，如图 2-10 所示。

在中国古人的宇宙观中，有代表性的就是五行学说，如图 2-11 所示。这个学说认为世界上的万事万物都是由五种要素构成的，分别是金、木、水、火、土，称为五行，五行相生相克，构成了一个闭环。这五种物质按照不同比例就可以造出世界上各种各样的物质。

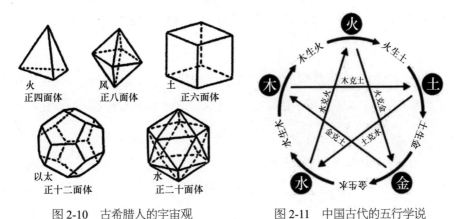

图 2-10　古希腊人的宇宙观　　　图 2-11　中国古代的五行学说

随着近代物理学的兴起，粗糙原始的元素论被更加精致的原子理论模型所取代，并且不断发展，构成了当代基本的宇宙观。

起初人们认为物质是由分子组成的，分子是由原子构成的，原子就是最小单元。但随着研究的深入，人们不断更新原子模型。原子由原子核与核外电子构成，原子核则由更小的质子与中子构成。微观物理学的研究逐渐深入量子领域，发现了一系列亚原子基本粒子，如中微子、夸克、反夸

克、虚子、幽子、道子，等等，催生了量子力学、量子生物学、量子意识模型，提出了弦理论、超弦理论、M 理论、多维宇宙理论等各种新观念、新认识、新假说，人类的视野得到了空前的拓展。

量子力学中的波和粒子被认为是同一现象的两种不同表现。弦理论认为每一种振动模式都对应着一种粒子，特定弦的振动频率决定了粒子的能量和质量，一根弦的不同振动模式可以形成我们现在所熟知的基本粒子。比如，根据弦理论，粒子被看作长度为普朗克尺度的一维弦，在引入费米子的坐标后，科学家提出了超弦理论。

超弦理论提出了平行宇宙时空必须拥有十个维度，超弦理论的形成意味着此类平行宇宙并非由粒子和场构成的时空，宇宙不仅是四维时空，而是多维的。十维超弦理论避免了量子力学与广义相对论合并时遇到的重整化问题，还在一定程度上连接了强力、弱力、电磁力及引力四种基本力。

我们熟知的牛顿力学、广义相对论、电动力学及量子场论等都可以存在于高维时空，它们不仅可以在四维时空中进行完好地表达，也满足四维以上的高维时空。

20 世纪 90 年代，物理学家们提出超弦理论下的十维时空透过强耦合极限可以形成十一维的时空，由此诞生了 M 理论。

M 理论的发展颠覆了我们对宇宙是四维时空的概念，M 理论构造出的平行宇宙存在于一个膜的世界中。在膜的世界中不仅时空是多维的，膜结构也可以是多维的，我们的宇宙很可能是由多层膜构成的高维超空间，看似非常遥远的系外行星，在超空间中可能仅距离我们几毫米。M 理论为平行宇宙理论的发展提供了支撑。

人类在现实宇宙中生活了数千年，从原始的人类对自然界发出第一个疑问开始，一代代人不断刻苦钻研、深化认知、积累智慧，初步揭示了这个宇宙是十一维的（笔者的微信公众号就叫"十一维"），这既拓展了我们对宇宙的认知，也在我们面前展现了更大的、更多需要探索的未知。

元宇宙，也许就是早已存在的十一维中的一维，只是它卷曲在普朗克尺度之下，我们一直没有发现它的存在。直到某一天，我们发现了"01"这个密码，打开了一扇观察这个宇宙的窗口，一个全新的宇宙才逐渐展露出来。

2.2.2　元宇宙的样子

1. 元宇宙的"世界观"

元宇宙就是一个宇宙、一个全新的宇宙，是依附于现实宇宙之上的一个特殊的、数字化的虚拟宇宙。

元宇宙的物理尺度在普朗克尺度之下，不可度量，因此人的身体（物理）无法进入。但元宇宙具有无尽的数字空间，也称为视觉空间、感觉空间。通过软件的定义，可以让人看到或感觉到数字空间的辽阔无际。数字空间只存在于人的感觉或体验之中，恍如梦境。

在时间尺度上，因元宇宙依附于现实世界，故与现实世界相同，是时间向量。但元宇宙可以为不同时间段保存不同的版本，可以重启。

元宇宙完全由数字构成，按照软件定义的规则运行。物理世界的人可以通过软件工具影响甚至改造元宇宙。

元宇宙由数字构成，不受现实世界的物理规律制约，如重力的影响、空气浮力的影响、氧化作用的影响等。但可以通过软件定义的方式，定义各种新的、必须遵守的"数字规律"，也可以模仿物理世界，定义相似的、人们熟悉的物理规律。比如可以定义物体在空间中是否有"独占性"：可以通过软件定义同一个空间在同一时间只能由一个物体占据；也可以定义同一空间同时可放置多个物品；还可以定义某种特殊的物品有"独占性"

而另外一些物品没有"独占性";甚至还可以定义同一个物品在"此处"有独占性,在彼处没有独占性。

软件定义具有高度灵活性,因此可以超脱现实世界物理规律的限制,给人类以前所未有的极致体验,这是元宇宙的极大吸引力之一,例如,可以体验 500km/h 的急速驾驶刺激。但这也是元宇宙的高度风险之一:沉浸在元宇宙不可自拔,一遍又一遍地享受前所未有的刺激,或者混淆元宇宙和现实宇宙,把元宇宙中的虚拟冒险带到现实世界,造成重大的人身伤害。

通常情况下,元宇宙的设计高度模仿了现实世界。这一方面是由于设计者本身来自现实世界,熟悉现实世界的物理规律,自身的经历构成了设计者想象力的"天花板",自觉或不自觉地带上了现实世界的痕迹;另一方面也是为了给元宇宙的用户带来"熟悉感",比较相近的场景,能让用户按照习惯的方式自如活动,避免在完全陌生的环境中不知所措。

2. 元宇宙的"居民"——元居民

有智慧生命的宇宙才不会荒芜。

元宇宙中有很多智慧生命,元宇宙是一个"万物有灵"的世界。

由于可以自由定制、自由命名,未来元宇宙的生物品类一定是超乎想象的。

从宏观的角度来看,可以把元居民分为三大类:"人"(阿凡达、数字员工、NPC)、智能动物、智慧物件。

(1)元居民中的人,是指在元宇宙中以人的形态出现、活动的生物。包括三类:阿凡达(Avatar,数字化身)、NPC 和数字员工。

阿凡达是指由现实世界中的玩家操控和指挥的数字化身(也称数字替身或数字分身,笔者认为数字化身更贴切)。玩家登录系统后阿凡达出现,玩家退出系统后阿凡达消失。阿凡达是元宇宙中最具智慧的生物。在《雪崩》一书的元宇宙设定中，阿凡达在外形上完全由玩家自己定义，由于玩家兴趣爱好的差异，阿凡达会出现各种各样的外形，也可能是一个动物形态或者一根香蕉。未来不同的元宇宙对阿凡达也许会有不同的规定，比如规定身高，不能比大楼还高；比如外形限定必须是"人形"或者至少不能是什么不雅之物。

NPC（Non-Player Character，非玩家角色）是游戏中的一种角色类型，指的是电子游戏中不受真人玩家操纵的游戏内部设定的角色，这个概念最早源于单机游戏，后来这个概念逐渐被应用到其他游戏领域中。

在电子游戏中，NPC 是指游戏事先设定的有自身行为模式的辅助角色，有多种类型。NPC 的主要作用是按照游戏剧情的发展，配合玩家完成特定的场景或者任务，推进剧情顺利开展。

元居民 NPC 的概念来源于游戏，其未来的发展一定会远远超出游戏的概念。

一方面，NPC 是真正的原生元居民，它们不但一出生就在元宇宙，而且将永久居留于此。最初一代 NPC 只是某个游戏设定的角色，很快会出现服务所有游戏的公共角色。比如在 Roblox 这样的游戏平台中，无数游戏玩家都在设计游戏，平台方完全可以设计出平台公用的 NPC，或者由某个游戏玩家设计出专门服务别人的 NPC。出于商业目的，NPC 一定会得到快速发展，在未来的元宇宙中，阿凡达遇到最多的人也许不再是其他人的阿凡达，而是一直生存在元宇宙中的 NPC。

另一方面，随着人工智能技术的发展，虚拟人技术日渐成熟。期待未来像电影《失控玩家》中的情形会真正出现，游戏设定的 NPC 获得了自我意识，开始按照自己的思考在游戏中活动、行事。无数有独立思考能力的 NPC 生活在元宇宙，才是元宇宙真正繁荣发达的开始。

数字员工是由个人或企业所制造和拥有的、只在元宇宙中活动的"数字生命"。它具有人的外形，其作用相当于一段程序，能够从事某种工作。数字员工是元宇宙中的一种特殊商品，可以买卖，就像我们在现实世界中购买一个扫地机器人一样。

（2）元宇宙中的动物。人类需要宠物的习惯一定会带入元宇宙，各种充满创意的新奇动物，也是未来元宇宙的魅力之一。

元宇宙中的动物可能是某个阿凡达从现实世界"带入"的宠物，也可能是类似 NPC 的动物。在元宇宙中，动物可能只是其外形，其内核可能就是某个有特殊癖好的阿凡达，也可能是 NPC。其作用可能仅仅是装饰或满足人们心理上的需求，也可能有某种服务能力，或者具备攻击性。

（3）智慧物件。元宇宙中的所有物件都是由软件定制的，无论一幢房屋还是一辆摩托车。物件在定制之初就被赋予了特定的功能，这些功能除了类似于现实世界中的功能，还可以赋予远远超越现实的"神奇"功能。比如让椅子可以说话："你太重了"或者"你刚走怎么又来了"；再比如让房屋随处都可以开门，只需要念一句咒语"芝麻开门"。

元宇宙一定是一个高度智慧的宇宙，路边的邮筒或许可以和你对话，或者遵照指令直接"跑路"替你送信。NPC 服务员可以无处不在，只是处于"隐身"状态，只要你说出一个口令，就会立即现身。

元宇宙的发展一定是"万物有灵"的宇宙，无论何种外形，人形、动物形状或者其他如花草树木、楼宇、机械等，都可以被赋予智能，都能平等地沟通交流。外形已经不是区分万物的标志，最终的标识只有数字 ID。

元宇宙的元居民呈现 5 种形态：阿凡达、NPC、数字员工、智能动物、智慧物件，其本质上都只有数字 ID。

3. 关注元居民与真实人类的相互影响

必须特别关注元居民中最特殊的一类——阿凡达与现实世界的关联

性，因为阿凡达具备现实世界和元宇宙的双重体验。

在"元宇宙"的早期，现实世界中的人们以数字映射的方式获得的虚拟身份，通过数字化实现了对物理世界中人的生理存在、文化存在、心理和精神存在的数字化转换、虚拟化配置，进而成为"元宇宙"的第一代元居民。这些元居民具备现实人与虚拟人双重身份。需要特别关注的是这种双重身份、双重体验给现实世界带来的问题。

美国后现代主义学者唐娜·哈拉维发表《赛博格宣言：1980 年代的科学、技术以及社会主义女性主义》（*A Manifesto for Cyborgs：Science，Technology，and Socialist Feminism in the 1980s*），将"后人类"命名为"赛博格"，他们在未来世界将行走于生物体和机器之中，是虚拟和现实之间的新形态人类。

1990 年到 2009 年跨世纪出生的一代被称为"Z 世代"人群，他们一出生就与网络信息时代无缝对接，受即时通信、网游、智能手机等的影响比较大。又被称为"网生代""二次元世代"等，他们更在意生活体验，是同时生活在现实世界和虚拟世界的第一代，带动了 YOLO（you only live once）文化兴起。

2010 年之后出生的人被称作"阿尔法一代"（Generation Alpha），他们从出生就有智能设备可以玩耍，甚至在吸奶嘴时眼睛都会看着屏幕。他们将是把数字技术完全融入自己生活的第一代人，也将是"元宇宙"完全意义的"原住民"。"阿尔法一代"的诞生可以看作"后人类"社会的开始。

也可以将"后人类社会"形成过程想象为生命形态从所谓的"碳基生命"向"硅基生命"过渡的过程。期间自始至终会存在两种演变：一种演变是生物学的、信息论的、技术的演变；另一种演变则是伦理的、文化的和社会的演变。这两种演变都充满期望和难以预测的风险。

未来会有越来越多的人类活动，如科研、艺术、教学、开发、设计等，都将在元宇宙中进行。我们必须适时地评估元宇宙发展对人类社会的影响，以避免可能发生的风险。

现实世界和元宇宙的同步发展，意味着生物人、电子人、数字人、虚拟人、信息人的"共存共生"，人工智能和生物基因技术的融合将最终打破有机体和无机体的界限，形成所谓的"后人类"。其实，在过去的三四十年间，"后人类"问题已经引发一些学者的关注和研究。

美国的未来学家雷·库兹韦尔（Ray Kurzweil）在《智能机器人的时代》（*The Age of Intelligent Machines*）一书中，将人类社会的进化概念分成了六个纪元：第一纪元为物理和化学；第二纪元为生物与DNA；第三纪元为大脑；第四纪元为技术；第五纪元为智慧和技术的结合；第六纪元为宇宙的觉醒。在第六纪元，传统人类将成为非生物人类，也就是半个机器人，升级成人类3.0版本，宇宙面临奇点的最终命运。

现在，现实人类和他们创造的虚拟人，正在形成新的社会关系与情感连接，成为开拓元宇宙边界的先驱者，并在虚拟新大陆上构建"后人类"社会。

4. 元宇宙的演进

我们生活的宇宙是由大爆炸产生的，是经过了无数星球的燃烧与爆炸、碰撞与合并，经过漫长的演化和发展逐渐丰富起来的。地球也是经过了板块的分裂与融合、火山的喷发与沧海桑田的变迁，逐渐形成山川河流、草原湖泊的，逐渐诞生出智慧生命、衍变出社会形态的……这是一个无比漫长、无比复杂、无比瑰丽多姿的过程。

元宇宙也当如是！

当人们发明计算机、开始用0、1进行计算的时候，元宇宙就已经诞生了，无声的惊天爆炸发生在另一个空间，产生的余波荡漾在现实世界，催生了与计算机、网络、存储、通信等相关联的产业发展，这些发展发生在现实世界的各个角落，也不断地壮大着元宇宙空间。

起初一台台计算机是相互孤立的，后来随着网络技术的发展，计算机接入了网络，形成了内联网（Intranet）、互联网（Internet），慢慢网络覆盖了世界。

在应用上，元宇宙在开始的时候是一个个应用系统，一个个数据库，一个个游戏平台、电商平台、社交平台、工业互联网平台，这些系统如同喷洒在玻璃上的水珠，彼此相似，但相互独立；虽然都是由 0 和 1 构成的，但标准各不相同。

20 世纪 90 年代，尼尔·斯蒂芬森正式给这个不断发展壮大的虚拟宇宙命名——元宇宙，从此元宇宙正式进入了人类的知识体系。

因此，在元宇宙的发展初期，一定有很多各色各样的"元宇宙"出现，良莠不齐、泥沙俱下。未来，这些"试验品"都可能是构成元宇宙的组成部分，是元宇宙网络体系的一个"节点"、元宇宙生态体系的一个环节。在多样性充分发展的基础上，元宇宙一定会有一个互联聚合过程。这些早期的"试验品"就像是在数字海洋上的一个个"小岛"，不断发展演化，或被淹没或不断扩大，这些"小岛"逐渐相连、融合成为"大陆"。

从系统层面看，元宇宙是一个不断集成的过程，其发展演化如图 2-12 所示。互联网上的一个个应用系统逐渐集成，按照企业或者行业形成一个标准统一、互联互通、数据共享、操作互动的巨型平台。由于它们的业务属于相同或者相近的领域，这些平台可称为元域，即虚拟的领域。其数字空间的所有权范围相当于现实世界的一个省或者州。

随着科技发展，进程规模和集成内容进一步扩大，开始形成跨不同业务、跨不同行业的更大规模、更大范围的虚拟共享空间。由于超越了行业或地区的限制，这些虚拟共享空间可以称为超元域，其数字空间的所有权

范围相当于现实世界的一个国家。

当超元域开始融合的时候，元宇宙就真正形成了。其实从"0、1"的基本构成元素来看，元宇宙早已存在，只是彼此没有互联、不能相互访问、不能共享。"鸡犬之声相闻，老死不相往来"，甚至不知道彼此的存在、不了解彼此的发展水平，也不知道彼此之间业务、认识、文化的差异。

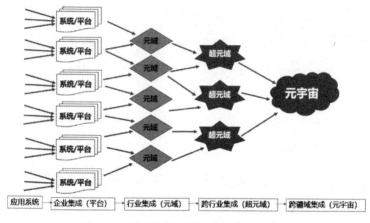

图 2-12 从系统层面看元宇宙的发展演化

这和"地球村"的形成过程何其相似。在农耕时代，以步行或者骡马为交通工具，"十里不同俗"，几十公里外的村庄可能终生不相往来；到了工业时代，公路修通、车辆往来，人的活动范围扩展到数百公里；到飞机上天，人类的活动范围扩展到数千公里；到互联网时代，地球已经变成了一个"村落"。

元宇宙的形成也需要一个类似的过程。不同的是，地球村的形成过程是打破"空间隔离"的过程，元宇宙的形成过程，更多的是打破人们"认知隔离"或"心理隔离"的过程。网线已经连接，人为设置的防火墙或网闸，隔离了不同的应用系统或平台。人心不通，即使网络已经连接，也无法实现彼此的沟通和共享。

因此，元宇宙的发展过程，就是构建人类命运共同体的过程。当我们把每一个元域或者超元域都称为元宇宙的时候，并没有什么对错的问题，反映的是我们在认知上以自我为中心的局限。打破认知上的藩篱，让心相通，数据才能流通，反过来数据的共享会进一步促进文化的交流，使人们相互理解。

元宇宙，数心一体，心物一元。

5. 哪些不是元宇宙

元宇宙不是一个游戏。元宇宙的概念因为一家游戏公司在资本市场上的火爆而引发关注，是资本的力量带火了元宇宙概念，也带火了带有元宇宙元素的这一类游戏产业。但元宇宙绝不是游戏，除非你站在"人生如戏"的哲学高度。

元宇宙继承了沙盒游戏的一些有益的元素，如自由创造、"Play to Earn"、虚拟经济等，但元宇宙远远超越了游戏的局限性，有更多的内容、更宽泛的生态、更宏观的架构。从技术层面看，如果说游戏只是一个游戏平台，那么元宇宙则是游戏平台+社交平台+电商平台+工业平台+……是融合了各种社会生态的虚拟空间。

元宇宙不是一个应用系统。一个应用系统成不了元宇宙，无数的应用系统也不一定是元宇宙。我们生活的现实世界是千姿百态、丰富多彩的，元宇宙一定也是全体智能生命想象、创造、和谐共生的综合体。

元宇宙不是一个单一的社交平台或电商平台。这些平台都带有元宇宙的元素，是元宇宙的一个组成部分。每一个现有的平台都可以成为元宇宙的起点，但不是元宇宙的终点。

元宇宙不是虚拟货币。就像人民币不等于这个世界一样，虚拟货币绝不是元宇宙，它只不过是元宇宙经济体系的一个组成部分。这很容易理解，之所以会有这种说法，与虚拟货币在中国的发展"波澜"有关。前些年虚拟货币"大火"之时，币圈不少人通过 ICO（Initial Coin Offering，虚拟币首

发）轻易地捞到了第一桶金，赚得盆满钵满。之后，由于无序发展，产生了很多问题，因此被禁止了，ICO 的"辉煌"随之烟消云散。元宇宙的新概念来临，一些怀念虚拟货币"昔日辉煌"的人，很想披着元宇宙的外衣重操"空气币"的旧业，因此借元宇宙炒作虚拟货币，肯定是不恰当的。

元宇宙不是泡沫。《金刚经》有言："一切有为法，如梦幻泡影，如露亦如电，应作如是观"，照此理解，元宇宙当然也是泡沫。还有一种"泡泡宇宙假说"，是由暴涨宇宙理论产生的多宇宙理论。该理论认为我们生活在一种跨越 80 亿光年且包含着邻近星系的巨大泡泡中，且处于离泡泡中心较近位置，因此会看到星系之间的距离在加速拉开。按照这个理论，认为元宇宙是"泡泡"倒也未尝不可。除此之外，元宇宙都不是泡沫，而是一个真正的"数字生存"空间。

现实世界中的一些人，围绕"元宇宙"的概念，炮制出了各种吸引眼球的"闹剧"，不过是为了一己之私，诱惑一些贪图小利而又不明真相的人为他们的"闹剧"买单，制造"割韭菜"的机会。

元宇宙之外的吵吵闹闹，打着元宇宙旗号，在现实世界中制造的各种泡沫，与元宇宙何干？这些泡沫也许会影响一些人的视线，让他们看不清元宇宙的真相，进而做出一些错误的判断，这是正常现象，这也是任何新生事物的发展都要经历的过程。

大潮涌来，带来一些泡沫，但大潮本身并不是泡沫。错把大潮当作泡沫，一定会被大潮的伟力"拍"在沙滩上。

2.2.3 互联网发展的"新篇章"

计算机的发明打开了人类通向虚拟世界的道路，这条道路从最初"只堪下脚"的蜿蜒小路发展到今天，已经走了几十年的时间。

1. 早期的人机交互

最初，人类只能使用"机器语言"和计算机对话。人机交互的第一个阶段是穿孔纸带，人们使用长长的"穿孔纸带"，把程序内容通过穿孔记录在纸带上，输入计算机，计算机读取"穿孔"的密码。最大的困难是查找错误，一旦有一个地方写错，就要查找无数的孔洞密码，这绝对是锤炼心性的最好工具。

第二个阶段是穿孔卡片，如图 2-13 所示。同样是通过穿孔编码与计算机沟通，但已经分成了一张张卡片，更容易修正错误，便于程序员阅读。穿孔卡片相当于中国的古文一样，分出了段落和标点符号，可读性得到了大幅度提升。

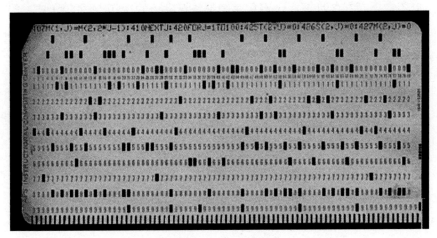

图 2-13　穿孔卡片

在第三个阶段开始出现用户终端，程序员可以在终端上敲入命令行，计算机也能够随时反馈，人类和计算机的对话进入了新阶段。

第四个阶段是图形用户界面阶段。图形用户界面（Graphical User Interface，GUI）又称图形用户接口，是指采用图形方式显示的计算机操作用户界面。

20 世纪 70 年代，美国施乐公司的研究人员开发出了第一个图形用户界面，这样的设计使得计算机实现了字符界面向图形界面的转变，开启了人机会话的新的纪元。此后，Windows、MAC OS 等操作系统陆续出现，界面设计不断完善，操作系统的不断更新变化也将图形用户界面设计带进新的时代。

图形用户界面是一种全新的人与计算机通信的界面显示方式，允许用户使用鼠标等输入设备操纵屏幕上的图标或菜单选项，以选择命令、调用文件、启动程序或执行其他一些日常任务。与通过键盘输入文本或字符命令来完成例行任务的字符界面相比，图形用户界面有许多优点。

图形用户界面由窗口、下拉菜单、对话框及其相应的控制机制构成，图形用户界面在各种新式应用程序中都是标准化的，即相同的操作总是以同样的方式来完成的。在图形用户界面中，用户看到的和操作的都是图形对象，应用的是计算机图形学的技术。

随着移动通信等相关技术的不断发展，各种电子产品应运而生，图形用户界面也广泛应用于智能手机、家用电器等具有信息交换、存储、处理功能的电子产品。

图形用户界面的深入发展不仅体现在界面的美观和标准化，更带动了各种人机交互设备的发展，从简单的键盘、鼠标，到游戏手柄、VR 头盔、AR 眼镜、数字手套及各种体感设备；交互内容上也从简单的文字，发展到图形、语音、姿态、手势等；连接方式也从有线连接，到蓝牙、WiFi、4G/5G 等无线连接方式，极大地拓展了人类和计算机的沟通方式，为人类更加从容地进入元宇宙奠定了坚实的技术基础。

2. Web 技术的发展引领人类走向互联网生存

Web 是 World Wide Web 的简称，中文称之为万维网，是用于发布、浏览、查询信息的网络信息服务系统，由许多遍布在不同地域内的 Web 服务器组成。

万维网的发明者是蒂姆·伯纳斯·李（Tim Berners-Lee），他是英国计算机科学家，南安普顿大学与麻省理工学院教授。

1989 年伯纳斯·李提出了 Web 的应用架构，它的前身是 1980 年伯纳斯·李负责的 Enquire（Enquire Within Upon Everything 的简称）项目。1990 年 11 月第一个 Web 服务器开始运行，由伯纳斯·李编写的图形化 Web 浏览器第一次出现在人们面前。

1991 年，欧洲核子研究组织（CERN）正式发布了 Web 技术标准。

1993 年 4 月，CERN 宣布任何人都可以免费使用 Web 协议和代码。

1993 年，世界上第一款浏览器 NCSA Mosaic 问世，受此启发和带动，1994 和 1995 年分别诞生了著名的 Netscape Navigator 和微软的 Internet Explorer（IE）。发展到 1998 年，IE 的市场占有率超过 Netscape，并在 2002 年达到 96%，第一次浏览器巨头之争结束，浏览器的发展进入战国时代。

1994 年 10 月，伯纳斯·李在麻省理工学院成立 W3C（World Wide Web Consortium，万维网联盟）。目前，与 Web 相关的各种技术标准都由 W3C 负责管理和维护。

从 Web 诞生至今已快速发展逾 30 年，经历了两个大的发展阶段，被称为 Web1.0 和 Web2.0。Web3.0 刚刚被提上议事日程，成为当前热议的话题。

Web1.0——网站投喂信息的 PC 互联网时代。

早在 20 世纪 90 年代，互联网刚刚开始普及的时候，用户与互联网的互动处于非常早期的阶段，即用户只能被动地浏览文本、图片和简单的视频，网站提供什么，用户就只能查看什么，几乎没有互动可言。很多公司也开始开发自己的网站，但这些网站只是为了宣传，几乎都是"只读网站"，

用户只能搜索和阅读信息。

Web1.0时代也有一些电子商务网站，但这些网站也只停留在宣传、广告层面，和现在超市发的促销手册几乎一样，只是展示内容，用户无法在网站上下单。

在Web1.0时代，受网络带宽的限制，互联网的响应慢，经常卡顿，用户体验不好；几乎没有移动用户，都是有线用户；网站内容单一，丰富程度不够，内容完全由ISP（互联网服务提供商）控制，所有的用户都只是看客，也只是过客。

Web2.0——人机交互的移动互联时代。

在2004年前后诞生了Web2.0的概念，Web2.0更注重用户的交互作用，用户既是浏览者，也是内容的制造者，在模式上由单纯的"读"向"写"及共同建设发展。这是一个大的飞跃。

在Web2.0时代，用户不仅是单纯的访问者，他们还可以创建自己的内容，并将其上传到网站。这看似一个不起眼的变化，却带动了整个互联网产业的发展，特别是移动互联技术的发展和智能手机的普及，带来了网民数量的快速增长，催生了当前几乎所有的互联网巨头企业，打造了众多的互联网商业帝国。

Web2.0成为一个共享共创平台，几乎所有的内容都是用户自发提供的，这完全颠覆了Web1.0时代ISP控制内容的局面。用户从自发、自愿地分发内容，到有意识地创作以获取利益，网站不再是单纯的信息浏览窗口，形成了"浏览+获利"的新生态，吸引了更多的用户参与。互联网社群飞速发展，全球互联网用户数量已经超过全球总人口数的一半，形成让所有人"眼红"的超级市场。图2-14所示为Web2.0时代催生的众多基于互联网的现象级应用。

图 2-14 Web2.0 时代催生的众多基于互联网的现象级应用

有影响的网红、"大 V"只需要发一个视频就可以让一家名不见经传的餐馆一夜爆红、排起长队，也可以用一句话让一家网店差评如潮，甚至关门歇业。Web2.0 的浪潮席卷全球，在短短十年的时间里，完全重新定义了市场营销和业务运营。

如今的互联网几乎能够满足人们日常生活的各个层面，像社交、购物、游戏、阅读、学习、创作，等等，互联网已经成为一种新的生活方式。二十年前尼葛洛庞帝描绘的"数字化生存"，已经被 Web2.0 变成了现实。

Web3.0——通向元宇宙之路。

已经有很多关于 Web3.0 的讨论，不同人关注的重点虽然有所差异，但站在当前 Web2.0 的肩膀上向前看，大家看到的其实都是相同的风景，一些标志性的特点并无太多差异。在 Web3.0 时代，人们主要关心以下几个问题。

第一是数据价值的合理分配问题。未来最值钱的不是石油，也不是房产，而是数据，数据已经和土地、劳动力、资本、技术一样，成了五大生产要素之一。在 Web2.0 时代，我们上网所产生的数据，以及我们个人的数据被互联网巨头免费使用，给它们带来巨大的价值。而数据的提供者并未从互联网巨头所产生的红利中得到应有的回报。就像 Facebook 公司的主要收入就是利用用户个人数据所产生的广告收入。在 Web3.0 时代，每个人将更好地拥有自己数据的隐私权，同时拥有自己数据的使用权。在互联网企业使用数据时，数据的提供者会得到相应的回报。

第二是去中心化问题。平台的中心化监管不仅是诸如重复注册账号等不便性问题的根源，也是服务商滥用用户隐私数据问题的根源。人们期待在 Web3.0 时代，平台不再由某个中心化的公司管理，而是分布式的自组织（DAO）模式，治理依靠社区投票。账号、钱包、道具、数字资产的所有权和控制权是用户的。数字内容由用户创造、用户所有、用户控制、协议分配。

第三是无所不在的网络接入。Web2.0 已实现了无所不在的网络接入，像社交媒体网站，用户可以在相机上拍摄图像，然后在线上传和分发，图像变得随处可见。随着移动设备和物联网的发展，随时随地的体验将不仅仅存在于智能手机，它将是真正的无所不在。周围的大多数物件都可以实时连接，未来的 6G 将进一步优化这种能力，天地一体，万物互联。

第四是 Web3.0 中新技术的应用。技术发展日新月异，尤其是数字技术，用好各种新技术，提升网络的易用性、友好性、稳定性、智能性等需求空前迫切。

通过使用相关的处理工具来扩展万维网的能力，从而大幅度提升用户对信息的利用能力，改进用户体验，提升用户价值。比如语义网络，通过给 Web 上的文档添加能够被计算机所理解的语义"元数据（Meta data）"，从而使整个互联网成为一个通用的信息交换媒介。再如人工智能技术，人工智能将通过训练和学习，更好地服务用户；通过处理并过滤网站，尽可能向用户提供更准确的数据；通过准确的价值评估，帮助用户了解特定产品或资产的质量，如为电影投票打分、推荐好电影等。

其他诸如区块链技术、高精度 3D 图像、数字人技术、高逼真度的渲染、各种创新交互设备的接入等，都是 Web3.0 的必备技术。在网络世界，目前用户只是一个 ID，而未来用户将拥有 3D 身份，且用户有可能越来越多，因此，要求逼真再现"真实容貌"会成为一个庞大的需求。

Web3.0 是一个全面的体系，它不仅要实现技术层面（如存储、协议、网络、机制、应用及生产方式）的变革，还将改变包括金融、认证、票据、政务、版权、溯源、医疗、公益、商务、组织、分配等在内的社会生活方式。Web3.0 从各个层面拓展了人类和虚拟世界的交互方式，提升了人类虚拟化生存的维度。Web3.0 融合了社交、游戏、电商、经济、文化等各种社会需求，同时提供了人工智能、物联网、区块链、语义网络等技术的支持服务，将全方位引导人类社会走向元宇宙。

2.3
元宇宙的关键要素和风险防范

如前所述，元宇宙还处在"婴儿期"。对于"婴儿"的未来，每一位看到这个"婴儿"的人，内心都会有一个属于自己的价值判断。

现阶段对元宇宙的定义，还处在"一千个读者，就有一千个哈姆雷特"的阶段，吵闹喧哗，均属正常。不同的观察者，其出身、背景、职业、修养各不相同，看待元宇宙的眼光和出发点都会有巨大的差异。

当前阶段，讨论元宇宙的定义固然很有意义，但从不同的方面去分析元宇宙，把握和梳理元宇宙的一些关键要素，则是一种更有效的方法。

2.3.1 《雪崩》与青瓷枕中的"元宇宙"要素

元宇宙这个词是从《雪崩》这部科幻小说中创生的，在科幻作家的构思中已经设定了元宇宙的雏形（见第一章）。这些基本的设定包括元宇宙的"底座"、VR 头盔、沉浸感、Avatar、社交、虚拟土地、自主建造、交易和文化，等等。其中最核心的突破是提出了人类的一种全新的生存、生活方式——数字化身 Avatar。

这种生活方式让人完全沉浸其中，割断了与现实世界的联系。很像《黑客帝国》中的人类插上了脑机接口，在 Matrix 中以一个独立的存在行动和生存。或者是很像中国成语"黄粱一梦"所讲的故事：卢生在邯郸客店遇道士吕翁，吕翁取青瓷枕让卢生睡觉，卢生在梦中高官厚禄、骏马轻裘享尽荣华富贵，一觉醒来，店家的小米饭还没熟。卢生在梦中所获得的体验，不同于玩游戏，而是完全沉浸式、和现实完全割裂的一段生存体验，甚至可以说是一种"特别设计"的生存方式。

毫无疑问，青瓷枕是一种比 VR 头盔更高级的沉浸式设备，枕上这个枕头就会进入一个设定好的元宇宙，在其中有完全不同的时空（小米饭还没熟就能度过一生），可以扮演不同的角色。

如果有一种青瓷枕设备，让人们可以轻松地沉浸到不同的元宇宙场景之中，既可以是无敌侠客、文弱书生，也可以在其中生活、交友、工作、创造、游乐，这就是元宇宙的生活方式。数字世界正在为人类打造这种生活方式，人们在其中不仅可以随心所欲地扮演各种角色，也可从事工业生产、商业贸易，参与各种经济活动，甚至可以与现实世界实现链接和互动，虚实融合、虚实相济！

如果说青瓷枕是神仙法术，那么元宇宙同样具有无穷无尽的想象空间。

2.3.2　向自然学习"创世"的方法

无论 Metaverse 在英文语境下是什么含义，但当其被翻译成元宇宙之后，在中文语境下，毫无疑问它已被赋予了全新的内涵。

"元"可以理解为"一元复始"之元，有"发端""新开"之意。元宇宙就是指"一个新开的宇宙"，因此这个词分外宏大、震撼、新颖。

再看看近期人们对元宇宙的各种提法：互联网的终极形态、人类的最终归宿、平行宇宙，等等。可以看出，大家对元宇宙的通常认识，就是"一个新的宇宙""数字宇宙"，它不是一种技术，甚至也不是几种技术的组合，而是一个数字化的、虚拟的平行世界。

可以看出，当我们提出要建设元宇宙时，其实是要创造一个虚拟的世界，这是一件"创世"的伟业。人类从来没有做过"创世"这件事。在中国的古代神话中有盘古开天辟地的传说，盘古用一把巨斧劈开了混沌，轻者上升为天，重者下降为地，有天地然后有万物。道德经中提道：道生一、一生二、二生三、三生万物。西方宗教经典中有上帝创造世界、创造人类的说法。我们应该虚心学习，把现实世界当作我们建设元宇宙的"模板"，如图 2-15 所示。

人间万物纷繁复杂，以"俯瞰"的视角来看，其实有一个很清晰的逻辑：有天地然后有万物，有万物然后有人类，有人类然后有人类的各种组织，以及各种各样的个人活动和组织活动。人类的这些活动和自然规律，共同推动世界的演化和人类社会的发展。

仔细观察我们生存的现实世界、万事万物，你常常会被宇宙运转的神奇所震惊，常常会被世界的精巧美妙所感动。当人类准备创造一个全新的元宇宙的时候，可以以自然的造物为蓝本，勾勒出元宇宙的十大关键要素，如表 2-1 所示。

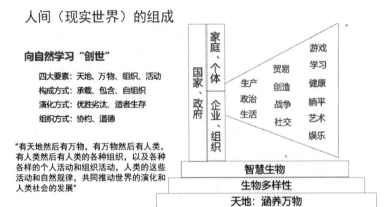

人间（现实世界）的组成

向自然学习"创世"

四大要素：天地、万物、组织、活动
构成方式：承载、包含、自组织
演化方式：优胜劣汰、适者生存
组织方式：协约、道德

"有天地然后有万物，有万物然后有人类，有人类然后有人类的各种组织，以及各种各样的个人活动和组织活动，人类的这些活动和自然规律，共同推动世界的演化和人类社会的发展"

图 2-15　把现实世界当作我们建设元宇宙的"模板"

表 2-1　元宇宙的十大关键要素

要　素	内　容	要　素	内　容
基础设施	计算机、存储、网络等，提供持续不断的服务	物权	数字资产的确权，个人或组织物权的保护
规则	时空规则：独占性、单向性。运行规则：四季、白天黑夜	社交与组织	在万物有灵背景下的沉浸式社交与组织
去中心化	自主运行，在必要的运维之外，减少监管	经济体系	货币体系、交换方式，以及在此基础上的金融系统
元居民	虚拟宇宙中的智慧生物、数字化身、NPC 等	文明	生物之间、组织之间的行为规范、道德底线等
生产、创造	生产、创造、游戏等各种生产生活活动	虚实结合	设计与现实世界的联系方式、交易方式等

（1）基础设施。如同永恒的蓝天大地承载着现实世界的发展一样，计算机、网络等持续运行的基础设施，是元宇宙存在的根本保证，是元宇宙之外、承载元宇宙的"宇宙之壳"。

（2）规则。包括时空规则和运行规则。在元宇宙的四维时空中有虚拟的大地、高山平原、江河湖泊；有一个设定的时间轴，事情按照一定顺序发生发展，不至于造成混乱。在数字世界可以设置回溯机制，设定所有生物的活动规则，包括走动、飞翔或者爬行，伤害或者死亡，遮蔽或者透明，位置关系、存在关系，等等。

（3）去中心化。元宇宙作为人类的创造物，肯定需要有自己的管理员（Administrator）权限，这是中心化的，不符合人们追求自由的需求。要实现去中心化设计，如何限定管理员权限，让元宇宙自然运行，尽可能减少干涉、减少监控十分重要。去中心化是追求的目标，多中心化才是现实。

（4）元居民。在虚拟世界的人类及相关的各种智慧生物，如动物、植物。元居民既有真实人类的数字化身，也有完全的数字人，就像游戏中的NPC一样。人类是元宇宙中创造的主体，也是推动元宇宙发展变化的主要力量。

（5）生产、创造。赋予人类的数字化创造能力，包括对数字世界的改造，创造新的物品、游戏、艺术、行为方式等。

（6）物权。所有的数字资产都应有所有权，规定物品被使用、挪动、修改或者破坏的权利和价值。

（7)社交与组织。以数字人的方式开展沉浸式、互动式、创新式的社交，万物有灵的跨物种新社交。可以自由地组织团队，自由开展各种组织活动，甚至可以把结交的朋友和团队带回现实世界。

（8）经济体系。数字、虚拟人之间开展的交换和交易，需要货币系统、甚至债券等金融系统。在去中心化体系中，货币也许不统一，交换方式也可以多种多样，甚至是直接的物物交换。

（9）文明。在人与人之间、组织与组织之间，乃至万事万物之间的所有互动行为，都要有基本的行为规范、伦理道德。虚拟的个体或者组织之间交往必须有基本道德底线、一些公共认可的基本行为规范，才能让整个体系平稳运行下去。文明的形成是一个缓慢的过程，要善加引导，于润物

细无声中塑造美好的文明形态。

（10）虚实结合。主要包括进入条件、联系方式、交互操作方式、交易方式等。与现实世界互动能力的大小，直接关乎元宇宙发展的好坏。虚拟世界和现实世界相互支撑，如在虚拟世界中的虚拟币和现实世界中的货币互换等，两个宇宙互通互济，共同发展。

人类无意之中打开了一个新世界的大门、闯入了"创世者"的领域，我们需要学习自然"创世"的经验，打造更加完美的元宇宙。

所谓后来居上，元宇宙一定大于现实宇宙，而且对于其中的元居民来说，元宇宙更友好、更包容、更易用，其丰富性将超过现实宇宙，如图2-16所示。在现实世界中我们努力改造世界，而元宇宙具有更大的可塑性，更方便我们按照自己的意愿打造自己的生存空间，实现真正的软件定义世界。似乎可以预见，人类自己打造的宇宙将更有吸引力。

图2-16　元宇宙的丰富性将超越现实宇宙

2.3.3　元宇宙发展面临的风险和挑战

元宇宙已经是当下火热的科技风口，各路科技巨头纷纷介入，进一步提升了热度。随着产业资本和金融资本的介入，炒作之风日盛，身处其中，不可不慎。对元宇宙建设、发展、投资、管理之中的一些热点问题，还是需要冷思考。

1. 警惕互联网泡沫

2000 年互联网泡沫破灭，给世界留下的创痛，人们至今记忆犹新。而今元宇宙被描述为新一代互联网，甚至是互联网的终极形态、人类数字化生存的最高形态。乐观者甚至认为其形成的经济体可能远比物理世界更为庞大，是人类社会数字化转型的新路径与模式，将会成为与大航海时代、工业革命时代、宇航时代具有同样历史意义的元宇宙时代。在全球大型科技公司的巨额投入和推动下，元宇宙已经成为网络相关技术集成发展新的更大风口，也自然成为资本热捧的新宠。

毫无疑问，元宇宙的发展必然会推动互联网相关科技和产品的快速发展，会催生互联网的新业态，产生巨大的经济和社会价值。

但现实是不少技术还在起步阶段，还没有发展到大规模实用的程度，如 VR 头盔，当前的设备从画面到操作，从体积到性能，距离科幻电影中那种无缝切换的景象至少还有 5～10 年的差距，许多从业者和资本方却刻意模糊，暗示元宇宙已经近在咫尺。

需要高度警惕的是，快速膨胀的元宇宙热潮，包括其中 NFT、虚拟货币等相关元素的极度炒作，已经呈现出脱离现实世界、难以有效监管的趋势，风险资本的蜂拥而至已经出现严重的泡沫化，野蛮发展的重大风险隐患初露端倪，亟须引起高度警惕。

特别是作为一个致力于创造新的虚拟世界、可能对人类发展产生巨大影响的新概念，更不能仅仅从技术和经济的角度看问题，还需要从社会管理、世界治理、人类发展的高度深入分析、准确把握，并切实加强世界各国合作，加强相关的法律建设和有效的联合监管，防范并化解其可能对现实世界和人类发展带来的巨大危害！

2. 去中心化和共识机制

元宇宙倡导去中心化，倡导脱离监管的绝对自由，这在某种程度上是一个伪命题。去中心化作为一种技术，在一定范围内、某个特定的业务领域有其实际价值，但不能无限扩大化，不存在绝对的去中心化。至少，作为一个软件系统，总需要一个管理员吧？

西方有句谚语："让上帝的归上帝，恺撒的归恺撒。"可见现实世界中万能的上帝也不是完全的中心化，法国哲学家卢梭有一句名言："人生而自由，却无往不在枷锁之中。"在他看来，上帝的监管不是枷锁，人世凡尘的约束才是无往而不在的枷锁。

元宇宙的管理可能存在两方面问题：一是元宇宙的管理员是否需要监管一切，就像我们办公室应用系统的管理员一样；二是不同元宇宙有不同的管理员，他们可能秉持不同的标准，如何实现共识，达成一致。

第一个问题是去中心化的程度问题。就像现在人们认为比特币是真正去中心化的，是公有链，其他很多链都是部分去中心化的，是由某企业或者协会监管的，还有私有链，只在很小的一个私有区域中是去中心化的。第二个问题就是元宇宙之间形成相对一致的共识的问题。我们不能让某些元宇宙成为"君子国"，而另一些元宇宙成为"强盗国"，如果这样的两个元宇宙"融合"的话，"君子国"那些谦谦君子恐怕很难在一群强盗面前存活下去。

在同一个元宇宙里，每个人都有编写剧本和玩法的权力，编写的元宇宙规则可能不一样，这样就会产生很多矛盾：有人倡导劳动最光荣；有人鼓吹不劳而获；有人喜欢和平共处，"鸡犬之声相闻，老死不相往来"；有人喜欢暴力、破坏和杀戮。这就需要在法律、文化、价值观等层面，提前设定一个价值共识。

由此可以看出，元宇宙要想健康发展，还是需要法律和规则的。但因为可能存在由不同建设者构建的许许多多的元宇宙，规则的构建就不可能通过监管一家公司、一个机构来解决。而是要回到共识的层面，建立个人、社会和国家之间的公约，也就是需要创建全球性的"元宇宙公约"。

3. 文化和伦理的冲击

元宇宙是一个全新的生活空间，在其中潜移默化形成的文化、伦理、道德、习惯等，很容易被带回现实世界，在现实世界中形成新问题。

在数字世界中，破坏和杀戮只不过是一个屏幕上的物品或角色消失而已，在里面很低的犯罪成本诱发残忍的快感和发泄欲。一旦把"犯罪习惯"带回现实世界中，就会轻易地发生犯罪和暴力冲突，无论在哪个国家都要付出沉重的代价，可能是需要接受法律的制裁，也可能是经济上的巨大损失。

元宇宙打造的沉浸体验具备天然的"成瘾性"，倘若虚拟世界的价值理念、交互逻辑、运转规则与现实世界出现明显分化，甚至是异化、对立，很容易使沉浸在虚拟世界中的人对现实世界产生不满、憎恨等负面情绪。沉浸感还有可能加剧现实中的社交恐惧、社交疏离等心理问题，或影响婚恋观、生育率、代际关系等人际问题，甚至对国家和民族的认同感产生负面影响。

在虚拟世界中形成的世界观、人生观、价值观不是虚拟的，就像在虚拟世界中接收培训学会的"开车"技术一样，回到现实世界总想找辆车试一把。文化、伦理等文化层面的东西，塑造的是整个人生。通过"人"这个本体，虚拟世界和现实世界形成了非常紧密的"融合"，不存在一个开关，把一个人切割成完全分离的两个人：一个数字人、一个真实人。

4. 虚拟经济的冲击

元宇宙中都有自己的虚拟经济体系（这个虚拟经济和我们通常所说

的"数字经济"是两码事），至少有自己的货币体系。不同的货币价值不一样，这些货币和现实货币有不同的价值兑换标准。通过货币兑换，虚拟经济和现实世界的经济实现了"硬链接"。如果元宇宙中的虚拟经济得到高度发展，由于这种关联性，势必会冲击实体经济，给现实世界带来经济金融风险。

就当前阶段看，虽然元宇宙中的货币体系、经济体系并不完全与现实经济挂钩，但在一定程度上可通过虚拟货币实现与现实经济的联动。当前元宇宙产业虽然仍处于雏形阶段，但其发展迅速、体量小、泡沫化严重、价值波动大。在元宇宙产业高度发达后，如果元宇宙世界中的虚拟货币相对于现实货币出现巨幅价值波动，经济风险就会直接传导到现实世界。此外，元宇宙在一定程度上为资本巨头的金融违规行为提供了更为隐蔽的操纵空间，金融监管也需要从现实世界拓展至虚拟世界。同时，虚拟货币的发展，很可能出现如同当前比特币身上的一些问题，诸如转移资产、洗钱等不法行为。

5. 监管的风险

随着世界各国在互联网领域的竞争加剧，网络空间已经成为领土空间的组成部分，各国普遍加强了对网络安全和数据安全的监管，纷纷推出了严格的管控措施、条例乃至法律。我国在 2017 年 6 月实施了《中华人民共和国网络安全法》，又在 2021 年 9 月和 11 月实施了《中华人民共和国数据安全法》和《中华人民共和国个人信息保护法》，国家层面对虚拟世界的监管提升到空前高度。

作为一个新生事物，元宇宙给监管带来的挑战是多方面的，从现阶段来看，比较突出的问题表现在以下三个方面。

一是去中心化问题。元宇宙中的去中心化设计，用户可以自由创造，不可更改，按照这个逻辑发展下去，不但元宇宙里完全无法监管，甚至无法屏蔽，无法更改，而且虚拟资产会具备挑战现实资产的能力，会对法币的地位和实体经济造成冲击。这些问题很容易触碰政府监管的红线。

二是数据安全问题。元宇宙有大量的用户，在元宇宙中，每天都会有大量的用户隐私数据及其敏感数据被收集。由谁拥有这些数据、谁来管控这些数据呢？其中潜藏着惊人的优势和可怕的风险，我们需要一个高度可靠的系统来进行监管。虽然现在元宇宙还处于非常早期的阶段，但也需要从现在就开始讨论这些问题，否则就会走上一条无法逆转的道路，这对元宇宙未来健康发展至关重要。

三是标准的掌控问题。现实世界中居于不同城市的人们，都可以在虚拟世界中相遇、交友、组团，大家应该有相同标准，否则就会产生无穷的纷争。由谁来监管、协调这些问题呢？此外，随着混合现实技术的发展和日趋完善，人们越来越难以分清虚拟和现实，谁控制了虚拟世界，谁就基本上控制了你的全部人生。这也暴露了掌控的风险，给掌控提出了巨大的挑战。

6. 警惕"奶头乐"陷阱对人类发展的影响

"奶头乐"理论被认为是由美国前国家安全事务助理布热津斯基提出来的理论。所谓"奶头乐"的英文 Tittytainment 是 tits（奶头）与 entertainment（娱乐）的拼合词。1995 年，在美国旧金山举行过一个集合全球 500 多名经济、政治界精英（与会者包括萨切尔、老布什，以及电缆新闻网络、惠普、日微系统的老板，等等）的会议，主旨在于为全球化的世界进行分析与规划。

会议上，与会者一致认为全球化的高度、快速、激烈的竞争将使贫富差距拉大、阶层分化增加，世界上会有 20% 的人搭乘全球化的快车一路驰骋，而 80% 的人会被边缘化。这 80% 的人口与 20% 搭上全球化快车的人口之间的冲突将成为今后的主要问题。届时将是一个"要么吃人、要么被吃"（to lunch or be lunch）的世界。为了缓解冲突，曾任美国国家安全事务助理的布热津斯基提出了"奶头乐"理论。其要点是：如何避免这 80%的人与 20%的人之间的冲突呢，可以给他们一个"奶头"，让这 80%的人心安理得地接受他们的命运。换句话说，彼 80%安分守己，此 20%高枕无忧，需要采取温情、麻醉、低成本、半满足的办法卸除被边缘化的人的不满。

最基本的"奶头乐"是发泄型娱乐，主要包括开放色情产业、热闹的选秀节目、无休止的口水战、暴力网络游戏等，以及满足型精神鸦片（如报道无聊小事和明星丑闻、肥皂剧、口水歌等大众化视听娱乐、廉价品牌横行，等等）。

这类娱乐广受一般老百姓欢迎，让这些生活辛苦的大众不知不觉沉浸在"奶头乐"中乐不思蜀，丧失思考能力、分辨能力，从而对社会不公变得非常麻木、宽容，大幅度减少社会阶层的冲突。

"奶头乐"理论当然是一种邪恶的论调，但如果不加引导，元宇宙也可能成为新的"奶头"。

从元宇宙发展的当前阶段来看，人们创造的虚拟世界中以游戏娱乐为主，主要解决的是人们的精神需求，并不能从事真正的物质生产，无法解决人们真实的物质需求，虚拟世界中对精神需求的偏重，有可能引发现实世界与虚拟世界的严重分化乃至极端对立。人们越是陷入一种虚幻的、自我想象的美好世界之中，就越可能对现实世界产生厌恶，甚至仇恨的情绪，进而催生心理扭曲与极端行为，对现实世界带来巨大威胁。

人们不可能完全脱离现实世界进入虚拟世界，没有现实世界的物质支持，虚拟世界也必将无法存在。当一个人可以在虚拟世界中呼风唤雨时，很可能会选择逃避现实生活中的风风雨雨；当人类沉醉于唾手可得、虚拟、舒适的安乐窝时，很可能渐渐失去对星辰大海的探索欲、好奇心与想象力。

如果不能协调好虚拟世界与现实世界的关系，不能在虚拟世界形成真正科学、合理并可得到监督和执行的运行规则，那么虚拟世界可能会创造虚幻神话给人洗脑，诱惑人们脱离现实涌入虚无。这是非常可怕的，其结果甚至可能像诱惑人们无节制地沉迷于网络游戏甚至吸食毒品一样，对整个人类而言贻害无穷。

元宇宙的诞生对人类是好是坏？是造福人类还是有着不可忽视的负面效应？人类已经踏上了这条"不可逆转"的征途，我们只能相信自己会在不断地修正中把握自我，越走越好。

工业元宇宙——数字化发展的
必然趋势

≫不一样的烟火

在过去的几年中，笔者一直致力于推进企业的数字化转型、智能化建设，感受到四种磅礴的力量在推动着企业数字化的进程。第一种是数字经济的大潮，这既是世界性的大趋势，也是国家政策的着力点，中国的数字经济以高于 GDP 增速数倍的速度快速发展，产生了强大的引领力。第二种是技术发展的趋势，云计算、大数据、物联网、区块链等数字技术如雨后春笋，层出不穷，这些新技术很快在工业场景中落地、应用，并在应用中快速完善、成熟。技术和产业呈现相互促进、共同发展的良好局面。第三种是企业数字化转型在如火如荼地进行。顺应技术、经济的发展趋势，一方面是政府的大力推动，另一方面是企业发展的自我选择，企业数字化转型形成了一种势不可挡的潮流。第四种是产业融合发展的趋势。近几年由于美国"单边主义"的强硬政策，造成了世界性的供应链问题，中国的芯片产业被"卡"在制造环节，造成华为等企业服务器断供。美国自身也没能置身事外,漂泊在旧金山港口的巨型集装箱货轮与市内空空的货架,无声地嘲笑着政府政策的错误和产业链的脆弱。加强产业链上中下游的融合发展已经成为业内共识,进而跨产业的融合发展也显得越来越重要。

数字经济、数字技术、数字化转型、产业融合,四大趋势共同作用于企业,是不是意味着企业未来的发展和产业融合应该是在数字经济领域?发展动力是不是数字技术?融合更多是发生在虚拟的数字空间?企业数字化转型转到哪里,终极归宿是不是在数字世界?

企业界人士在内心深处或多或少都在思考这些问题。

笔者也一直在思考这个问题,能够感觉到未来的方向就在那里,那里应该是一个虚拟的、数字的、网络的世界,但如何用一个准确的词汇表述出来,脑海里一直有一些零零散散的感觉没有融合,更没有一个恰当的名字,这些年先后出现过诸如赛博空间、虚拟世界、**Digital Universe**,包括《雪崩》中译本里的超元域等概念,都有那么一点意思,但还是总觉得差点什么,“没有挠到痒处”。直到看到元宇宙的名字,才豁然开朗,忽然明白那个一直存在于脑海、影影绰绰的概念就是工业元宇宙!

就像某一个春夜,独坐窗前,听着窗外忽然袭来的春雨,你会想起“小楼一夜听春雨,明朝深巷卖杏花”,尽管春雨已不是古人的春雨,这个时代也再无人挎个篮子、在雨后的清晨走过小巷叫卖杏花;就像你忽然登临某一个河岸,看着滚滚远去的河水,你会忽然想起“子在川上曰、逝者如斯夫”,尽管河流已经不是那条河流。

但人类的语言就是这么有力,能够穿过历史的云烟,穿透空间的阻隔,用彼时彼地的语言传递出此时此刻你内心深处细微精妙的感受。

工业元宇宙,对我而言就是这么一种穿越时空传递而来的启迪,它来了,我听到了,然后就在忽然之间,被我赋予了我长久以来苦思冥想的全

部内涵。

工业元宇宙不同于元宇宙！所以，工业元宇宙无须照搬元宇宙，它已经被赋予了全新的含义。但元宇宙的发展一定离不开工业元宇宙，后者是前者行稳致远的基石！

3.1
工业元宇宙——企业数字化转型新蓝图

如前所述，在数字技术迅猛发展的引领下、在政府的有力推动下，我国的企业数字化转型快速推进，取得了显著的成效。转型带来了企业在组织、管理、经营、生产等诸多层面的深层次变革，这种变革日渐显露出一个明显的指向，显露出一幅全新的蓝图，那就是工业元宇宙。

3.1.1　企业信息化的发展趋向工业元宇宙

企业信息化建设已经有很长的发展过程，最早的起点可以追溯到企业开始使用计算机的时候。当时还没有企业信息化的提法，随着计算机应用的日益广泛，信息技术的产业渗透力日益显现，企业信息化作为推动企业发展的独立力量日益受到人们的关注。此后的发展大致可以划分为五个阶段：

（1）分散建设阶段。在企业信息化发展的早期，人们对企业信息化的认识差异还较大，提出企业信息化需求的部门在企业中也很不均衡，积极的部门建设了企业信息系统，不积极或不主动的部门就可能没有企业信息系统。这一阶段建设成效差别较大，有的企业建起了无纸化办公系统、财务系统、考勤系统、人事系统等，部分企业建起了全厂性的管理信息系统

（Management Information System，MIS）等。在这个阶段，网络基础设施得到了发展，不少企业建成了企业内联网（Intranet）、搭建了统一的邮件系统等，初步实现了全企业的内部互联。这一阶段的终点大致是 2000 年。

在这个阶段，各企业计算机应用的深度和广度有了明显的扩展，存在的主要问题是部门之间信息不能共享，产生了一个个的"信息孤岛"。

（2）集中建设阶段。从 2000 年开始，随着企业资源规划管理理念的引进，国内掀起了 ERP（Enterprise Resource Planning，企业资源计划）建设的热潮，促使企业信息化管理部门开始关注顶层设计，领先的企业率先进入集中建设阶段。不少央企集团开始了整体的 ERP 建设，并以此为核心，统一建设了一大批集团层面的应用系统，如办公系统、视频会议系统、合同系统、资金集中系统等一系列业务应用，提供了强有力的集团管控手段，大幅度提升了集团管控能力。在生产层面，企业信息化的应用得到了进一步普及，建设了各类业务数据库系统、底层控制系统、生产执行系统、销售管理系统等。这些系统在生产业务中发挥了巨大作用。在这个阶段，人们开始关注企业信息化建设的标准化问题，包括业务标准化、编码标准化等，企业信息化建设逐步走向规范化，企业信息化应用领域大幅度拓展，企业员工对企业信息化认识得到了提升。

（3）集成建设阶段。经过数年的集中建设，到 2007 年前后，企业各部门、各层面都建起了大量的企业信息化应用系统，有总部统一建设、统一使用的集团级系统，也有总部各业务板块建设的系统，更有各下属企业、各专业领域建设的系统。这些系统基本覆盖了企业业务的各个层面，提升了业务效率，但也暴露出明显的"系统过多、系统分散"问题，系统集成迫在眉睫。

很多企业都在集团范围内开展了大规模的集成建设，通过打通业务壁垒、贯穿业务流程，把分散的小系统集成起来，逐步形成大系统，如 ERP

大集中建设、物流系统大集中建设等。大型集团企业的信息系统数量从数千个压缩集成到数百个，信息系统的运行效率大幅度提升，应用和数据孤岛现象明显减少。利用信息系统贯通全产业链上中下游，覆盖了各核心业务领域，成为公司生产运营和经营管理的"中枢神经系统"。

（4）应用提升阶段。经过数年的信息系统集成建设，在 2012 年前后，企业开始专注于系统的应用挖潜，专注于刚刚火热起来的各种新技术的应用实践，专注于对数据的挖掘利用。"智能制造"和"互联网+新业态"等成为很多头部企业的信息化新目标。

比如中国石化就明确地提出了要围绕集团公司"价值引领、创新驱动、资源统筹、开放合作、绿色低碳"五大战略，企业信息化建设进入集成共享、协同创新阶段。专注于应用提升，"对内支撑卓越运营、对外推进开放互联"，全面支撑集团公司战略实施，推进生产方式、管理方式、商业模式变革。"对内支撑卓越运营"就是要持续提升经营管理集约化、一体化水平，构建数字化、网络化、智能化的生产营运管理新模式，促进传统产业转型升级，提质增效；"对外推进开放互联"就是要积极推进电子商务、客户关系管理、支付与金融等统一平台建设，构建以客户为中心、互联网为载体的石化商业新业态，形成从生产制造、产品销售到市场反馈的闭环，着力打造石化商业生态圈，促进跨界经营、创新发展。

（5）平台赋能、数智创新阶段。随着企业信息化在企业业务部门应用的不断深化，企业业务部门的信息化意识大幅度提升，信息化、数字化、智能应用热情高涨，不少问题开始暴露出来，如需求响应慢的问题。业务部门往往"很着急"，今天提出需求恨不得明天就能用上；还有建设、运维成本居高不下的问题，信息化人才的市场价位不断攀升、信息系统数量越来越多，这都客观上拉高了企业信息化建设和运行维护的成本；还有系统稳定性问题、数据安全问题；等等。这些问题对传统的企业信息化建设提出了挑战，必须创新企业信息化业务模式，走向平台化、走向云原生。

在企业各项业务都在转型升级的大潮中，企业 IT 业务要率先转型，打造支撑企业转型的新的支撑能力。图 3-1 所示为中国石化以智能制造为主攻方向取得的显著成效。

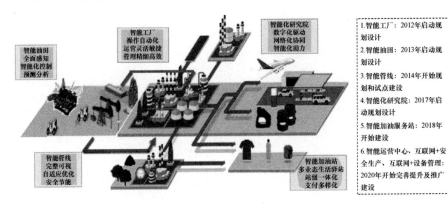

图 3-1　中国石化以智能制造为主攻方向取得的显著成效

中国石化提出了 IT 建设"数据+平台+应用"新模式，推动全面的"上云上平台"，通过建设上中下游业务一体化的"石化智云工业互联网平台"（如图 3-2 所示），发挥云边端协同能力，优化生产流程，促进数据、业务、技术的能力复用，加快传统信息系统的云化、平台化改造。

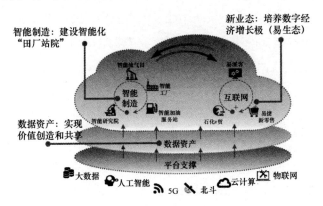

图 3-2　石化智云工业互联网平台

在新模式中把"数据"放在首位，特别突出数据在新模式中的关键作用，强调彻底改变传统的"系统建设+数据收集"模式，全面推进集团级的

数据治理，把数据作为集团的产品来对待，作为集团资产来对待，作为核心生产要素来对待。企业信息化实质上已经进入"数字化"阶段，更加贴近数字化转型的需要，更加贴近数字经济发展的需要。企业数字化转型将带动社会走向虚拟世界，如图 3-3 所示。

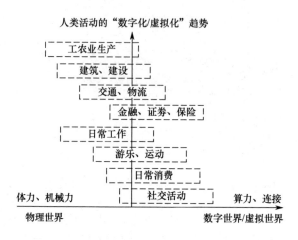

图 3-3　企业数字化转型将带动社会走向虚拟世界

回首企业信息化发展的五个阶段，能够看到一条很清晰的发展演化轨迹，从分散的单个小应用，到统一建设的大应用，到应用系统的集中集成、深化应用，再到统一的平台化、生态化。数据的作用一步步凸显，业务数据的比重一步步加大，数字技术带动数据化的业务一步步走向数字世界，这是一条清晰的、走向工业元宇宙的道路。

3.1.2　数字孪生技术融合发展走向工业元宇宙

物体"孪生"的概念起源于美国国家航空航天局（NASA）的"阿波罗计划"，即构建两个相同的航天器，其中一个发射到太空执行任务，另一个留在地球上用于反映太空中的航天器在任务期间的工作状态，从而辅助工程师分析处理太空中出现的紧急事件。

直到 2003 年前后，才出现关于数字孪生（Digital Twin）的基本思想，而"Digital Twin"一词直到 2010 年才在 NASA 的技术报告中被正式提出。2011 年，美国空军探索了数字孪生技术在航天器健康管理中的应用，并详细探讨了实施数字孪生技术的挑战。在接下来的几年中，越来越多的研究将数字孪生技术应用于航空航天领域，包括机身设计与维修、飞行器能力评估、飞行器故障预测等。

近年来，数字孪生的概念得到越来越广泛的传播。同时，得益于物联网、大数据、云计算、人工智能等新一代信息技术的发展，数字孪生技术的实施已逐渐成为可能。现阶段，除了航空航天领域，数字孪生技术还被应用于电力、船舶、城市管理、农业、建筑、制造、石油天然气、健康医疗、环境保护等行业。

特别是在智能制造领域，数字孪生被认为是一种实现制造信息世界与物理世界交互融合的有效手段。许多著名企业（如空客、洛克希德·马丁、西门子等）与组织（如 Gartner、德勤、中国科协智能制造协会）都对数字孪生给予高度重视，并且开始探索基于数字孪生的智能生产新模式。

数字孪生（Digital Twin）是具有数据链接的特定物理实体或过程的数字化表达，该数据链接可以保证物理状态和虚拟状态之间的同速率收敛，并提供物理实体或流程过程的整个生命周期的集成视图，有助于优化整体性能。

Digital Twins 表示数字孪生体，是指参与孪生的虚体、实体、系统等具体内容，其核心包括：

① 物理实体（Physical Entity）：现实物理世界中离散的、可识别和可观察的事物，如城市、工厂、农场、建筑物、电网中的电流、制造工艺等。

② 虚拟实体（Virtual Entity）：与物理实体对应的、用信息或数据表示的事物。

③ 实体对象（Entity）：存在、曾经存在或可能存在的一切具体或抽象的东西，包括这些事物之间的关联，如人员、对象、事件、想法、过程等。

④ 物理域（物理空间）（Physical Domain/Space）：由物理实体组成的实体集合，包含人员、设备、材料等。

⑤ 虚拟域（虚拟/数字空间）（Analog/Digital Space）：由虚拟实体组成的实体集合，包含模型、算法、数据等。

⑥ 基于模型的企业（Model Based Enterprise，MBE）：基于三维模型定义的完全集成和协作环境，实现在整个企业中信息共享；实现工程数据的快速、无缝且经济实惠的交换和使用。采用建模与仿真技术对其设计、制造和业务的流程进行彻底改进；利用产品和过程模型来定义、执行、控制和管理企业；并采用科学的模拟与分析工具，在产品生命周期的每个阶段做出最佳决策，从根本上减少产品创新、开发、制造和支持的时间和成本。

数字孪生的关键技术包括：数字化建模（Analytic Model），即将信息数据分配给物理世界中待完成计算机识别的对象的过程；物联网（IoT），即互联的实体、人员、系统和信息资源的基础架构，以及对物理和虚拟世界中的信息进行处理和响应的服务；基于模型的设计（MBD），即通过算法建模进行软件设计的过程；等等。

在生产实践中，数字孪生从小到大、由静到动，从单台设备开始，逐渐扩展到整个装置，从设备的"形似"开始逐渐扩展到"神似"。把数字孪生从单个设备扩展到整个车间或者工厂，是一个飞跃，需要把设备运行的机理模型、工厂的业务流程、组织、操作等在数字化领域集成起来，其中有很多技术层面的挑战，包括专业业务层面和数字技术层面。

在数字技术层面，虚实世界的互动、互操作就存在很多难题，物联网技术、AI 技术、自动化技术等需要实现有机的集成。

游戏技术非常值得借鉴，沙盒游戏的操作方式就非常便利，数字孪生技术应该集成游戏引擎，把游戏中强大的互操作性优势利用起来，甚至还可以利用游戏的渲染技术、沉浸技术等，让员工可以通过虚拟工厂运行实体工厂，让所有的"蓝领"都变成坐办公室的"白领"。这就是工业元宇宙的生存状态。

其实，从数字孪生到工业元宇宙的发展之路，已经具备了很好的基础条件。从数字化设计开始，虚拟工厂早已存在，如图 3-4 所示。

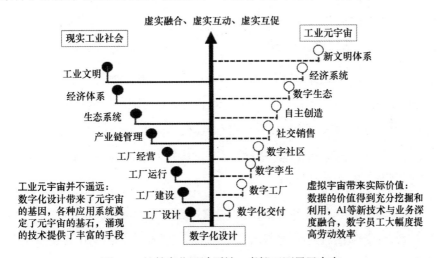

图 3-4 从数字化设计开始，虚拟工厂早已存在

当前，无论设备的设计还是工厂的设计，都已经完全数字化了，也就是说数字化的设备和数字化的工厂先于实体被创造出来了。只是我们在大多数时候，采购了实体的设备/工厂，放弃了其数字的孪生存在。如果我们转变观念，同样地重视、运行和管理数字资产，虚拟的设备/工厂应该能够发挥更大的作用。

数字孪生技术的发展，自然地推动企业进入工业元宇宙。

3.1.3 工业互联网升级发展的方向指向工业元宇宙

随着制造业向数字化、网络化阶段加速迈进，工业互联网平台在全世界范围内迅速兴起。特别是在新冠肺炎疫情在全球蔓延的背景下，外防输入、内防反弹的防控压力巨大，很多企业在复工复产时面临用工荒等问题。这些现实的压力促使很多企业开始认识到数字化、网络化、智能化生产方式的重要性和工业互联网平台建设的真正价值。

传统企业的升级改造，特别是制造体系的全面升级改造，涉及产业链的各个环节，贯穿于产品生命周期的每个阶段（设计→生产→物流→销售→服务）。我国将工业互联网作为重要基础设施，和5G、人工智能、大数据中心一起，成为国内"新基建"投入的重点。

物联网是工业互联网的基础。通过打造人、机、物全面互联的新型网络基础设施，连通人、机、料、法、环全生产要素和产品生命周期各环节，构成工业互联网的基础层。该层的核心能力是感知，通过无处不在的传感设备，实时采集生产过程的动态数据并上传到云端，通过云端的分析实现生产的优化。

数据中台的价值日益凸显，它能够对海量工业大数据进行采集、计算、存储和加工，包括数据建模和算法服务。通过工业机理建模和大数据建模，对工业技术原理、行业知识、基础工艺、装置模型等进行知识挖掘和可视化呈现，提供生产过程的状态感知、实时分析、科学决策、精准执行。

工业PaaS平台是工业互联网的核心，主要包括资源层、数据层和服务层。工业PaaS平台提供云服务所必需的技术中台、业务中台，以及持续交付、开发运维等支撑能力，成为以数据为驱动、以先进能力为核心的开放共享的价值平台。

工业互联网平台是一个数字化的枢纽，平台运行在虚拟空间，两端连接着物理世界，一端是所谓的边缘层，连接着工厂的各种物理设备，通过数据采集和数据建模把工厂的设备数字化；另一端是用户层，通过工业应用App连接着所有的用户，为用户提供业务服务。工业互联网平台自身在不断地积累工业"know-how"、IT 技术、应用创新。工业互联网平台体系架构如图 3-5 所示。

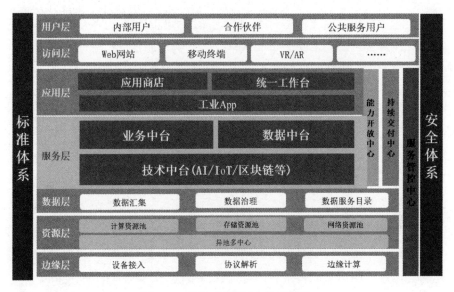

图 3-5 工业互联网平台体系架构

工业互联网技术正处在快速发展时期，随着基于工业互联网平台能力集成的进一步拓展，平台将重构现代工业技术体系。如"工业互联网+金融"的融通发展，能够解决网上信用体系不健全问题；利用金融手段实现资源和能力在线、便捷、高效交易的达成；在参与主体之间建立可靠的信用共享新机制，实现资源按需动态配置等。

可以看出，工业互联网平台已经是一个具体而微的数字超元域——工业元宇宙的雏形。已经实现的各种技术的融合，推动整个工业企业日益平台化、网络化、数字化、虚拟化，沿着这条融合之路继续发展，从承载单个企业开始，到上中下游融合，再发展到行业融合，工业互联网平台的能力会越来越强、网络空间将越来越大，最终必然走向真正的工业元宇宙。

3.1.4 企业数字化转型的道路通向工业元宇宙

数字化转型是时代大潮，企业数字化转型是企业顺势而动的发展战略。尽管人们对企业数字化转型有不同的定义、不同的理解，甚至是不同的策略和行动方案，但都不妨碍企业数字化转型的本质是从传统经济转向数字经济，从传统企业转向数字原生企业。

数字原生企业是指从企业创意之初就是完全数字化的新生代企业。如滴滴出行，自己没有一辆汽车，完全运营"数字"资产，靠数字提供服务、产生价值。类似的企业还有快手科技、字节跳动等，以及海外的 Facebook、Uber 等企业，这些企业都是数字原生企业，从企业建立之初，就以数据作为核心生产要素，用数字技术对数据进行"加工"，形成数字化产品，通过网络手段给用户提供服务、获取价值。这类企业本身已经完全数字化，从公司的产品生产，到产品的交付，乃至公司业务的运营方式，都是数字化的。尽管公司运营的各个方面都存在持续优化、不断提升的空间，但也已经不属于数字化转型的范畴。传统企业和数字原生企业分别运行在物理世界和数字世界，如图 3-6 所示。

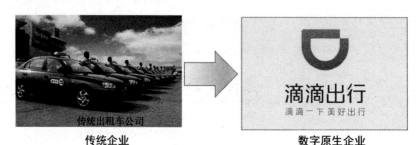

传统企业　　　　　　　　　　数字原生企业

数字化生存：
当一个组织没有融入数字网络时，没有人知道它的存在，
当它融入数字网络时，它就无处不在！

图 3-6　传统企业和数字原生企业分别运行在物理世界和数字世界

计算机等以"0、1"的方式进行计算的数字设备自诞生以来，同时产生了两件大事，一是不断地生产数字原生资源，譬如数字音乐、数字电影等，这些都是由数字设备自己生成的；二是不断地通过"数字化"的手段，把非数字资源转化为数字资源，譬如将老旧的书籍、图画、唱片等转化成数字形式，并存储到计算机、手机等电子设备上。

能够直接生产数字信息，以及将模拟信息或实体转化成数字信息的技术或者设备，就是数字化技术与数字化设备，如企业办公软件、CAD 设计软件、数字影像采集设备等。长期以来，计算机是最大的数字化生产工具，基于计算机的各种软件每天都在生产和转化海量的数字信息。手机、可穿戴设备等智能终端出现以后，特别是移动社交软件、电商平台和物联网出现以后，数字宇宙真正迎来了大爆炸时代。

在思维方式上，数字原生就是数字世界优先于物理世界的逻辑思考方式。在计算机发明之前，人类几乎没有什么数字资产和技术。从计算机发明到今天，人类数字资产的积累呈指数级持续增长。我国更是利用后发优势，实现了跳跃式发展。一个鲜活的、充满魅力、实用有趣的数字世界正在我们面前徐徐展开。

举例而言，现在对大多数人而言，出门不带手机就感觉有点寸步难行，在 21 世纪之前，我们并没有这种感觉，本质上是因为手机可以带领我们进入崭新的数字世界。通过手机，我们可以向数字世界发出各种请求，调度物理世界的资源为我们所用。离开手机，那个充满诱惑、助力满满的数字世界，我们就"不得其门而入"，内心自然就有失落感。数字世界就是用"难以阻挡的诱惑"来改造我们的思维方式的，促使我们一步步向数字世界迁移。

在某种程度上，可以把企业数字化转型看作企业面向云原生的持续改进，这个改进过程可以分为三个阶段：

第一个阶段是"联系"。通过数字应用，实现数字世界和物理世界的无障碍交互。

随着云计算技术的广泛应用，特别是 PaaS 的应用，带动了企业数字化浪潮。传统企业通过 PaaS 可以迅速达到顶级互联网公司的迭代和软件发布速度，把与客户的交互通过消费级的应用数字化。譬如用户通过手机平台进入数字世界，在滴滴 App 中发送订单，滴滴平台通过选择最优执行路径，把订单发送到滴滴司机那里。然后司机在物理世界中把汽车开到用户起点。随着无人驾驶技术的成熟，数字应用的链条会继续延长，数字平台可以直接把无人车派送到用户起点。在其他的行业，数字应用的链条同样也在持续延长。

第二个阶段是"迁移"。通过大数据平台实现数据积累和数学模型、机理模型的运行。

随着数字应用的链条不断延长，企业需要一个大数据平台来积累应用生成的数据。当数据量有足够的积累（如达到 PB 级别）时，可以构建现实工厂的数字孪生，完整映射物理世界。当然，面对日益庞大的数据量，可靠的存储、备份和管理都是非常困难的。更何况企业的数据平台还要支撑高度复杂的机器学习和人工智能数学模型。

第三个阶段是"助控"。通过对数字世界中数学模型的持续优化来改进物理世界的服务。

企业通过前两个阶段的努力捕获了大量的数据，为了更好地理解用户的需求，企业还需要大数据驱动的机器学习和人工智能。大数据科学家们会在大数据平台创造和优化数学模型，首先在数字世界实现最优，再关联到物理世界来更好地为人类服务。

企业数字化转型就是推动企业日益数字化，从管理方式、生产方式、销售方式、客户关系管理，以及员工素质、生产要素等各个方面，越来越多地采用"数据的"方式，甚至是在数字世界之中，构建企业设备、装置、车间、工厂乃至整个企业的数字孪生，把整个企业迁徙到数字世界。这就是企业数字化转型的道路。毫无疑问，这也是一条通向工业元宇宙的康庄大道。图 3-7 所示为通过技术和产业"双融合"实现 "四新"工业元宇宙。

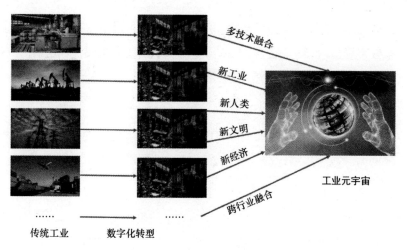

图 3-7　通过技术和产业"双融合"实现 "四新"工业元宇宙

3.2

数字经济的发展走向工业元宇宙

数字经济泛指以数据作为核心生产要素的经济形式，是当前世界上最活跃的经济形态，欧美等发达国家的数字经济在 GDP 中的占比超过 60%，在新冠肺炎疫情肆虐的背景下，其增速更是一枝独秀。数字经济不仅是发展速度快、GDP 占比高，更重要的是数字经济实现了产业链的互联互通，跨越了产业边界，是产业跨界融合发展的重要技术手段。数字经济在发展过程中使用数据和生产数据，推动经济要素、经济过程日益数字化，因此数字经济取得的每一项成就都是为工业元宇宙添砖加瓦，数字经济的每一步前进，都离工业元宇宙更近一步。

3.2.1 数字经济大潮带动企业走向工业元宇宙

2021 年 8 月 2 日，"2021 全球数字经济大会"在北京开幕。会上，中国信息通信研究院发布的《全球数字经济白皮书》显示，2020 年，全球 47 个国家数字经济规模总量达到 32.6 万亿美元，同比名义增长 3.0%，占 GDP 比重为 43.7%。中国数字经济规模为 5.4 万亿美元，位居世界第二；同比增长 9.6%，增速位居世界第一。

中国数字经济增速达到同期 GDP 增速的 3 倍以上，成为稳定经济增长的关键动力。数字经济已成为当代最活跃、发展最快的经济领域。

数字经济，作为一个内涵比较宽泛的概念，凡是直接或间接利用数据来引导资源发挥作用，推动生产力发展的经济形态都可以纳入其范畴。在技术层面，包括大数据、云计算、物联网、区块链、人工智能、5G 通信等新兴技术；在应用层面，新零售、新制造、新业态等都是其典型代表。

其实早在 2020 年 5 月召开的第十三届全国人民代表大会第三次会议上，国家发展和改革委员会受国务院委托所做的《关于 2019 年国民经济和社会发展计划执行情况与 2020 年国民经济和社会发展计划草案的报告》（下文简称《报告》）中，就明确提出"着力培育壮大新动能。深入推进'上云用数赋智'，实施数字化转型伙伴行动、中小企业数字化赋能专项行动和数字经济新业态培育行动，深入推进数字经济创新发展试验区建设，推动制造、商贸流通等经济社会重点领域数字化转型，发展数字商务，支撑建设数字供应链。深入实施国家大数据战略、'互联网+'行动，推动新型智慧城市建设，推进 5G 深度应用"。

《报告》具体提出了推进数字经济发展的 8 大举措：

（1）建立健全政策体系。编制《数字经济创新引领发展规划》，研究构建数字经济协同治理政策体系。

（2）实体经济数字化融合。加快传统产业数字化转型，布局一批国家数字化转型促进中心，鼓励发展数字化转型共性支撑平台和行业"数据大脑"，推进前沿信息技术集成创新和融合应用。

（3）持续壮大数字产业。以数字核心技术突破为出发点，推进自主创新产品应用。鼓励平台经济、共享经济、"互联网＋"等新模式新业态发展。

（4）促进数据要素流通。实施数据要素市场培育行动，探索数据流通规则，深入推进政务数据共享开放，开展公共数据资源开发利用试点，建立政府和社会互动的大数据采集形成和共享融通机制。

（5）推进数字政府建设。深化政务信息系统集约建设和整合共享，深入推进全国一体化政务服务平台和国家数据共享交换平台建设。

（6）持续深化国际合作。深化数字丝绸之路、"丝路电商"建设合作，在智慧城市、电子商务、数据跨境等方面推动国际对话和务实合作。

（7）统筹推进试点示范。推进国家数字经济创新发展试验区建设，组织开展国家大数据综合试验区成效评估，加强经验复制推广。

（8）发展新型基础设施。制定加快新型基础设施建设和发展的意见，实施全国一体化大数据中心建设重大工程，布局 10 个左右区域级数据中心集群和智能计算中心，推进身份认证和电子证照、电子发票等应用基础设施建设。

在推进数字经济发展方面，《报告》实际上是提出了一个从政策到方案、从产业壮大到国际合作再到试点的系统工程，这其中还着重强调了"数据作为生产要素"的重要性。

另外，尤其值得关注的是，我国决定在 2020 年实施全国一体化大数据中心建设重大工程，布局10个左右区域级数据中心集群和智能计算中心，这是一个非常重大的关键性决策，为我国整个数字经济的发展奠定了重要设施基础。

数字经济的发展已经成为世界各国政府大力推动、各类企业组织积极参与的滚滚洪流，高速向前、势不可挡。数字经济发展的关键要素是数据，数字经济的发展过程既是数据的消费过程，又是数据的生产过程，数据这种新型生产资料，在消费过后并不会减少。在"消费—产生"的持续循环中，数据总量持续增加，数字世界不断扩大。站在元宇宙的角度看，这个过程就是为工业元宇宙添砖加瓦的过程，就是引导整个经济一步一步走向工业元宇宙的过程。

3.2.2 企业产业链融合、跨界发展的需求期待工业元宇宙

早在 2018 年，工业和信息化部、国家发展和改革委员会、财政部和国务院国有资产监督管理委员会就联合印发了《促进大中小企业融通发展三年行动计划》文件（下文简称"文件"），旨在营造大中小企业融通发展的产业生态，鼓励大中小企业创新组织模式、重构创新模式、变革生产模式、优化商业模式，进一步推动大中小企业融通发展。

"文件"第一次提出企业间不仅是配套协作的供应链关系，还存在创新链、数据链、价值链等多方位、多角度的关系。

当前，我国企业的创新模式正从单打独斗走向众创、共创、广域协同，资源整合从产业链整合走向跨行业、跨界融合互补，大中小企业不再是独立割裂的个体，而是以创新创业为纽带紧密地联结在一起。大企业向中小企业开放资源、共享能力，以数据和资源赋能中小企业；中小企业在新的产业形态下实现快速迭代，创新成果通过创新链、供应链、数据链回流大企业，为大企业注入活力。

顺应企业之间创新协同、产能共享、供应链互通、品牌互动的融通发

展趋势，"文件"重点挖掘和推广基于创新能力共享的专业能力重构式融通、基于数据驱动的数字化转型融通等典型模式。通过开展"互联网+"行动，支持中小企业业务系统向云端迁移，依托云平台构建多层次中小企业服务体系，提高中小企业信息化应用水平。

"文件"明确指出要"依托工业互联网构建多层次企业服务云平台，推动大中小企业融通发展"。

近年来国家一直强调产业链协同，要求"链长"企业要担负起协同发展的责任，特别是新冠肺炎疫情暴发以来，国务院国有资产监督管理委员会（国资委）一直在提倡央企之间"抱团取暖"、强调融通发展，国资委专门组织了"数字技术推动产业链融通发展的路径研究"专题研究，这实际上指出了企业既要产业链的上中下游一体化融通，也要跨行业推进融通发展。融通的重要途径和载体就是数字技术平台，同一个行业内的企业可以共享一个平台，不同行业的企业也要逐渐走向统一的平台。只有在同一个平台之内，才能更好地实现融通。

从产业发展实践来看，企业间的竞争力早已超出企业自身实力的范畴，企业间的竞争早已是产业链的竞争、生态的竞争。美国苹果公司的生态体系、我国阿里巴巴的生态体系已经成为业界竞相效法的典范。

支撑生态构建的基础是平台，有了强大的平台才能实现企业间的融合、上中下游的融合、跨产业链的融合。

融合发展既是国家政策的要求，也是产业发展的硬性需求，融合得越多，就需要越大的平台，数字空间的承载能力也需要不断扩展，这种扩展膨胀的必然走向，就是工业元宇宙。

3.2.3 中国互联网产业融合发展之道指引世界走向元宇宙

2021 年 7 月 13 日，第 20 届中国互联网大会发布了《中国互联网发展报告 2021》。报告显示，我国云计算市场保持高速发展，2020 年整体市场规模达到了 1781 亿元，增速超过 33%；在大数据领域，2020 年我国大数据产业规模达 718.7 亿元，同比增长 16%，增幅领跑全球数据市场；在人工智能领域，2020 年人工智能产业规模保持平稳增长，产业规模达到了 3031 亿元，同比增长 15%，增速略高于全球的平均增速；2020 年 5G 网络用户数超过 1.6 亿，约占全球 5G 总用户数的 89%。

中国互联网络信息中心（CNNIC）发布的第 47 次《中国互联网络发展状况统计报告》显示，中国网民规模持续增加，如图 3-8 所示。截至 2020 年 12 月，我国网民规模达 9.89 亿，较 2020 年初增长 8540 万，互联网普及率达 70.4%。特别是移动互联网用户总数超过 16 亿，我国网络支付用户规模达 8.54 亿，占网民整体的 86.4%。

图 3-8　中国网民规模持续增加

我国网络零售额连续八年居全球第一，2020 年，我国网上零售额达 11.76 万亿元，较 2019 年增长 10.9%。截至 2020 年 12 月，我国网络购物用户规模达 7.82 亿，占网民整体的 79.1%。随着以国内大循环为主体、国内国际双循环的发展格局加快形成，网络零售不断培育消费市场新动能，通过助力消费"质""量"双升级，推动消费"双循环"。

从以上数据可以看出，我国已经打造了强大的网络基础设施，特别是移动应用网络、网络覆盖面、网民总数占比，都居于世界前列。尤其是在电子商务领域，我国不断探索服务大众的新模式，创造性地将社交、电商、娱乐融合起来，引领世界网络服务应用潮流，创造了我国网络零售连续八年全球第一的业绩。网络直播成为"线上引流+实体消费"的数字经济新模式，直播电商成为广受用户喜爱的购物方式。截至2020年底，我国网络视频用户规模达9.27亿，占网民整体的93.7%。其中短视频用户规模为8.73亿，较2020年增长1.00亿，占网民整体的88.3%。网络零售成为激活城乡消费循环，推动国际国内双循环的强劲动力。

中国近10亿网民构成了全球最大的数字社会。截至2020年底，我国的网民总体规模已占全球网民的20%左右。"十三五"期间，我国网民规模增长了43.7%。增长的主体由青年群体向未成年和老年群体转移，未成年人、"银发"老人群体陆续触网，构成了多元庞大的数字社会。

中国网络零售的赫赫业绩，印证了融合发展的现实成效，检验了技术集成的可行性。人、娱乐、社交、交易及商品在虚拟空间内同时存在，协同运行，提供了一个"元宇宙"的初始样板。

强大的网络基础设施、庞大的网民群体、创新的应用体验，吸引整个社会的消费、娱乐、生活向数字世界迁移，为工业元宇宙的形成奠定了坚不可摧的基础。

3.3
工业元宇宙的概念

随着数字技术的进步、数字化转型的推进、数字经济的发展，当前人

类社会生活的方方面面，都在大踏步地走向数字化。科技文明塑造的工业社会已经在数字化的快车道上越走越远，工业元宇宙的概念已经呼之欲出。我们需要认真盘点我们已经取得的认知，感受技术趋势的脉动，展望依稀可见的未来，为工业元宇宙登台亮相绘出一幅"定妆照"。

3.3.1　工业元宇宙的元居民

一个生机勃勃、繁荣发展的宇宙，一定存在智慧生命，工业元宇宙也不例外。在工业元宇宙中的智慧生命被称为元居民，元居民有以下五类职能：

（1）阿凡达（数字化身）。现实世界中的人类为自己量身打造了在元宇宙中生活的数字化身。数字化身由现实世界中的人类操纵，在元宇宙中进行工作、生活、游戏、创造等活动。阿凡达在早期是由现实世界中的人来驱动和操纵的，人工智能、RPA（Robotic process automation，流程自动化）技术等的发展赋予了阿凡达一定程度的自主活动的能力，将来可以实现"操纵+自主活动"的新一代阿凡达。在多数情况下，阿凡达按照设定的流程自主活动，只是在某些关键时刻，人类介入操作。一个现实世界中的人可以在工业元宇宙中打造很多数字化身，同时指挥、管理、调度甚至操作这些阿凡达为自己工作，可以实现"一个人加一群阿凡达就是一个工厂"的高效生产新模式。

（2）NPC（Non-Player Character，非玩家角色）。NPC 最早出现在游戏中，是游戏厂家设定的、在游戏中按照预定程序活动的角色。在工业元宇宙中，也需要这样的角色，他们是工业场景中的公共服务员，自动完成一些必需的公共事务，如清理垃圾、指导新来者、基本管理等，是在元宇宙设计之初就设计好的与生俱来的元居民。

（3）数字员工。一些企业根据生产需要打造了在工业元宇宙工作的数字员工，数字员工可以是一些专门设计、经营"数字人力资源"的产品，也可以是生产企业自己打造或定制的具有某些特定技能的"数字人"。

（4）智能宠物。元宇宙专门打造了智能非人形生物，能够和人类无障碍沟通，满足元居民各种对宠物的爱好。如在现实世界中一样，这是一个爱好，也是一门很好的生意。

（5）智慧物件。数字世界，万物有灵。在元宇宙中，不能"以貌取人"，不是只有人形生物拥有智慧，一草一木、一砖一瓦，也许都被赋予了智能。路边的指路牌也许就能开口和你搭讪，小售货亭也许会收拾东西自己跑路。

从活动内容来看，元居民基本上可以分为四大类：工作者、创造者、游戏者和游客。

- 工作者。是指在元宇宙中从事某种工作的虚拟人，一般是企业员工、自由职业者等。工作者大多按照既定的业务流程，完成特定任务。

- 创造者。一般是编程人员、设计师、艺术家或者游戏爱好者等。他们在虚拟世界中创造产品，在元宇宙中销售，或者输出到现实世界中完成制造和销售。随着工业元宇宙中工业生态的形成，工作者、创造者可能形成很多新的、前所未有的生产、生活、组织模式。

- 游戏者。游戏既是工业元宇宙时代的一个庞大的产业，也是一种生活方式，很多元居民以此为生，参与 **Play to Earn**，或者在游戏中社交、交易、消磨时光。

- 游客。元宇宙打造了完全不同于现实世界的场景，能够提供完全不同的体验和感受，会有很多现实世界中的人愿意进入元宇宙"旅游"，沉浸在全新的、前所未有的感受中，获得真正的放松。

智慧生物的外形不局限于人类，各种形状的生物都可以和人一样行动。因此，在元宇宙中，关于"人"的概念已经完全"泛化"，这需要一个很长的适应过程。

3.3.2　工业元宇宙的图景

工业元宇宙尚处于孕育期，各行各业已经有很多带有元宇宙色彩的探索，但也都只是刚刚迈出半步，尚未形成清晰的路径和目标，尚未刻画出完整的图像。

（1）工业元宇宙最大的创新是"融合创新"。21 世纪以来，数字技术呈现井喷式的发展态势，"云、物、移、大、智、链"，每个人几乎都能说出一长串新技术名称。这些技术在不同的行业、不同的业务场景中都得到了应用或尝试，呈现争相应用、遍地开花的喜人场面，对产业发展或企业效益提升发挥了巨大的作用。

美中不足的是，除了在消费物联网领域出现了如阿里巴巴、腾讯等少数几个巨头企业，这些技术的涌现并未在工业领域催生出有代表性的、在世界上有竞争力的产业巨头企业。

遥想 1969 年人类第一次登上月球的壮举，至今还有很多人觉得不可能，觉得美国政府在造假。因为按照现在人们对航天技术的难度判断，当时根本就没有相应的技术支撑登月。这就是技术融合的力量！分散在各个行业、不同场景中的不起眼的"小技术"，整合起来，进行有效搭配、合理组装后，就能把人类送上月球并安全返回。

如今不断涌现出"丛生"式的数字技术，这些技术如散布在草坪上星星点点的小花，在局部小有成效，但没有形成"科技巨人"。现在迫切需要围绕一个清晰的"宏大目标"对各种技术进行有效融合、全面组装，从而创造出类似人类登月一样的壮举，催生出千亿级乃至万亿级的"科技巨人"。工业元宇宙就是这样一个能够让最新技术有效融合、全面组装的"宏大目标"，下一个"科技巨人"一定会在这里诞生。

（2）在工业元宇宙时代企业最大的变化是其组织和运行方式的变化。当整个工厂进入工业元宇宙后，当前在现实工厂中众多的标准化、流程化的操作，都将在工业元宇宙中被数字员工所执行，传统工厂中在操作岗位上的大批熟练工人，将离开机器轰鸣、粉尘、异味、闷热等各种恶劣的环境，走进舒适的办公室，或者直接在家办公，头戴 VR 头盔或其他互联设备，远程操控机器设备。这种工作方式的改变，将彻底改变工业的组织方式和员工的工作方式，进而会给员工家庭、社会带来巨大的变化。企业传统的厂房设计、巨大的办公楼都将逐渐消失，虚拟工作、虚拟生活、虚拟组织，将成为新的工业模式。

（3）工业元宇宙最大的颠覆是"Play to Earn"（边玩边赚钱），全面迈向 AI 时代、彻底解放生产力。"Play to Earn"是游戏中创造的概念，收获了无数的拥趸，说明这种模式符合人类的本性。"Play to Earn"实际上是"Create to Earn"（边创造边赚钱），这种模式中包含了游戏玩家的创新创造。通过工业元宇宙的建设，把游戏和工作结合起来，把"Play to Earn"模式拓展到"Create to Earn""Work to Earn"，将培育出全新的工业元宇宙工作模式。

（4）工业元宇宙带给企业的最大收益是产业融合。企业在数字化转型之后进入工业元宇宙，一个企业就是一个软件、一堆代码，企业间的融合就是简单的"接口调用"，企业间的融合、跨产业的融合都将变得非常简单、高效，无边界企业、融合发展将成为工业元宇宙企业发展的常态。

（5）工业元宇宙最大的变革是"迁徙"——全面进入数字宇宙，而不是隔岸观火，也不是透过屏幕看世界。企业的主体"能迁尽迁"，进入元宇宙后，企业以数字化状态存在和运行。这将是一个企业最大的变革，企业的组织方式、运营方式、生产方式、销售方式及企业的人才需求结构等，都会发生巨大的变化，从企业的一般员工到最高决策层都需要在企业文化、工作习惯到技术素养等方面，打造全新的元宇宙中的自己——元雇员。

（6）工业元宇宙最大的个人梦想是数字永生。数字化身阿凡达正式进入你的生活，你的数字化身将成为你的第二生命，从而实现人类千百年的梦想——永生。不少讨论人类永生的书籍、电影乃至研究著作，都讨论过"意识上传"的可能性，脑机接口研发所取得的一些进展，也给人机互联展露了一线曙光。这些也许会是一种未来的可能性，但 AI 数字人已经是实实在在的现实。目前至少有两种方案，一种是真人操纵的数字人，利用动作捕捉和跟随设备，让数字人和真人有相同的表情、相同的说话口型、相同的行动和动作；另一种是完全通过 AI 训练的数字人，也就是把真人的知识、习惯、音调等训练给数字人，让数字人持续不断地向真人学习，通过持续不断地改进优化，逐渐逼近真人，达到高度近似。

随着 AI 技术的进步，AI 数字人会越来越像真人。这个真人就会以数字形态永远存在，从而实现数字永生。当然，随着生命科学的进一步发展，未来也许能够直接将"意识"上传到元宇宙，人类的数字永生将在更高的层面走向现实。

综合以上所有讨论和思考，笔者尝试给工业元宇宙下一个定义。

极简的定义是：工业元宇宙是工业社会的数字升级版。

更详细的定义是：工业元宇宙是全产业链、全商业模式、全参与方式、全创新创造生态的产业融通平台，是承载工业生产、电子商务、社交网络、游戏引擎、虚拟经济及 ICT（信息与通信技术）基础设施的通用操作系统，是新工业文明的"伊甸园"。

这个定义包含三个层面的含义。第一个层面是产业层面，工业元宇宙是一个全新、广阔的舞台，能够包容、支撑同一行业的上中下游的融合，也同样支撑跨行业的融合发展，能够支撑各种不同的商业模式，支撑全民参与的无边界企业，支撑个人、组织的创新创造。这些支撑不只是政策层面的"允许"，而是技术层面的"对接"。不同企业在相同的数据标准、技术标准、代码标准之下无缝对接，实时高效。

第二个层面是技术层面，工业元宇宙把社交、游戏、工业生产、消费互联网等不同技术业态融合在统一的数字技术基础设施之上，实现各种新技术的有效融合和全面组装，千百倍地释放技术的能力和价值，用技术的融合带动行业的融合，以及跨行业的融通。

第三个层面是文明层面。工业文明是人类文明的主干和基石，也是人类文明最先进的组成部分。在工业元宇宙这个全新的"宇宙"中要积极培育优秀、向上的文化，确保人类的永续发展。图3-9所示为工业元宇宙中全新的工业形态和经济体系。

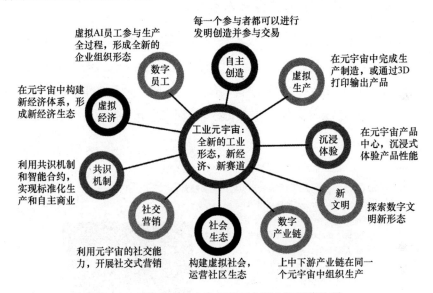

图3-9　工业元宇宙中全新的工业形态和经济体系

工业元宇宙的未来愿景是：企业的员工在大多数时间都可以在家或在旅游的路上随时随地地工作，工作的方式是指挥自己的阿凡达，在元宇宙中完成自己的工作。随着AI水平的提高，阿凡达可以完成大多数日常工作，员工本人更多的是自由地进行创造，实现"Play to Earn"或"Create to Earn"。工作的组织方式是社交平台下的工作组；会议在虚拟会议室举行；营销活动在社交平台或游戏平台中进行；企业间的合作，是商业协议指导下的系统接口调用，所有的合同、财务往来都在区块链平台的智能合约下完成。

实物产品的生产，基本上都是在元宇宙中进行数字化设计，输出到物理世界通过 3D 打印完成。对现实世界中设备的操作，也基本上都是通过物联网的连接，由元居民在工业元宇宙中操作，未来的蓝领工作或将消失。

在工业元宇宙的新工业文明体系中，阿凡达、数字员工、NPC 将是"工人阶级"的主体，人类都将是富于创造精神和鉴赏力的"艺术家"。人类的工作是描绘最新、最美的"图画"，数字员工则将这些"图画"付诸现实。

3.3.3　工业元宇宙关键技术要素

如前所述，工业元宇宙是技术融合的平台，工业元宇宙的建设和完善需要各方面的技术不断加入。当前已有或者正在培育、应用的技术可以概括为八大要素，这八大要素的首字母可以组成一个英文单词：DigCaves（挖洞），通过这八大要素，仿佛在坚实的现实世界上挖掘一个数字洞穴，如图 3-10 所示。

工业元宇宙八大关键要素：DigCaves(挖洞)：

① Digital Twin:数字孪生，物理世界的全真映射
② Internet of Things:物联网技术
③ Game Engine:游戏引擎、自主创造
④ Cloud Computing:云计算能力
⑤ AI:人工智能、建模能力
⑥ VR/AR:虚拟和增强现实技术、实时交互
⑦ Economy:经济体系（区块链、NFT）
⑧ Social:社会系统

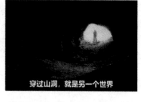

穿过山洞，就是另一个世界

图 3-10　在坚实的现实世界上挖掘一个数字洞穴

① Digital Twin：数字孪生，实现从物理世界到虚拟世界的全真映射。不仅仅是形似，而是要"形神兼备"，虚实互动。尤其重要的是要实现数字孪生体之间实时的联动和互操作。

② Internet of Things：物联网技术。物联网技术及其他互联技术，如 5G、6G、工业 WiFi 等。通过这些技术可实现万物互联、人与物互联，以及工业

元宇宙和现实的互联。

③ Game Engine：游戏引擎。游戏引擎提供了一个虚拟世界的底座，模仿了现实世界中的天地山河，给元宇宙一个虚拟的空间；打造了对虚拟世界的渲染能力，让虚拟世界更加逼真地映射现实世界；为玩家自由创造提供了各种工具条件，构建了鼓励创造的激励机制。

④ Cloud Computing：云计算能力。算力是工业元宇宙存在的最基本条件，虚拟世界的运行、工业设备的运转都需要强大的算力支撑，要保证无卡顿、低延迟、持久稳定。

⑤ AI：人工智能。人工智能是当前工业元宇宙的基本技术，可支撑阿凡达、NPC 的构建，也是未来发展的关键技术。给阿凡达等智慧生物提供自主学习、自我完善能力，提供工业生产机理建模、运行优化能力，是工业元宇宙发展壮大的关键。

⑥ VR/AR：虚拟和增强现实技术。VR、AR、MR、XR 等各种沉浸式交互技术，可为玩家、员工、参与者与元宇宙的互动和随时接入提供运算环境，保证参与者的真实感、临场感。未来的发展方向将是实现人类视觉、听觉、触觉、嗅觉等各种感觉的全面接入，同时提供更加灵活、高效的互动操作方式。

⑦ Economy：经济体系。在工业元宇宙中，要打造基于区块链、NFT 等技术的去中心化经济体系，构建数字资产、数字产权的保护机制，提供元宇宙自己的虚拟货币，打造虚拟世界的经济体系、交易方式、借贷规则、智能合约等，形成虚拟货币与现实货币的交换关系。

⑧ Social：社会系统。在工业元宇宙中，阿凡达、NPC 及其他智慧生物、智慧物件，构成了元宇宙中的社会系统。其中有不同身份的个人、组织、企业，也可能会有监管者和政府，要有基本的伦理道德和行为规范，保证社会的平稳运行。持久的发展，就会形成自己独有的文明体系。

构建工业元宇宙类似于在坚实的现实世界中，挖掘一个柔性的"数字洞穴"，其中可以盛放我们的知识、财富和梦想。也许会有人把它当作一个逃避现实的"藏身洞穴"，同样也会有人把它当作一个发家致富的"淘金之地"。在元宇宙兴起的早期，需要精心谋划、妥善引导，让元宇宙成为人人向往的天堂。

3.3.4　工业元宇宙是时代的选择

1. 工业元宇宙助力打造网络空间人类命运共同体

人类文明经过数千年的发展，穿过连绵不断的战争硝烟，在 18 世纪后期迈入了工业文明的门槛。机器的广泛使用，大幅提升了人类物质生产能力，汽车、火车、飞机等交通工具的发明缩短了人和人的距离，人类的文明水平也迈上了一个新的台阶。

然而，20 世纪上半叶，爆发了两场席卷全球的世界大战。残酷的战争、令人发指的种族大屠杀，向人类发出了灵魂的拷问，我们真的走入文明社会了吗？人类的能力提升了，在提升物质生产能力的同时，也提升了杀戮和战争的能力。在文明的三要素（人性发展、能力提升、社会进步）中，我们似乎在能力提升面前忘乎所以，忘记了最重要的人性发展。人类就像一个畸形的大胖子，纤细的双腿，巨大的肚子，小小的头颅，人性发展的"纤细双腿"似乎已经难以支撑畸形膨胀的"能力"的肚腩。

随着信息社会的到来，以及网络、移动通信等技术的普及，人类的沟通能力取得了巨大进步，消除了空间的隔阂，庞大的地球一下子变成了小小的地球村。乐观的人已经看到了全球网络一体化时代的到来，人们将实现零距离社交，无障碍沟通，文化融合、种族和睦、其乐融融的地球大家庭时代已经到来。

但事实再次展现了文明"畸形"发展的残酷现实，快速发展的信息化技术很快成为阴谋家的罪恶工具，窃密、监听、欺诈、远程操控和恶意攻击，人类发展的新能力成为一些国家霸凌、制裁、战争的帮凶。在文明的三要素中，人性发展依旧被能力践踏，"德不配位"，强大的"能力"带给世界的只能是灾难。

环顾现实，中东的利比亚、伊拉克、阿富汗的硝烟未远，伤痛犹在；俄乌冲突再燃战火。当战争的双方开始谈判、战火稍息时，一些国家开始支援武器"递刀子"，恶意挑动战火继续。

中国政府审时度势，振聋发聩地提出了人类命运共同体的理念，赓续了中华文明五千年和谐发展的文化血脉，为当今人类文明发展指出了一条康庄大道。

"这个世界，各国相互联系、相互依存的程度空前加深，人类生活在同一个地球村里，生活在历史和现实交汇的同一个时空里，越来越成为你中有我、我中有你的命运共同体。"特别是蓬勃发展的互联网技术，不但给人类创造了数字化、网络化、智能化的增长动能和发展机遇，也打造了共同参与、共同治理、共享进步的新空间，但网络世界的发展也同样充满曲折。随着美国成立网络司令部以及随后爆出的"斯诺登"事件等丑闻，网络空间的天空上一时间阴云密布，祥和、共享的全球网络再次沦为监听、窃听、攻击的新战场。

工业元宇宙概念的提出，开辟了一个全新的虚拟世界，让我们可以在人类命运共同体理念的指导下，用最新的技术重构我们心目中阳光、和谐的大同世界。

在工业元宇宙中，元居民能够代替人类完成大部分工作，人类的身体能够从机器前、从办公室中解放出来，有更多的时间学习和提升自己，进而可以改变传统的教育方式，从"选科教育，传授有用知识"，培育"工具人"的教育模式中解放出来，让所有人不用急于就业，有更多的时间学习各种感兴趣的素养型知识，从而推进全人类的人性发展，补齐文明三要

素中人性发展的短板，推动人类文明走向更高级的阶段。

世界上很多有识之士都有一个共同的观点：在21世纪，以中国文化为核心的东方文化是解决人类面临的共同问题的良药。中国的先贤们在两千多年前就提出"大同世界"的理念，和谐、包容、相互尊重、老吾老以及人之老等文化理念一直是中国文化的核心。

工业元宇宙是一个全新的世界。我们可以秉持中华文明的文化理念，用我们掌握的数字技术，建设全新的、属于"东方世纪"的工业元宇宙。以此为起点，带动全人类文明的升级，助力人类命运共同体的建设，为人类开辟一个公平公正、开放包容、文明和谐、幸福美好的新世界。

2. 工业元宇宙是时代发展的必然

在我们生活的物理世界中，时间以永不回头的单一方向恒定流逝着，带动万事万物沿着时间的河流生长、发育、成熟、消亡。生死轮回、寒暑交替，这是生命的节奏，生生不息。

技术是有生命的，永不停歇地生长、创新；产业也是有生命的，不断地融合、壮大；社会和经济也是有生命的，沿着最强劲的数字化脉动转型、发展。

从数字经济的发展来看，全世界都在不可逆转、越来越快地走向虚拟世界；从技术层面来看，不同的技术、不同的应用场景，已经展现出非常明确的融合发展趋势；从企业业务发展来看，不仅需要产业链的集成整合，还需要跨行业更大规模的融合；从国际大循环来看，无论应对气候变暖问题，还是应对全球大规模流行疾病，都需要形成合力、共同应对；从全球网络空间治理来看，我们必须打造一个共建、共享的命运共同体。所有这一切都需要集成融合、兼收并蓄、开放包容，都指向一个集成的、开放的、共享的新的发展空间。这个新空间技术更先进、文化更包容、产业更融合、前景更广阔。用信息技术构建这样一个空间无疑是最佳选择，这个空间将是一个全新的宇宙，可以命名为工业元宇宙。

工业元宇宙是技术发展的必然、产业发展的必然、社会发展的必然。不是我们选择了工业元宇宙，而是我们注定要走向工业元宇宙。

3. 推进工业元宇宙建设刻不容缓

一是要积极地用正面的文化引导和营造元宇宙文化建设。

元宇宙带有很多特征明确的先天基因，如赛博朋克文化、去中心化、沉浸感、游戏感、自由创造、自由经济，等等，这些特征如果限制在一定范围内是很好的，无拘无束、从心所欲，是人人都喜欢的自由，但有一定的制约则是必需的。

圣人有言：从心所欲，不逾矩。这是中国人的自由观。既要从心所欲，也要有一个不可逾越的规矩、底线。就像在新冠肺炎疫情肆虐的背景下，是不是每个人都有佩戴口罩和不佩戴口罩的自由？自由的边界在哪里？

在游戏的元宇宙中，包含自由的杀戮、丛林法则、强权政治及其他诸多负面的文化现象，漫无边际的纵情创造，不受约束的胡思乱想等，一个没有任何规矩的"元宇宙"一定是混乱的、可怕的。而工业则不同，工业天然带有"规矩"。所有的设备都要遵循物理规律才能正常运行；所有的化学流程都要遵循化学科学的原则，才能发生正确的化学反应而不会发生爆炸。相应地，工人阶级也是最有纪律性、最有规矩的一群人，他们的文化就是有规矩、有纪律的文化。

同时，不同地域、不同国家之间的文化竞争，也必然在元宇宙的建设中体现出来。东西方文化有明显差异，有的包容、谦和、稳健，强调和谐，有的强调竞争，这些都会在元宇宙的建设、发展过程中碰撞交融，形成新

的元宇宙文化。

良好的文化才能保证元宇宙不是法外之地，不是混乱的战场，而是真正能够造福现实世界、给人类带来福祉的新的"伊甸园"。因此，工业元宇宙是元宇宙发展行稳致远的压舱石，一定要加快发展工业元宇宙。

二是要积极进取，保卫数字主权。

数字空间是继"海、陆、空、天"之后的第五空间，已经成为各国竞争的焦点，这些竞争包括标准之争、规范之争、话语权之争、主导权之争，以及人才、经济、文化、安全等方面的竞争。

美国仰仗数字技术的优势，依托一些国际巨头公司，如 Facebook、微软、苹果等，抢占元宇宙的话语权、争夺技术发展的制高点。他们反应敏锐、动作快、力度大。如微软公司宣布以 687 亿美元的"天价"收购游戏开发和互动娱乐内容发行商动视暴雪公司，交易后，微软一跃成为全球第三大游戏公司，倾力布局元宇宙发展。

有些国家由政府牵头、政企合力，大力开拓元宇宙版图。如韩国科学技术信息通信部在 2020 年底发布了《沉浸式经济发展战略》，旨在将韩国打造为全球五大扩展现实（XR）经济国家之一。在 2021 年 5 月，该部门发起成立了"元宇宙联盟"，推动政企合作，鼓励民间主导构建元宇宙生态系统，在现实和虚拟的多个领域打造"开放型元宇宙平台"。该"元宇宙联盟"已集结现代集团、SK 集团等 200 余家韩国企业和机构。2021 年 7 月，韩国发布"数字新政 2.0"，将元宇宙与大数据、人工智能、区块链等并列为韩国产业发展的重点项目。

除了韩国中央政府大力推动，其地方政府也积极跟进。2021 年 11 月初，韩国首尔市政府宣布建设元宇宙平台——"元宇宙首尔"，计划耗资 39 亿韩元（约合 2096 万元人民币），最迟于 2022 年底前搭建完毕。"元宇宙首尔"将分三个阶段引入元宇宙生态系统，涉及市政管理服务的各个方面，包括经济、文化、旅游、教育和市民投诉等。

中国亦应采取积极的应对策略。要鼓励一些重要行业先行先试，在试的过程中，密切观察、多给帮助、善加引导，在元宇宙中培育中国的万亿级产业巨头，争取更多的数字话语权，捍卫我们的数字主权就是捍卫未来。

工业元宇宙——一切都是新的

　　我们已经处在工业元宇宙爆发的前夜，支撑工业元宇宙的各种技术已经萌芽或者已经在工业生产中得到应用，工业元宇宙不再是一个遥远、模糊的背影，而是我们身边正在发生的变革、正在呈现的蓝图。

　　工业元宇宙必将给工业带来全新的架构、全新的业态、全新的运行方式和存在方式，这些全新的变化必将对全社会的价值形态、人们的生存方式带来冲击和变革。元居民大量地接替人类的劳动，给全人类带来真正的自由和解放。正如马克思所说："自由王国只是在必要性和外在目的规定要做的劳动终止的地方才开始，因而按照事物的本性来说，它存在于真正物质生产领域的彼岸。"工业元宇宙将通向物质生产领域的彼岸，把人类带入自由王国。

4.1 | 工业元宇宙——新架构、新路径、新要求

　　工业元宇宙是在新的数字宇宙中打造的全新工业社会生态，因此对网

络基础设施提出了更高的要求。主要包括三方面的内容：一是要求基础设施的持久运行、"永恒存在"，这是元宇宙运行的基础，不能出现"宇宙宕机"的问题；二是要保证工业生产的正常运行，现实工厂和数字孪生工厂之间要实现实时、高速互联，保证"无延迟"的虚实工厂的互操作；三是要提供工业元宇宙的随时、随地、无障碍的接入能力，包括支持多种接入方式，实现现实世界中的人对自己"工厂"的持续接触或不间断管控。

工业互联网是一个通用工业操作系统，实现了从底层设备的操作管理到顶层企业运行的优化集成，从技术、认识和实践上，为工业元宇宙的诞生奠定了一定的基础。但从工业互联网到工业元宇宙，不是一般的技术升级，而是一次历史性的跨越。工业互联网关注的还是工业本身，而工业元宇宙关注的是整个社会，工业元宇宙是现实中工业社会的数字版本。

4.1.1　从工业互联网到工业元宇宙

工业互联网是当前蓬勃发展的通用工业操作系统，是企业数字化转型的基础平台，它承载着庞大的工业体系，包括设备设施、工业知识、工艺流程、管理和组织体系。工业互联网正沿着数字化、智能化的轨道飞驰，迅速走向工业元宇宙。

1．工业互联网

工业互联网是连接工业全系统、全产业链、全价值链，支撑工业智能化发展的关键基础设施，是新一代信息技术与制造业深度融合所形成的新业态和应用模式，是互联网从消费领域向生产领域，从虚拟经济向实体经济拓展的核心载体。工业互联网带来的不仅仅是产品质量和生产效率的提升、成本的降低，通过对大量工业技术原理、行业知识、基础工艺、模型工具进行规则化、软件化、模块化，并将它们封装为可重复使用的微服务组件，第三方应用开发者还可以面向特定工业场景开发不同的工业 App，进而构建基于工业互联网平台的产业生态。工业互联网的相关产业链如图 4-1 所示。

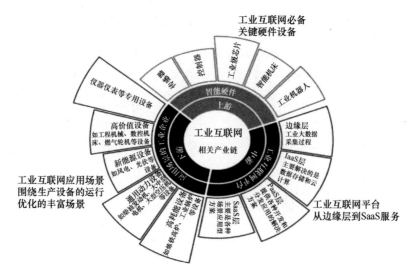

图 4-1　工业互联网的相关产业链

美国工业互联网联盟曾给出这样的定义：工业互联网是"一种物品、机器、计算机和人的互联网，它利用先进的数据分析法，辅助提供智能工业操作，改变商业产出。它包括了全球工业生态系统、先进计算和制造、普适感知、泛在网络连接的融合。"工业网络和平台的互联互动是工业互联网的核心，其中网络是基础，平台是核心，如图 4-2 所示。

工业互联网与日常生活中大家熟悉的信息互联网和消费互联网是有区别的。工业互联网是在互联网基础之上，面向实体经济应用的演进升级。通常所说的互联网一般是指消费互联网，与之相比，工业互联网有三个明显特点：

连接对象不同：消费互联网主要连接人，应用场景相对简单；工业互联网实现人、机、物等工业生产要素和上下游业务流程更大范围的连接，连接的种类和数量更多，场景复杂。

技术要求不同：消费互联网对网络时延、可靠性等要求相对不是特别严格；但工业互联网要求时延更低、可靠性更强、安全性更高。

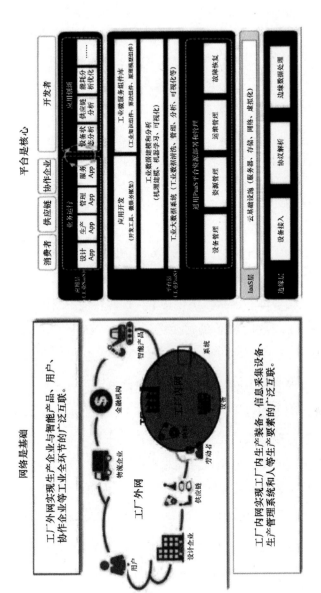

图 4-2 工业网络和平台的互联互动是工业互联网的核心

发展模式不同：消费互联网的应用门槛较低，发展模式的可复制性强，相关产业多属于轻资产，投资回报周期短，对社会资本的吸引力大；工业互联网涉及的应用行业复杂、标准不一，对专业化要求高，难以找到普适性的发展模式，相关产业多属于重资产，资产专用性强，投资回报周期长，且还存在一些认知壁垒。

回看信息互联网和消费互联网的发展路径及取得的成效，我们有理由相信工业互联网具备更宏大的发展前景。

信息互联网通过社交平台将人和人连接起来，拉近了人和人之间的距离，改变了人和人之间的交流和沟通方式，提高了沟通效率，大幅度降低了沟通成本。全新的交流方式让任何人都可以足不出户，联系到世界上的任何一个角落。信息互联网创造了全新的社交、联络、婚恋乃至情感表达模式，这是人类个体的一次数字化转型，这次转型不仅让这个星球急剧变"小"，也创造了巨大的商业价值，诞生了一批新的商业巨头，如腾讯、Twitter、Facebook 等。

消费互联网通过电商平台将人和商品联系起来，缩短了消费者和商品之间的距离，消灭或者压缩了许多中间环节，通过取消实体店、仓储，改变商品信息的对接方式，优化物流配送方式等，大幅降低了商品从生产者到消费者的中间成本。这是人类商业售卖方式的一次数字化转型，这次转型不仅让消费者和生产者实现了"面对面"，同样创造了巨大的商业价值，诞生了一大批新的商业巨子，如淘宝、京东、亚马逊，等等。

工业互联网通过工业互联网平台将各种工业生产要素连接起来，能够共享生产设备的运行监控和维护维修能力、共享经验数据和优化能力、共享市场和需求能力、共享供应链和原材料配置能力，这是商品生产制造过程的一次数字化转型，也是在整合前面两次转型成果基础上的一次全面提升，这次转型将会大幅降低产品研发、制造和交付过程中的时间成本、人力成本、物资成本等，必将催生一大批更新一代、更大体量的商业巨头。

工业互联网的本质和核心是通过工业互联网平台把设备、生产线、工厂、供应商、产品和客户紧密地连接融合起来，可以帮助制造业拉长产业链，形成跨设备、跨系统、跨厂区、跨地区的互联互通，从而提高效率，推动整个制造服务体系智能化；有利于推动制造业融通发展，实现制造业和服务业之间的跨越发展，使工业经济各种要素资源能够高效共享。

工业互联网在工业企业的生产、管理等各方面都有广泛的应用场景，包括但不局限于：

——面向工业现场的生产过程优化

工业互联网平台能够有效采集和汇聚设备运行数据、工艺参数、质量检测数据、物料配送数据和进度管理数据等生产现场数据，通过数据分析和反馈在制造工艺、生产流程、质量管理、设备维护和能耗管理等具体场景中实现优化应用。

——面向企业运营的管理决策优化

借助工业互联网平台可打通生产现场数据、企业管理数据和供应链数据，提升决策效率，实现更加精准与透明的企业管理，其具体场景包括供应链管理优化、生产管控一体化、企业决策管理等。

——面向社会化生产的资源优化配置与协同

工业互联网平台可实现制造企业与外部用户需求、创新资源、生产能力的全面对接，可推动设计、制造、供应和服务环节的并行组织和协同优化。其具体场景包括协同制造、制造能力交易与个性定制等。

——面向产品全生命周期的管理与服务优化

工业互联网平台可以将产品设计、生产、运行和服务数据进行全面集

成，以全生命周期可追溯为基础，在设计环节实现可制造性预测，在使用环节实现健康管理，并通过生产与使用数据的反馈改进产品设计。当前其具体场景主要有产品溯源、产品/装备远程预测性维护、产品设计反馈优化等。

目前，我国工业互联网呈现蓬勃发展态势，主要表现在以下三个方面：

（1）工业互联网平台加快向细分垂直领域延伸。我国工业互联网已经得到较为广泛的应用和推广，在盈利模式多元化创新发展的趋势下，工业互联网也将加速向细分垂直领域延伸，深度解决行业发展的痛点、难点。

（2）工业互联网与新技术的融合持续加深。在5G、人工智能、区块链等技术的加速成熟和广泛应用背景下，工业互联网将加快与新技术的融合发展，在工业互联、数据挖掘和业务模型构建等方面不断创新，并涌现出新的发展模式和应用场景。

（3）工业互联网已成为产业升级的重要途径。工业互联网平台在整合企业数据、产业资源方面具备极大优势，随着系统平台的不断完善，工业互联网将发挥其技术协同创新、产业资源配置、信息聚合共享的能力，助力产业转型升级和高质量发展。

在工业互联网的发展过程中，产生了多种创新盈利模式，支持工业互联网的可持续发展。一是打造工业互联网平台产品，将平台作为一种软件成品或集成系统进行销售；二是打造开放平台，支持各类企业在平台上进行深度开发，形成特色功能开展收费服务；三是依托平台功能，直接为企业服务，或提供有针对性的定制服务。工业互联网正快速发展，一些创新、盈利模式还在不断涌现。

2. 工业互联网平台

从宏观层面上看，工业互联网是由网络、平台、安全三部分构成的。

其中平台是核心，网络是基础，安全是保障。

平台是工业全要素连接的枢纽，也是工业资源配置的核心。平台下连设备、上连应用，通过海量数据汇聚、技术汇聚、建模分析与应用开发，推动制造能力和工业知识的标准化、软件化、模块化与服务化，支撑工业生产过程的平台化、网络化、智能化转型，打造数字经济时代全新的工业发展模式。

网络是实现工业全系统、全产业链、全价值链泛在深度互联的基础，包括网络互联体系、标识解析体系和信息互通体系。通过打造低时延、高可靠、广覆盖的网络基础设施，实现信息数据在生产各环节和全要素的无缝传递，从而支撑形成实时感知、协同交互、智能反馈的生产模式。

安全是工业互联网健康有序发展的保障，涉及设备安全、控制安全、网络安全、应用安全和数据安全五方面。通过建立工业互联网安全保障体系，实现对网络设施的保护，避免工业智能装备、工业控制系统受到内部和外部攻击，保障工业互联网平台及其应用的可靠运行，降低工业数据被泄露、篡改的风险，实现对工业互联网的全方位保护。

从技术层面上，工业互联网平台可以分为四部分（见图4-3）：

一是边缘层。主要是通过构建丰富的物联网协议，实现各种工业设备的接入，形成有效的数据采集体系。边缘层是基础，负责精准、实时、高效地数据采集。数据通过协议转换和边缘计算，一部分在边缘侧进行处理并直接返回到机器设备，一部分传到云端进行综合利用分析，进一步优化形成决策。

二是资源层（IaaS层）。资源层是计算基础设施层，包括计算单元、内存、存储、网络和其他基本的计算资源，用户能够部署和运行任意软件，包括操作系统和应用程序。

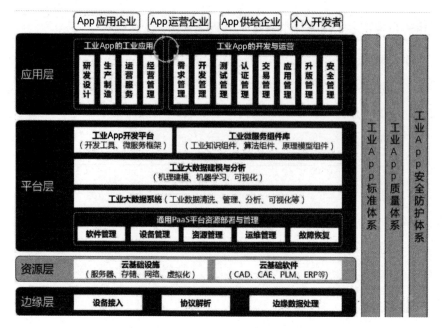

图 4-3 工业互联网平台体系架构

三是平台层（工业 PaaS 层），其核心是一个工业操作系统，为应用软件开发提供一个共享的基础平台。该平台规定了软件开发的统一标准，包括技术架构、接口标准、安全标准、组件标准、质量标准等，从而实现技术和数据的积累和共享。

四是应用层（工业 App）。通过调用和封装工业 PaaS 平台上的机理模型、工业知识、经验模型等功能组件，形成面向行业和场景的工业 App 应用。

工业 App 是实现工业互联网平台价值的最终出口。

平台体系是工业互联网的核心，它将物联网、大数据、人工智能及云计算等理念、架构和技术有机融入工业生产过程，形成综合性技术服务和管理体系，改变了传统的企业管理、生产和经营模式，是实现传统企业转型升级的关键基础设施。

从当前工业互联网平台应用发展水平来看，常见的应用领域有三类：

设备运管平台、资源配置平台和通用使能平台。

设备运管平台——提升设备使用价值

设备运管平台主要运用在设备资产的管理与运营方面，它通过与设备相连的传感、移动通信等技术，收集关于设备、环境等各类数据信息，然后基于这些数据在云端利用大数据、人工智能等技术及行业经验知识，对设备运行状态与性能状况进行实时智能分析，再以工业 App 的形式为生产与决策提供相应的智能化服务。设备运管平台也是制造业主导权竞争的制高点，典型的如西门子的 MindSphere、GE 的 Predix 平台等。

资源配置平台——实现资源价值共享

资源配置平台主要对要素资源进行组织与调度。它在应用过程中汇聚了大量的工业数据、模型算法、研发设计等各类资源及能力，通过云接入及云处理技术分享这些积累的资源，对制造企业的资源管理、业务流程、生产过程、供应链管理等环节进行优化，可实现制造企业与外部用户需求、创新资源及生产能力的对接。如中国航天科工集团公司的 INDICS 平台、海尔的 COSMOPlat 等。

通用使能平台——提供基础应用支撑

通用使能平台主要提供云计算、物联网、大数据的基础性、通用性服务，主要由 ICT 企业提供。其中部分平台侧重于云服务的数据计算及存储，如亚马逊的 Amazon Web Services（AWS）、华为的 OceanConnect 等，这类平台常作为工业平台的"底座"使用。

工业互联网平台是物联网和工业云平台相融合的产物。面向工业企业的数字化、网络化、智能化的一系列场景和问题，通过对数据的采集、汇聚、加工、处理，实现了制造资源的泛在连接、弹性供给和高效配置。

同时，工业互联网平台也是一个可扩展的工业操作系统，能够实现工

业现场各种复杂设备或流程的抽象化、标准化，并在应用层实现快速地服务编排，满足复杂的用户应用需求；能够对大量的工业技术原理、行业知识、基础工艺进行规则化、软件化、模块化，对业务流程、经验、方法等进行不断的加工沉淀，并通过调用、复用针对不同的业务场景进行高效重构，打造灵活的工业创新体系。

3. 工业元宇宙是工业社会的数字版

工业互联网平台已经具备了工业体系的全部要素，能够打通从设备管理、生产过程到企业管理的全流程，是现实世界中工业生产体系的信息化版本。

工业元宇宙是工业社会的数字化版本，可以从工业互联网的建设中汲取诸多有益的经验，但工业元宇宙的业务领域更宽泛、技术种类更综合，整个工业的运作模式架构在全新的模式之上。

21 世纪初，奥巴马政府提出新经济战略和再工业化，不是简单地重建或者召回过去高能耗、重污染、劳动力密集的传统工业，而是在新的时代、新的技术基础上，即在信息化时代背景下，把工业"重做一遍"，是一次全面、本质的提升。

从信息时代的工业到工业元宇宙，是一次更加彻底的颠覆性变化，需要更加全面地"重做一遍"。工厂不再是实体的工厂，员工也不再是传统的劳动力，组织方式和运行方式也都呈现完全不同的状态，需要我们重新思考工业的含义、谋划工业的蓝图，甚至重新定义人类的社会生活。

首先是通过数字孪生技术，将工业设备、装置、流水线乃至整个工厂映射到数字空间，建设其在工业元宇宙中的生产体系。这个过程不是简单地照搬，而是一个优化重组过程，是一个转型升级过程。

图 4-4 所示为构建物理工厂的数字孪生，在元宇宙中进行工厂管理。

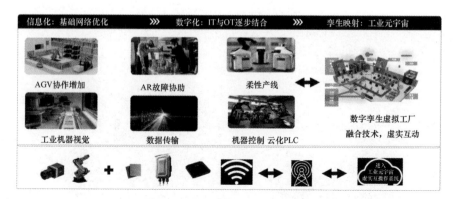

图4-4 构建物理工厂的数字孪生，在元宇宙中进行工厂管理

其次是重新构建工业元宇宙中的生产组织和业务流程。工业元宇宙中的设备和流程更加自动化、智能化，因此工厂员工更少，很多业务流程和工作岗位通过 RPA（流程自动化）定制，这些岗位可以由数字员工操作。"数字员工+智能设备"是工业元宇宙最常见的生产组织方式。

再次是重新构建元宇宙中的产品设计和产品销售模式。多数产品的设计和销售都将以数字形态进行，所销售的"虚拟化"产品可以直接在现实世界中指定的 3D 打印设备上输出。

最后是工业过程的沉浸式虚拟化协作会成为工业元宇宙中常见的协作方式，包括研讨、会议、协同工作、商业交流等，都将通过 VR、AR 或者 XR 技术，在虚拟环境下开展协同工作。虚拟社交、虚拟商务活动，也是重要的产业链上中下游的协同方式。

在工业元宇宙环境下，写字楼、办公楼等传统社会组织模式将日渐萧条，居家办公、旅行办公等更加轻松自由的虚拟办公模式将大行其道，公司员工的大部分工作被数字员工替代，人类将获得前所未有的自由。

在信息化时代，大规模机器加上数据和人，构成工业 3.0 的核心要素，机器替代人力，使人类解放了一大步，数据作为新生产要素的加入，推进了数字经济的蓬勃发展。其中，人作为使用机器和数据的主体，依然被牢牢地捆绑在工业生产体系中，人类还没有得到彻底解放。图 4-5 所示为从信息化时代到工业元宇宙。

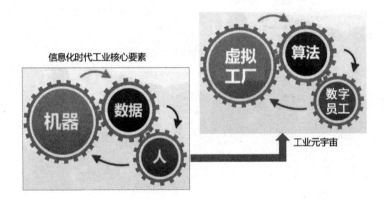

图 4-5　从信息化时代到工业元宇宙

在工业元宇宙中，数据不再只是生产要素之一，而是（或将是）生产要素的全部，因为在工业元宇宙中，土地是数据、设备是数据、资本是数据、劳动力是数据，在完全数字化的环境中，人类和机器的关系不再是紧紧地绑在一起，而是在时间和空间上实现了分割。在空间上，机器在厂房里，人不一定非要和机器在一起，可以遥控操作机器；在时间上，何时启动机器，不一定需要人去操作，数字员工完全可以完成这项工作。随着人工智能技术的发展，人类的很多能力、很多责任将逐步让渡给数字员工，人类将大踏步地走向彻底的解放。

技术、产业、经营管理、产品营销、工作创造和娱乐等全方位的融合，就是工业元宇宙的新架构，可以概括为"3721"总体架构，即 3 个中心、7个层次、2 个体系，构成 1 个工业元宇宙整体，如图 4-6 所示。

边缘层是指工业元宇宙的边缘，是现实世界和工业元宇宙的交汇处。要实现对现实工业的整体映射，需要工业互联网，既要有标准化互操作的协议，也要有一定的边缘计算能力。工厂的数字化、企业的数字化是跨入工业元宇宙的基础。边缘层包括工厂接入、协议解析、边缘计算等，其核心是构建一个精准、实时、高效的数据采集体系，把数据采集上来，通过协议转换和边缘计算，一方面可以在边缘侧进行处理并直接作用于工业设备，另一方面将数据上传，形成构建工业元宇宙的元素。

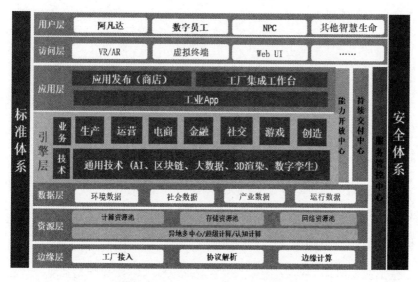

图4-6 工业元宇宙"3721"总体架构

资源层是工业元宇宙存在的基础，需要强大、持久的算力，以及存储能力和网络能力。高性能计算中心、云计算、认知计算、隐私计算等都必不可少，计算、存储和网络都必须保证充分的冗余，要有弹性配置资源的能力。资源层要有安全和灾备系统，确保工业元宇宙的连续运行。

数据层是工业元宇宙的核心资产。环境数据是元宇宙所独有的，是构成元宇宙生存空间的数据，包括数字空间的大小、形态，以及数字空间运行的基本规则等，是元宇宙存在的前提和元宇宙运行的基础。社会数据是工业元宇宙社会体系运行的所有数据，包括运行规范和运行状态的记录。

引擎层是工业元宇宙的能力层，包括技术类引擎和业务类引擎。前者主要包括人工智能（AI）、区块链、大数据、3D渲染、数字孪生等一系列技术，这些技术作为元宇宙配置的基础和标准工具，供工业元宇宙的所有行业、所有的元居民使用。其中有些技术是免费的，有些技术是收费的，还有一些是元居民自己创造并在这里售卖的，等等。业务引擎与技术引擎类似，提供了各行各业所需的工具，各行各业都可以在生产过程中开发、应用标准化的组件。

应用层相当于我们所习惯的手机应用商店或者浏览器界面，用户可以方便地找到并使用适合自己的业务系统、游戏系统、金融系统等。

访问层是提供给元居民的通用访问接口。阿凡达可以通过手机、VR/AR头盔、眼镜进入工业元宇宙，元居民也可以使用工业元宇宙中的设备或浏览器界面加入游戏或工作。

用户层相对比较明确，工业元宇宙的元居民只有阿凡达、数字员工、NPC、智能宠物、智慧物件五类，因此，工业元宇宙需要针对不同用户开展定制服务。

在工业元宇宙中运行的数字孪生工业设施有两个显著特点：一是必须实现和现实中设施的互联和互操作；二是大多数虚拟设施的操作将通过人工智能、RPA 等技术由数字员工来完成。实现这两点并不需要多么超前的技术，需要的只是精确的业务流程设计和多种技术的集成。其实在很多角色扮演游戏中，早已有相似的技术应用。例如，游戏角色挖宝、打怪、和NPC 配合完成特定任务等，都和工业操作的场景很相似。图 4-7 所示为工业元宇宙中新的工作方式， 数字员工将通过远程操作完成现实工厂中的大部分工作。

对于工业元宇宙中的企业来说，数字员工将是其企业员工的主体，因此，企业运营的成本构成将发生颠覆式变革。企业投资将主要集中在构建数字孪生、实现虚实互联和互操作、定制数字员工 RPA 等方面。一旦构建完成并通过试运行，企业的正式日常运行将会是一个阿凡达带领一群数字员工的工作模式。

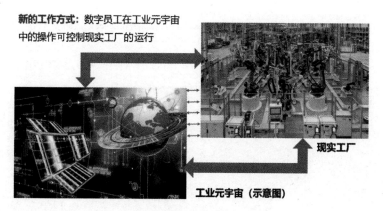

图 4-7　工业元宇宙中新的工作方式

工业元宇宙对企业的管理而言是一个全新的场景，需要不断进行探索和完善。通过精心设计和多种高新技术的综合应用，实现"一人运营一个工厂"是完全可能的。

工业元宇宙不是工业设备的数字孪生，也不是工业企业的数字孪生，而是"工业社会（世界）的数字版"，因此，其内容更广博、产业更复杂、视野更宏大。其中最有价值的不是通过孪生技术对设备的操作和管理，而是整个工业体系在新的虚拟化背景下的重构，这种重构打破了企业的边界和行业的边界，真正实现了在技术支撑下的产业融合。

4.1.2　从数字孪生到工业元宇宙

在本书前面的章节中已经比较详细地介绍了数字孪生技术的特点及应用场景。在数字化大潮的推动下，这项技术发展迅速，其内涵和外延都得到了大幅扩展，从早期数字孪生所关注的形似，即三维建模方面，到如今已经发展到全场景的数字孪生，这就是迈向工业元宇宙的重要一步。

Gartner 公司对数字孪生的定义（如图 4-8 所示）就不仅仅局限于实物的数字孪生，还包括人和流程的数字孪生，这是数字孪生技术的一个跨越。而当数字人出现在数字孪生业务的现场时，我们基本上就迈进了工业元宇宙的门槛。

A digital twin is:
a virtual model of a thing, person or process that accurately describes current operations and may also predict future performance for a variety of scenarios for the purpose of optimizing business outcomes.

数字孪生是：物品、人或流程的虚拟模型，围绕优化业务产出的多种场景，该模型能够准确地描述当前的操作，同时也可能预测未来的性能。

图 4-8　Gartner 公司对数字孪生的定义

传统的数字孪生工厂以工厂全生命周期的相关数据为基础，运用地理空间信息技术、三维图形技术、物联网技术等，对工厂整体或局部进行数字化仿真建模，关联集成静态数据和动态数据，形成物理工厂的数字孪生体。在三维数字化工厂中可以进行工厂漫游、实时监控、培训演练、协同管理，提高工厂的可视化水平和运营管理能力。

数字孪生工厂建设是一个渐进的过程，由外形到本体、由静态到动态、由形似到神似，专业化能力逐步提升，其演进过程可以分为以下几个阶段：

（1）几何模型。建立物理工厂的三维几何模型，对设备、系统等物理实体的形状和结构等进行图形化建模，达到形似。以飞机为例，要达到外形、内饰、零部件的完全"孪生"，如图 4-9 所示。

（2）信息关联。对属性信息、文档等与物理对象进行关联，对物理实体的特征、属性、关联关系及空间位置等进行描述，实现静态仿真。

（3）数据融合。对工厂实际生产数据、设备运行数据等与工厂模型进行集成，在数字化模型中实时反映物理实体的状态，实现二者的神似。这对设备设施的动态部分尤其重要，如飞机发动机，只有实现动态数据的实时采集和集成，才能达到动态的孪生，如图 4-10 所示。

图4-9　飞机外形、内饰及零部件的完全"孪生"

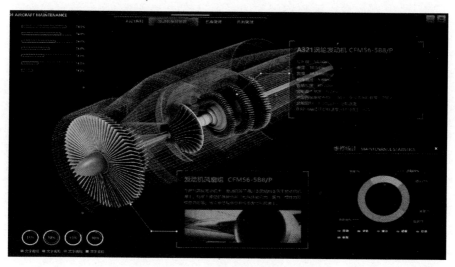

图4-10　飞机发动机动态数据实时采集

其中包含对每一个独立运行的单元进行机理建模，保证在数字孪生背景下，局部的"数字部件"能够独立地运行和维护，即每个独立的功能部件都要单独"孪生"，如图4-11所示。

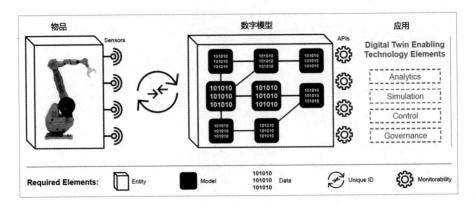

图4-11　每个独立的功能部件都要单独"孪生"

（4）多学科、多团队的"孪生体"业务组装。这是装置层面或设备层面关键的一步，就像在现实世界中将购买的零部件组装成一个大型装置，或者将很多小的装置组装成一个完整的大型设备，具备完整的功能体系。

（5）智能应用。将工业知识加载到数字化模型，即把工业机理模型和数据分析模型映射到相应的生产装置、设备等物理对象，对物理实体进行诊断和预测，实现设备健康预测、生产优化等智能应用。

传统的数字孪生到这里已经达到目的，能够实现对独立设备的诊断、预测和优化，会带来非常明显的经济效益，但对工业元宇宙而言，还差最关键的一步，就是在工业元宇宙中的"集成"。

数字孪生通常从零部件开始，到设备、装置，再到流水线、车间，最后到一个整体的工厂，即从单体孪生到复合孪生，最后达到组织孪生，如图4-12所示。

从单体孪生到组织孪生，就是数字孪生技术从数字技术跃升到工业元宇宙的过程，如图4-13所示，其关键要素是在物体的数字孪生之外，加入了流程，特别是加入了人这个"数字生命"，以及生命所必需的时空信息。

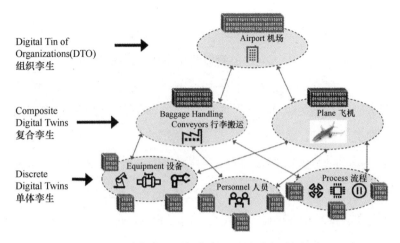

图 4-12　从单体孪生到复合孪生，最后达到组织孪生

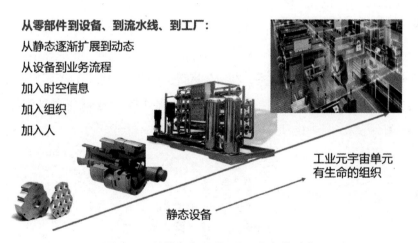

图 4-13　从数字孪生到工业元宇宙的跃升

时空信息的加入定义了设备的相对组合关系，流程的加入让设备之间构成了一个完整的功能类体，而人的加入让孪生工厂"活化"成了工业元宇宙。

4.1.3　工业元宇宙的新型基础设施要素

从整体上看，工业元宇宙的基础设施包括从工厂侧到云数据中心的所

有环节。

在工厂侧，工厂内部网络的健壮性、传感设备的良好运行状态、物联网的安全运行都需要精心的设计和良好的运行维护。工厂到云计算中心的广域网基础设施至关重要，要有充分的路由备份、容量备份、节点备份，能够实现灵活调度。云数据中心要提供充足的算力支持，具备资源的弹性扩展能力，同时要兼具节能、安全和智能化的运行维护能力。

端到端业务涉及感知、连接、计算、处理和交换等环节，通常由多个运营主体合作实现新型基础设施的运行。对工业元宇宙而言，在企业端，工厂内的有线网络多以企业自建为主，无线网络可以利用非授权频段自建 WiFi、LoRA 等设施；4G/5G 移动网络多以电信运营商建设运营为主；工厂外的网络主要由电信运营商提供网络连接；云数据中心、云计算平台等通常采用混合云架构，包括自建的私有云和公有云的混合使用。因此，工业元宇宙基础设施业务链条长，责任主体多，在业务运行之初就需要划分好不同网络及主体之间的责任，相应的运营主体都应采取措施提升各自网络和系统的健壮性，保障运行可靠。图 4-14 所示为工业元宇宙的核心保障能力。

图 4-14　工业元宇宙的核心保障能力

对大型集团公司而言，其已有的信息化基础设施是构建工业元宇宙新基础设施体系的起点。两层化设计必不可少，首先是自顶向下的穿透式网络架构设计，要考虑闭环和冗余；其次是企业端的边缘网络及边缘计算需求，要充分保证生产设备和生产过程的数字孪生，以及它们与工业元宇宙的实时互动。图4-15所示为集团级工业元宇宙的基础设施架构。

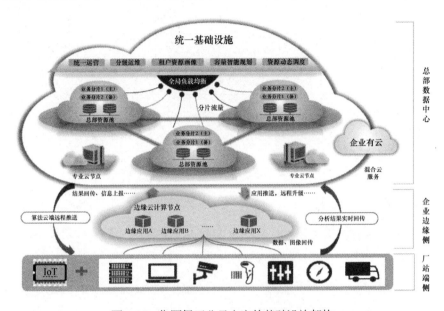

图4-15 集团级工业元宇宙的基础设施架构

1. 工业元宇宙数据中心

支撑一个应用系统平稳运行、支撑一家有众多应用系统的企业业务连续运行，和支撑一个工业元宇宙持续运行，对数据中心基础设施的要求肯定是不一样的，后者规模更大、业务更复杂、用户更多、需求更加多样化，这对元宇宙数据中心基础设施提出了更高的要求，主要有以下4个方面。

（1）更高的稳定性要求。工业元宇宙中拥有整个工业社会的数据资产，这对其运行的连续性、稳定性、持久性提出了很高的要求。"多地多活""双平面、多中心"，闭环互联的数据中心布局是必要的。图4-16所示为全球部署"多地多活"的设备冗余机制。

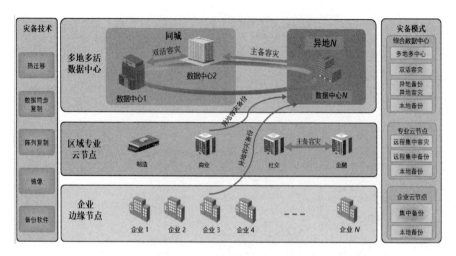

图 4-16　全球部署"多地多活"的设备冗余机制

计算能力、存储能力、网络连接都需要有冗余设计，数据中心的环境保障，如供电、消防、温控、门禁、自备发电机组等，要有充分的系统性考量，分层分级的布局、分工负责的专业保障团队是必不可少的。

（2）更强大、更先进的算力支持。工业元宇宙需要支撑巨大用户群的随时接入和实时交互，支撑海量的工业模型和优化计算，支撑对数字孪生的三维高精度渲染，这些都对算力提出了很高的要求。在工业元宇宙中，算力就是生产力，因此，云计算、高性能计算、隐私计算和认知计算等多种算力支持模式是必要的。新一代云计算逐渐落地的无服务器架构（Serverless）、软件定义网络（SDN）和容器即服务（CaaS）等新兴技术，提供了更安全的保障能力；AI 大模型、人工智能芯片、GPU、内存计算等为技术融合应用提供了更多的选择。

工业元宇宙中的工业企业通常会横跨多个行业，在业务应用开发上应采取松耦合架构，广泛采用云原生技术，这有助于应用的移植和共享，提高建设和应用的效率。如图 4-17 所示，云原生技术是打造工业元宇宙体系的重要支撑技术。

图 4-17　云原生技术是打造工业元宇宙体系的重要支撑技术

（3）更高的安全需求。随着工业元宇宙中业务规模的不断扩大，用户增多，数据资产规模日益庞大，信息安全的风险也会随之增大，必须建设工业元宇宙的"安全防御部队"，全面掌控虚拟空间的系统安全及资产安全风险。

工业元宇宙需要进行安全防护的顶层设计，要根据元宇宙业务发展目标，有针对性地制定安全防护策略。工业元宇宙的安全建设要规划先行、分层落地，如图 4-18 所示，要对安全建设进行全面的投入产出评估，不能盲目求大求全。

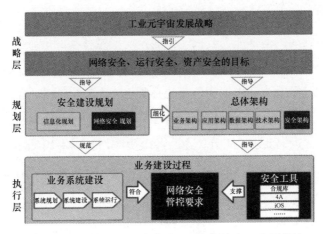

图 4-18　工业元宇宙的安全建设要规划先行、分层落地

针对工业元宇宙新型基础设施业务复杂、运行链条长的特点，宜建立分段、分层、分级的可靠性保障机制，各级保障机制各司其职，共同提升端到端的可靠性。

① 分段保障：企业用户、电信运营商、互联网设施服务商等要负责各自网络和系统的可靠性措施建设，在进行技术创新、系统开发、架构演进时，要统筹考虑技术或设备的成熟度、稳定性及可靠性保障措施等问题。不同运营主体之间要通过双节点、多路由等措施做好网络衔接环节的可靠性保障。

② 分层保障：首先要保证通信机房、数据中心、光缆线路的物理安全，减少人为破坏、施工损坏等影响；其次要加强集中控制平面等关键设施或节点的安全保障措施，同时要重视关键节点的链路安全保障，在光缆、传输、IP 承载等上下网络之间做好保护措施的衔接，充分发挥各层面保护措施的作用，减少因网络故障造成的业务中断。

③ 分级保障：不同类型设施在整个网络中的重要程度和影响范围也不同，建议对新型基础设施进行分类评级，综合考虑保障措施成本支出，分级制定差异化的可靠性要求，加大对控制设备、骨干传输、国际设施、超大型云数据中心等关键基础设施的保护。

（4）更强大的运维能力要求。工业企业经过多年的信息化发展，都培育了一定的信息系统运维能力，运维队伍、运维流程、运维工具乃至运维平台，它们已经成为现代工业企业的必备之物。从早期的手工运维，到流程化标准化运维，再到自动化平台运维等，运维技术也随着企业信息化的深入和信息化运维要求的提升，不断升级换代，如图 4-19 所示。

工业元宇宙是完全的虚拟空间，从信息系统的角度看，其业务应用更丰富、运行环境更复杂、业务要求更严苛。从整个工业元宇宙体系到工业元宇宙内部的不同工业企业，有四个比较明确的新特点。

图 4-19　信息化运维技术的升级发展

一是需要分层、分区运维。工业元宇宙底座的运维和工业元宇宙内部的各工业企业的运维要分开，在工业元宇宙内部，不同的工业企业之间的运维也需要各负其责。工业元宇宙内部也可以按照区域的不同或者功能的不同，划分各自的运维职责。

二是必须构建一致的运维标准，尤其是在运行安全层面，要形成一个整体，协同运维，才能保证疏而不漏，实现整体安全。

三是必须采用平台化、自动化、智能化的运维手段，利用新技术助力运维，保障系统平稳可靠运行。工业元宇宙庞大的基础设施必须实现运维智能化，如图 4-20 所示。新型基础设施需要具有有效备份、自动检测和快速恢复机制，除了优化网络架构设计，还可以综合运用新技术减少故障发生概率、提升故障恢复能力、缩短恢复时间。如加快网络 SDN 商用进程，推动网络向架构简洁、协议简化、控制和管理智能化的目标发展，提升网络资源快速提供和灵活调度的能力，增强故障恢复的敏捷性。推动人工智能与网络技术的深度结合，探索人工智能在网络维护、网络优化等领域的应用，利用人工智能协助实现故障检测、溯源和恢复的全流程闭环管理，提升故障应对能力。

图 4-20　工业元宇宙庞大的基础设施必须实现运维智能化

四是数字员工加入运维队伍。大量使用数字员工是工业元宇宙的特色，在运维队伍中要充分发挥数字员工的特殊能力，实现日常运维的自动化、智能化和 7×24 小时的不间断服务能力。随着人工智能技术的发展，越来越智能的数字员工将成为日常运维的主要力量。

2. 元网络——虚实融合的孪生网络

元宇宙与现实世界的互动是体现元宇宙价值的重要方面之一。工业元宇宙中的虚拟工业企业与现实企业的互联、互操作是工业社会升级发展的关键特征。图 4-21 所示为从工业互联网到工业元宇宙的融合互联。

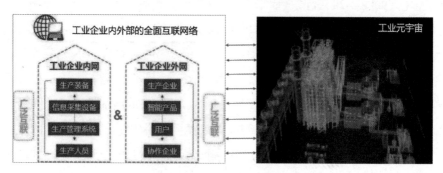

图 4-21　从工业互联网到工业元宇宙的融合互联

工业元宇宙与现实世界的互联，对传统的广域网、内联网和物联网提出了更高的要求。工业元宇宙要求将现实世界中的工业企业完整映射到工业元宇宙，现实世界中的工业企业首先要是一个全面互联的整体企业，如果网络不畅，就会发生工业企业的某一部分"掉线"，映射过来的数字企业就可能无法正确运行。

工厂端对物联网的水平也提出了更高的要求。工业设备的传感器配置要齐备，设备到边缘网的互联要有充分保证，5G、工业 WiFi、物联网等多种技术共同使用，保证了互联的数据通畅且安全。企业边缘测高速稳定接入是实现虚实融合的基础，如图 4-22 所示。

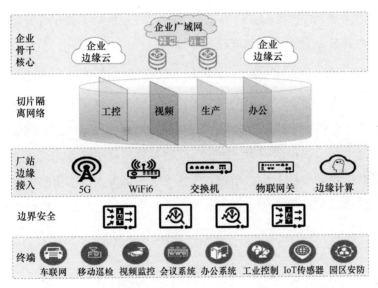

图 4-22　企业边缘测高速稳定接入是实现虚实融合的基础

畅通的互联保证了工业元宇宙中的数字员工能够对现实世界中的工厂进行流畅的操作，从而达到对工业业务的优化升级，逐步替代人力劳动，走向无人工厂。

3. 随时接入、实时在线的用户需求

移动互联网时代拓展了人类的工作空间，让人们可以随时随地、无障碍地接入工业元宇宙，工作中的人再也不需要时刻被"捆绑"在办公桌前，而是可以自由选择工作场所和工作环境。这不仅会对个人，也会对整个企业的组织管理方式乃至整个社会的组织方式带来巨大的变革。

移动互联网是移动通信和互联网融合的产物，继承了移动通信随时、随地、随身和互联网开放、分享、互动的优势，由电信运营商提供无线接入，由互联网企业提供各种成熟的应用。

在工业元宇宙背景下，移动通信服务商与工业元宇宙形成一体化宽带无线通信网络，提供工业业务的数据应用。5G 已经能够提供部分应用，人们期待太赫兹、天地一体的 6G 网络时代。

移动互联网具有便携性、交互性、隐私性、定位性、身份统一性等特点，这给工业元宇宙的应用带来巨大便利。工业元宇宙的发展，将彻底颠覆现有的企业组织方式，办公室/办公大楼的概念将逐渐消亡，虚拟办公、随时随地工作、虚拟协同等元宇宙方式将替代传统工作方式。企业组织方式的变化也将带动社会组织结构发生变化，大都市人口密集的居住方式会不会被分散、稀疏的乡居方式所取代？大都市病是否随之不治而愈？人们翘首以待。

4.2

工业元宇宙——新经济体系

元宇宙中将产生新的经济体系，这个经济体系会模仿现实世界中经济体系的某些运行模式，但不是传统意义上的数字经济或虚拟经济。这个新的经济体系用来在现实世界中描述以数据为生产要素参与的相关经济活动，即在传统的生产要素土地、劳动力、资本、技术之外，增加了生产要素——数据。

我们不妨把元宇宙中的新经济体系称为元经济。在元经济中，土地是虚拟土地、货币是虚拟货币、技术是数字技术、劳动力主要是虚拟人，整个经济运行过程是在虚拟的环境中（也就是元宇宙中）进行的，经济运行也是去中心化的，在区块链、智能合约等技术规约下运行。数据、模型和算法是元经济运行和规约的基础共识。

4.2.1 区块链技术及应用

1. 区块链概念及分类

区块链技术是利用块链式数据结构来验证与存储数据、利用分布式节点共识算法来生成和更新数据、利用密码学的方式保证数据传输和访问的安全、利用由自动化脚本代码组成的智能合约来编程和操作数据的一种全新的分布式基础架构与计算范式。

区块链不是一项新技术，而是一个新的技术组合。其关键技术包括 P2P 动态组网、基于密码学的共享账本、共识机制和智能合约等技术。

区块链作为一种底层技术及协议，具有去中心化（Decentralization）、去信任（Trustless）、集体维护、安全可靠等特性，能够支撑工业元宇宙中各种去中心化应用，如虚拟货币，以及面向行业应用的"区块链+"项目。

按照参与方的构成，区块链可以分为公有链、联盟链和私有链（三者的对比如表 4-1 所示）；从链与链的关系来分，可以分为主链和侧链。

公有链通常也称为非许可链（Permissionless Blockchain），无官方组织及管理机构，无中心服务器，参与的节点按照系统标准自由接入网络、不受控制，节点间基于共识机制开展工作，是真正意义上的完全去中心化的

区块链。比特币和以太坊等就是典型的公有链。

联盟链也称为许可链（Permissioned Blockchain），仅限于联盟成员参与，区块链上的读写权限、参与记账权限按联盟规则来制定。

私有链建立在某个企业内部，系统的运作规则根据企业要求进行设定。私有链的应用场景一般是企业内部的应用，如数据库管理、审计等。

表 4-1　三种不同形式区块链的对比

	公有链	联盟链	私有链
参与者	任何人可自由进出	联盟成员	个体或公司内部
共识机制	PoW/PoS/DPoS	分布式一致性算法	分布式一致性算法
记账人	所有参与者	联盟成员协商确定	自定义
激励机制	需要	可选	不需要
中心化程度	去中心化	多中心化	（多）中心化
突出特点	信用的自建立	效率的成本优化	透明和可追溯
承载能力	3～20万笔/秒	1000～1万笔/秒	1000～10万笔/秒
典型场景	虚拟货币	支付、结算	审计、发行
代表项目	比特币、以太坊	R3、Hyperleder	—

2. 区块链的典型应用及发展前景

按照区块链技术的应用现状和发展阶段，区块链技术通常被划分为三个版本，即区块链 1.0、2.0 和 3.0 版本。区块链 1.0 的典型应用是以比特币为代表的数字货币。近年来数字货币发展很快，自比特币诞生以来，已经陆续出现了数百种数字货币，围绕着数字货币生成、存储、交易形成了较为庞大的产业链生态。

工业元宇宙中的货币体系将是基于区块链的虚拟货币。在元宇宙早期可能会出现多种虚拟货币共存的局面。企业会发行自己的虚拟货币，组织乃至国家也会发行虚拟货币，虚拟货币之间会逐渐形成价值兑换关系，虚拟货币和现实货币或者主权货币之间也会形成兑换关系。随着元宇宙的发展也许会形成几种或一种主要虚拟货币。

元宇宙中的货币兑换将以智能合约为基础，形成零成本、简单、快捷的兑换交易体系。

区块链 2.0 是泛金融应用阶段。

金融领域对安全性、稳定性的要求极高，将区块链应用于金融领域有着天生的优势，除数字货币应用外，区块链也逐渐在跨境支付、供应链金融、保险、数字票据、资产证券化、银行征信等领域开始了广泛的应用，取得了显著成效。

区块链 3.0 扩展到了更广泛的应用领域，形成了各具特色的"区块链+"行业应用。在医疗健康、IP 版权、教育、文化娱乐、通信、慈善公益、社会管理、共享经济、物联网等领域，都有成功的区块链应用项目，区块链+医疗、区块链+ IP 版权、区块链+供应链等"区块链+"成功应用案例，正在不断开拓区块链新的应用领域。

综合来看，区块链作为一项基础技术，在众多具备分布式、点对点交易、去信任等特点的行业领域都有极大的应用价值。区块链技术在本质上是通过加密技术解决人与人之间价值交互的信任及公平性问题的，是对现有互联网技术的有效补充。区块链技术的广泛应用，将会对非常多的行业产生重大的影响。

3．元宇宙中的区块链技术

区块链技术将作为底层技术在元宇宙中得到广泛应用，并将与 5G、物联网、人工智能、大数据等技术全面融合，从而开辟出元宇宙区块链快速发展的康庄大道。

区块链作为底层技术，支撑工业元宇宙中虚拟货币的发行和使用，确保低成本、快速实现结算，结合智能合约的应用，可以保证公正、高效地

执行各类交易。

隐私保护与数据安全是区块链应用的重要领域。在工业元宇宙中，所有的资产都将以数据方式呈现，对数据资产确权、对个人隐私的保护，是工业元宇宙平稳运行的基石，区块链采用的基于加密算法的分布式存储技术，将发挥巨大作用。

利用区块链技术建立工业元宇宙信任机制。在传统的互联网中，人们利用网络搜索信息和数据，但仍需要依靠现实世界中公司的组织形式来建立信任、签订合约、组织生产和分工协作。而在工业元宇宙中，通过区块链技术，素未谋面的人们可以建立基于数字技术的信任机制并完成基于数字信任的各项工作。

智能合约可能是区块链上最具革命性的创新。智能合约在工业元宇宙的广泛运用，将进一步提升区块链"信任机器"的作用，把数字世界范围内各网络节点间的需求和生产融为一体，促进元宇宙时代经济分工的进一步细化和更广泛的社会协同，必将创造新的经济奇迹，元经济将在统一的平台上轻松实现全球化。

4.2.2 NFT 与数字资产

NFT（Non-Fungible Token），中文名叫非同质化通证或非同质化代币。

我们常见的加密货币/通证（Token）都是同质化的，如比特币（BTC），以太币（ETH）等，每个代币之间没有任何区别，可以互换，就像我的一元钱和你的一元钱可以互换一样，加密货币还可以分割使用，如 0.2 个比特币。

NFT 的重要特征在于：每一个 NFT 拥有独特且唯一的标识，两两不可互换，最小单位是 1 且不可分割。例如，在以太坊的加密猫中，每只猫都对应着链上的一个 NFT，拥有独特的 ID 和基因，更重要的是拥有独立的价值。

NFT 作为重要的技术手段，给数字产品赋予了独一无二的价值，成为元宇宙中不可或缺的数据价值"计量准则"。NFT 最初起源于以太坊，并以此为基础带动了整个生态的发展。

1. NFT 技术及应用

NFT 技术起源于以太坊（Ethereum）之上的应用项目。以太坊是一个能够在区块链上实现智能合约并且开源的底层技术平台。

2017 年底，Dieter Shirley 及其团队在以太坊上启动了一个区块链游戏开发项目 Cry.ptoKitties（加密猫），为了保证每只猫的唯一性，体现数字艺术品的"稀缺性"，并可验证其"稀缺性"，项目团队开发了以太坊代币标准协议 ERC-721，基于该协议，以太坊创新性地引入了 NFT——独一无二、不可分割的"非同质化通证"。

这一创新让这个名为加密猫的项目在启动后不久便广泛传播。加密猫的成功带火了 NFT，也助推了数字艺术产业的诞生，这一新兴行业的总价值在短短几年内已达数亿美元。

NFT 的最大创新是将稀缺性引入加密货币，每一枚比特币之间是无法区分的，但基于 ERC-721 标准协议的代币却是独一无二的。

通过 NFT 技术应用，每只加密猫都被植入了类似于基因密码的东西。每只加密猫都有独特的"猫性"，包括它们各自的父母及脾气个性，图 4-23 所示为"独一无二"的加密猫。玩家可以饲养加密猫并培育出新的加密猫。稀有的加密猫价值数万美元，2018 年，一只名为"龙"的加密猫的售价高达 17 万美元。

更多的人开始铸造属于自己的 NFT，游戏开发者整合了基于 NFT 的数字对象，数字艺术家们也开始围绕 NFT 进行创作。

图 4-23　"独一无二"的加密猫

NFT 已经吸引了很多严肃的艺术家。尽管各种 NFT 平台发展迅速，但去中心化系统之间的互操作性问题面临着巨大挑战，当前依然没有很好的解决方案。

以太坊一直是加密收藏品应用的主链，以太坊构建的基础设施可以支持 NFT 的互操作。例如，既可以将 MetaMask 钱链接到加密收藏品游戏 Decentraland 上，也可以将 NFT 代币转移到 OpenSea 中，或在另一个游戏中使用 NFT 代币（如 Cryptovoxels，一款类似于 Minecraft 的虚拟世界游戏）。

不少创新链之间还无法实现互操作，人们期待区块链领域能够诞生比今天的以太坊更大的生态系统。

2. 元宇宙中的 NFT

随着元宇宙的发展，会有越来越多的元宇宙实体入住元宇宙，这些元宇宙实体既包含在元宇宙中创造的数字创造物，也包括现实世界中的物品通过数字孪生技术或其他映射技术得到的数字实体。

元宇宙的数字实体主要包含（但不限于）五类：

① 数字生命：阿凡达、数字员工、NPC、智能宠物。

② 数字物品：房舍、设备、工具等。

③ 数字艺术品：绘画、音乐、影视作品。

④ 软件、模型、算法等智力产品。

⑤ 基础设施：道路、江河湖泊、公园、球场等。

所有的数字实体都可以通过 NFT 技术实现"通证化"，获得独一无二的身份确认，从而获得明确的所有权、交易权。

元宇宙中所有的商业活动，都将以通证化确权为基础。元宇宙中活动的 NPC、工作的数字人以及从事各种活动的阿凡达，其背后都有现实世界中的人作为背景。通过 NFT 的认证，元宇宙中的所有活动都和现实世界中的人直接联系起来，所有的运行也就回到了我们所熟悉、所认同的环境中。

在元宇宙中，一切都是数字化的，数字具有无限复制的特点，在这样的全数字环境中，如何保护自己的知识产权就成了头等重要的事。NFT 具备的唯一性和不可分割性，能对"流动的"数字创造物"固化"、确权，这对元宇宙独立自主的创造活动是一种保护和鼓励，因此，在完全数字化的元宇宙中，NFT 将拥有非常广泛的使用场景。

4.2.3　区块链金融（DeFi）

1. DeFi 的概念

DeFi（Decentralized Finance）是去中心化金融，是指将区块链相关技术运用于金融领域，获得的一种开放的、无须准入的、便捷的、自助化的金融服务方式，即"区块链+金融"。

2018 年 8 月，创业公司 Dharma Labs 联合创始人 Brendan Forster 发表了一篇文章，名为 *Announcing DeFi，A Community for Decentralized Finance Platforms*，文章中提出了 DeFi 一词，将其作为开发金融行业开源的开放社群标志，提出 DeFi 的基本原则，包含互操作性与开源、可自由参与及保留个人隐私等。

DeFi 是区块链技术在金融领域的深化应用，是开源、去中心化、无须准入许可等关键特质在金融领域的延伸，可让更多人参与甚至提供金融相关活动与服务，是对传统的金融体系的一次颠覆性变革。

一项金融服务是否可视为 DeFi，可由节点提供者、服务提供者和使用者的自由参与作为认定。任何人都可通过区块链技术提供或获取特定的金融服务，且无须经由传统金融服务中的层层中介。

DeFi 通过开源软件及分布式网络，将传统金融服务转变为基于各种协议的架构，这些协议可在去除许多中介的状况下提供各式金融服务，这些服务包括稳定币、ICO、基于区块链的借贷与支付、去中心化交易所，等等。相信未来会有更多的金融服务出现。

2. DeFi 与传统金融的区别

传统金融依靠银行等机构充当中介，法院起仲裁作用。去中心化金融服务不需要任何中介机构或仲裁机构。DeFi 的相关协议规定了每一个可能的争端的解决办法，当各种金融服务部署在区块链之上时，单点故障就被消除了。这些数据被记录在区块链上，并分布在数千个节点上，这使得人为审查或服务关闭成为一项不可能实现的任务。

所有的 DeFi 协议，本质上都是在提供一种金融服务，这些服务相当于是由金融服务机器人来提供的，这些机器人是自动执行、自动操作的，并且是完全去中心化运行的。表 4-2 展示了传统金融、Fintech 与 DeFi 的对比。

表 4-2　传统金融、Fintech 与 DeFi 的对比

	传统金融	Fintech	DeFi
货币发行	中央银行	—	PoW 或 POS
支付和交易	现金	电子现金+中心化网络	数字货币+去中心化网络
借贷	银行	互联网金融平台	数字货币、P2P 借贷平台
资产交易	交易所	传统交易所的线上化	去中心的链上交易所
投融资	银行投资机构等	创新型股权、债券平台	金融产品 Token 化

DeFi 是一个开放的生态系统，没有门槛，低收入的人也可以受益于其更广泛的金融服务。

DeFi 通过开源底层架构和协议上的互操作性，在无须准入许可、审查，并基于信任程序代码而非人为保证下，获得金融服务。这意味着更少的交易成本、更具备隐私性。但这种金融服务模式在一定程度上削弱或者规避了行政、金融机构的监管，存在一定的法律风险。

相较于 Fintech 聚焦于以科技改变传统金融，带动效率的提升，DeFi 的本质则更接近于改变传统金融服务的底层逻辑，交易之间所需的信任与保证交由系统而不是组织来实现，分布式的运作模式，更能降低因非经济因素（如政治、国籍、地理位置等）造成的资产损失与潜在风险。DeFi 的概念也可以当作 Fintech 的一个选项，让大众及监管部门更易于接受。

3．DeFi 应用场景

作为传统经济体系的一种创新模式，DeFi 伴随着数字经济的发展迅速发展壮大，已经拓展到很多领域，包括借款与贷款、货币银行业务、去中心化的交易，等等，更多新的应用场景还在不断涌现。

大多数现有的和潜在的去中心化金融应用都涉及智能合约的创建和执行。通常的合同使用法律术语来指定合同实体之间的关系，而智能合约则使用计算机代码，所以智能合约具有通过计算机代码强制执行这些条款的独特能力。这使得目前需要人工监控的大量业务流程能够可靠地执行和自动化，因而智能合约更快、更便利。但另一方面，智能合约也会带来新的风险，由于计算机代码容易出现 bug 和漏洞，因此在智能合约中锁定的价值和机密信息会面临风险。

作为一个快速成长的新生事物，去中心化金融面临也面临诸多挑战。区块链性能差、响应慢是其天然不足，此外用户体验差、用户出错的风险更大，应用生态系统不规范等问题，都需要在 DeFi 的发展中不断解决。

在元宇宙经济体系中，区块链+NFT+DeFi 是最核心的技术架构体系。区块链提供元宇宙的虚拟货币，NFT 实现数字实体的确权和价值认证，DeFi 打造智能化的交易和金融体系。元宇宙中的全虚拟化金融应用场景尚待开发与完善，现实世界中的各种金融应用场景可能无法在元宇宙中全盘复制。

元宇宙中的元经济与现实世界中的经济体系一定是有联系的，随着元宇宙的发展，未来可能构建基于区块链的一体化的、去中心化的经济体系。

4.3

元商业——游戏+社交+商务

元宇宙和现实世界通过"人"这个纽带密切地联系起来了，现实世界中的各种社会活动，都会被"人"带入虚拟世界，并在虚拟世界中呈现出新的样式，如图 4-24 所示。因此，元宇宙中同样有社会分工，元居民同样有生产者和消费者，有各种贸易活动，元宇宙经济也将成为现实世界经济体的重要组成部分。

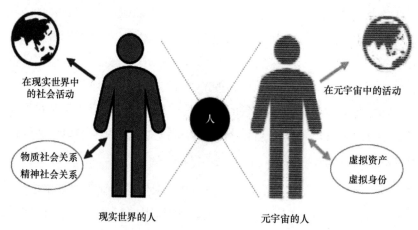

图 4-24　元宇宙和现实世界以"人"为纽带的社会关系

与现实世界中的人相比，元居民的生活方式有两个比较显著的差别：第一个差别是生命时间的分配方式，元居民也许会花费更多的时间在游戏上，包括单纯玩游戏、游戏创造和在游戏中赚钱等；第二个不同是游戏、工作、社交的一体化，元宇宙中工作时间不再像现实中一样必须"早九晚五"，而是有更多自由的选择，工作的方式也变得和游戏并无二致，工作让游戏更加丰满，游戏让工作更有乐趣。社交同样和游戏、工作融为一体。一起工作的人不再像现实中一样每天相守在一起，团队的伙伴有更大的自由性。

这种变化必然导致元宇宙中产生新的商业模式——元商业。元商业的交易主体更加多元化，可能包括阿凡达和各种数字人；交易内容可能以虚拟产品为主，交易更加自动化、智能化，基于区块链的智能合约可能会成为完成交易的主要手段；交易的方式更加灵活多样。随着工作、娱乐、游戏的界限日益模糊，电商平台、社交平台、游戏平台也必将全面融合，形成新的元商业虚拟平台。

1. 中国开创世界"社交电商"融合发展先河

当国外的 Twitter、Facebook 等知名社交平台还沉浸在"社交+广告"的商业模式时，中国早已经开始"社交+电商"的探索。这是爱交朋友、爱组圈子的中国网民的首创。也许一开始只是在朋友圈中介绍或推荐某个"好货"，只是社交平台上的自发行为，后来逐渐发展出创新的"社交+电商"模式，推出了专门的"社交+电商"业务平台，国内当前的主流互联网企业都走过了类似的融合发展之路。抖音的快速崛起，正是融合发展的典型案例。

抖音由今日头条孵化而成，在 2016 年 9 月上线，是专注于拍摄短视频的社交平台，用户可通过抖音选择歌曲拍摄音乐短视频形成自己的作品，

即通常的 UGC（User Generated Content，用户生产内容），其口号是"记录美好生活"。

抖音平台借鉴了硅谷创业公司 Dubsmash 的方法，通过音频台词配置，融合 PGC（Professional Generated Content，专业生产内容）的歌曲与 UGC 的用户内容，形成了用户进入门槛低，同时质量又有保证的音乐短视频作品。

今日头条将抖音作为其战略级产品，将公司的核心算法优势嫁接到抖音平台，提升了内容分发效率。2017 年 11 月今日头条收购北美音乐短视频社交平台 Musical.ly，并与抖音合并。2020 年 1 月，火山小视频与抖音正式宣布品牌整合升级，火山小视频更名为抖音火山版。一系列操作让抖音平台的日活用户一举超过 4 亿人，巨大的私域流量让抖音开始了大踏步融合变现之路。

2020 年，在新冠肺炎疫情肆虐之际，抖音与飞书、巨量引擎等平台联合启动"中小企业护航计划"，面向全国线下商家推出 3 亿流量扶持，通过线上团购预售和线上直播分享商品两种方式，帮助线下商户快速对接线上生意。事实上，抖音直播早已突破单一维度，不断摸索突破商业化边界（广告、带货、电商、游戏），增加更加多元、丰富的内容。当前抖音上的直播内容多种多样，涵盖公益、艺术、人文、教育、自然等多个领域。

从用户端看，抖音试水添加淘宝链接，充当淘宝的导流入口，抖音已成为电商带货新宠。试水后，抖音开始筹建自有电商生态，推出的语音直播，为商家与用户搭建较为便利沟通渠道，建立信任关系，提高用户留存率与黏性，形成私域流量，帮助品牌的用户精细化运营，助力抖音在交易链条中逐步取得掌控权。图 4-25 所示为抖音从短视频开始的融合发展之路。

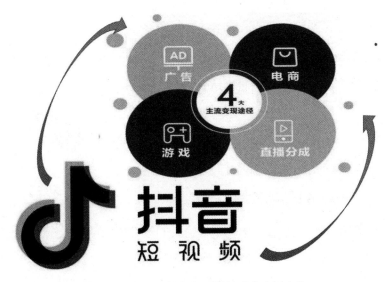

图 4-25　抖音从短视频开始的融合发展之路

抖音从最初的短视频社交平台，发展到如今的"社交+电商"平台，抖音的发展之路，带有融合发展的必然性。

"社交+电商"是指通过社交网络平台或电商平台的社交功能，将关注、分享、讨论、沟通互动等社交化元素应用到电子商务的购买服务中，以更好地完成交易的过程。

对于消费者来说，"社交+电商"起到了导购的作用，并在用户之间、用户与企业之间产生了互动和分享。对于企业来说，可以增加用户黏性，让用户有参与感。对于品牌商来说，"社交+电商"通过社交化工具的应用，以及与社交化媒体、网络的合作，完成了品牌推广和商品的最终销售。"社交+电商"的本质在于依托社交链条的裂变式效应扩大用户规模和转化机会。

传统电商是以货为中心，围绕商品、供应链的传统卖货平台。"社交+电商"是以人为中心，基于人际关系网络，利用互联网社交工具，从事商品或服务销售的经营行为。因此，"社交+电商"的实质是通过人与人的信

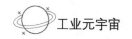

任关系，降低交易的"破冰"成本。

"社交+电商"是一种模式的创新，将社交和电商融合起来，在中国这样的人情社会打造独特的销售模式，得到了网民和资本的认可。拼多多历经短短 2 年 3 个月的时间就在美国纳斯达克正式上市，同样的事情，淘宝用了 10 年，京东用了 5 年。拼多多的快速崛起，让大家重新看到了"社交+电商"的机会。

2. "游戏+商业"新模式的发展

电子游戏是电子信息技术的发展给人类带来的全新的休闲娱乐方式，已经形成了巨大的市场规模，成为一种新的经济形式。

国内游戏市场一直呈较好的发展态势，目前已经超过美国、日本、韩国等国家，成为世界上最大的游戏市场。

中国电子游戏发展至今，已走过几十年的发展历程，从游戏装备、游戏方式、盈利模式及国人对游戏的认识等几个方面来看，大致历经了三个大的发展阶段：

（1）红白机时代——游戏产业的萌芽期。红白机时代的发端是日本任天堂公司发行的第一代家用游戏机，它大概在 20 世纪 80 年代末进入中国，售价十分昂贵，对当时大多数中国人来说，还是奢侈品。

国内一些商家在其中看到了商机，"模仿"生产了一些国产廉价的游戏机产品，支撑了一代小朋友的童年游戏梦。当时比较有名的是小霸王游戏机。一家位于广东省中山市的小厂，顺应了当时日益兴起的客户需求，靠着小霸王这款产品和其新颖奇特的推广方式，在短短几年的时间就成为国产游戏的代表，其年度销售量最高达 300 万台，一度成为中国游戏机销量第一的产品。图 4-26 所示为流行于 20 世纪 80 年代和 90 年代的游戏机。

图 4-26 流行于 20 世纪 80 年代和 90 年代的游戏机

而后小霸王又推出一款兼具游戏功能的学习机，不少人购买这款产品只为玩游戏而已，只不过这款产品的出现，给想玩游戏的孩子提供了一个"正当"理由。

同一时期也有不少 PC（Personal Computer，个人计算机）单机游戏，但由于个人计算机还没有普遍进入家庭，只有在办公空闲时间，有一些"偷偷摸摸"忙里偷闲的游戏客。这一时期，电子游戏的普及程度不高，大多数人的认识还停留在"小孩子的玩意"阶段，游戏机也不过是有钱人家孩子的玩具。人们对游戏行业的关注度不高，游戏产业还处于萌芽期。

游戏行业的主要里盈利模式是销售游戏机产品或者游戏软件。

（2）网游时代——游戏产业的快速发展期。随着电子工业的发展，个人计算机的价格大幅度降低，个人计算机开始走进千家万户，家庭宽带也开始逐渐普及，为网络游戏（简称网游）的发展提供了坚实的基础条件。基于个人计算机的多人联网游戏开始快速发展。

国内最早的网游是《侠客行》，这是一款文字类游戏，差不多是中国游戏的开山之作。2000 年《万王之王》进入国内市场，这是一款多人在线角色扮演类的游戏，这也是第一款真正意义上的中文网络游戏。2001 年《石器时代》进入国内市场，它开创性地采用了点卡计费模式与会员平台，红极一时。之后，网游市场风起云涌，许多名噪一时游戏产品接踵而至，如网易公司的两款游戏巨制《大话西游》《梦幻西游》、盛大公司的《传奇》等。仅一年时间，《传奇》的同时在线人数就超过 50 万，成为当时世界上规模最大的网络游戏，也是对中国网游产业影响最深的游戏，成为名副其实的"传奇"！

这一时期，网络游戏产业的规模快速扩张，游戏产业的盈利模式也从早期销售游戏机的简单模式，升级到全新的、多种多样的游戏盈利模式，主要包括售卖点卡、包时卡、道具卡、客户端，以及其他按照游戏功能收费、出售 VIP 用户特权、出售钻石会员等。

游戏的盈利模式日益多样化，从卖游戏产品开始转型到卖游戏服务，产业的盈利模式进一步拓展，游戏内的虚拟物品交易开始出现，产生了全新的虚拟经济模式。

这一时期，游戏产业规模日益扩大，游戏在人们心中已经不再是"游戏=不务正业"，人们开始正视游戏产业发展所带来的正反面问题：一方面游戏产业、竞技游戏已经成为一个不容忽视的存在；另一方面，游戏沉迷已经成为一个日益引人关注的社会问题。游戏已经不只是小孩子的玩意，越来越多的成年人成为游戏迷或游戏玩家，游戏成为人们社会生活的重要组成部分之一。

（3）手游时代——游戏无处不在。随着 4G 时代的到来和智能手机技术的发展与完善，人手一部智能手机已经是时代的现实，手游（全称手机游戏）迎来了自己的辉煌时代。

最早的手机游戏在 3G 时代已经开始，贪吃蛇与俄罗斯方块堪称鼻祖。

有统计显示，在诺基亚手机时代，一共有 4 亿部诺基亚手机搭载了贪吃蛇游戏，可以说，贪吃蛇游戏是史上传播最广的手游之一。

随着手机性能的升级，游戏的方式也在不断迭代，从键盘时代逐渐进入触屏时代。2013 年，4G 智能手机的普及是手游发展的分水岭，手游市场呈现爆发态势。国内手游逐渐崛起，国外手游也纷纷进军国内市场。

2013 年的《我叫 MT》、2014 年的《刀塔游戏》、2015 年的《球球大作战》《大话西游》《王者荣耀》等纷纷上线，野蛮的生长方式延续至今，游戏厂商不断增多，开启了游戏产业的持续繁荣时代。尤其是在新冠肺炎疫情暴发后，在其他产业遭受打击的背景下，游戏产业却逆势上扬，这些游戏既给疫情中的人们带来了别样的慰藉，也给经济的发展带来了新的源流。

在手游时代，传统的游戏盈利模式呈现出新的演变态势，服务化转型、虚拟化转型成为更受青睐的商业模式。

①"免费游戏+虚拟物品销售"的经营模式。依靠游戏直接收费的模式越来越多地被主流网络游戏公司所摒弃，这些公司纷纷推出免费游戏，通过游戏免费这种方式来实现引流，赚足人气，通过销售游戏中的装备、皮肤、服装等虚拟物品来实现盈利。免费游戏《征途》就很好地运用了这点，游戏通过免费聚集大量人气，人气高了就有人想在虚拟世界"出人头地"，产生了强烈的装备需求，卖道具就成了游戏运营商赚钱的机会。结果证明这种经营模式比以往的点卡、包月卡效益来得更快、更多、更自然。

② 游戏延伸服务———社交、广告针对现实世界中节奏快、压力大的情况，有些游戏有意识地在虚拟世界中营造慢节奏的生活，有意识地营造"游戏就是生活"的氛围，让玩家把现实生活中的元素带入游戏，社交、营销、产品广告等就可以非常自然地嵌入游戏，成为游戏新的盈利模式。

图 4-27 所示为游戏行业盈利模式的服务化转型。

卖硬件、软件	卖"时长"	卖"服务"
卖游戏机 卖游戏软件	游戏点卡、 计时卡、包月	免费游戏+虚拟物品 广告等延伸服务
红白机时代	网游时代	手游时代
PC桌面游戏 任天堂游戏机 小霸王游戏机	梦幻西游 传奇 魔兽世界	植物大战僵尸 愤怒的小鸟 刀塔游戏

图 4-27 游戏行业盈利模式的服务化转型

游戏产业是一个朝阳产业，经历了 20 世纪末的初期阶段及近几年的快速发展，现在中国的游戏产业处在成长期，并将快速走向成熟期。游戏产业已成为我国互联网产业中增长速度快、市场潜力大、影响深远的焦点产业，我国游戏市场潜力巨大。我国游戏产业对新的盈利模式和发展趋势的探索正在路上。

3. 元宇宙中的元商业

网络游戏把人们个体生活和社会生活抽象到虚拟的游戏中，使得游戏中的角色也像现实中的人一样具有各种社会关系。俗语说"人生如戏"，反过来，游戏其实越来越贴近人生，所以 Roblox 才成为元宇宙第一股，成为元宇宙的雏形。

研究游戏产业商业模式的发展和演化，有助于我们理解元宇宙中的商业形态，构建更加合理的商业运行模式。

商业行为是一种社会行为，元宇宙中的社会形态是全数字化的，从某种程度上说更加简单，我们可以从以下几个方面来看：

（1）从交易主体来看，在元宇宙中有三种交易形式。

①"虚—虚"交易：指元宇宙中数字人之间的交易。数字人作为智慧生物，可能有一些自身需求，也可能代替其所有人从事某些交易。

②"虚—实"交易：数字人和阿凡达之间的交易。阿凡达可以从数字人手中购买数字人创造或者拥有的数字物品；反之，数字人也可能代表自己或者其所有者，从阿凡达手中购买数字物品。

③"实—实"交易：阿凡达之间的交易。可以交易元宇宙中的数字物品，或者交易现实世界中的特定产品。

元宇宙中工业产品的销售将开创虚拟销售和实物销售两种模式。虚拟销售是指销售虚拟化设计完成的数字物品，交给对方带回现实世界中完成生产；实物销售是指销售给对方"提货凭证"，到现实世界中的特定地点完成实物产品的交割。这是工业元宇宙诞生之后带来的新的产品生产和销售模式。

（2）从产品形态来看，在元宇宙中既可以交易数字物品，也可以交易现实世界中的实体物品，产品形态更加多样化。

元宇宙中的产品既包括各种数字创造物，如数字房舍、数字车辆、数字艺术品，甚至是数字人，还包括一些数学模型、算法、程序代码等。

（3）从交易模式上看，在元宇宙中，区块链技术作为去中心化的基础设施被普遍使用，以智能合约方式自动执行的交易更简单、直接，更有保障，这种自动执行的交易是最常用的交易方式。拍卖式交易也将是元宇宙中的常态。因为数字物品的特殊性，其价值和价格难以标准化，同一件数字物品对不同人而言可能具有完全不同的价值。如一段工业算法代码，对相应的行业可能价值巨大，对其他行业也许毫无用处。原始的物物交易也可能是元宇宙中常见的交易方式，直接交易彼此"看对眼"的虚拟物品，具有简单快捷的优点，是对开放式商业生态的有效补充。

（4）从技术手段上看，全融合的定制化交易平台将是元宇宙中的普遍形式。生产平台、生活平台、游戏平台、竞技平台等在现实世界中相互割裂的

平台，在元宇宙中将被全面颠覆，全融合的定制化交易平台将成为必然。

企业边界消融、组织边界被打破，行业的界限也将不再存在，人们的工作、生活、生产、社交、娱乐等不再具有清晰的界限，一个手持游戏棒的数字人也许是在工作，一个操作挖掘机的阿凡达也许是在游戏，坐在办公室的人可能在播种小麦，在田野上奔跑的人可能正在娱乐。

（5）全自动的执行模式，将是元宇宙中的常态。数字世界中的一切活动都可以精确设定 RPA，按照共识的节点准确推进，任何可能的失误，都有充分的预警机制作保障。

工业元宇宙尚在探索和建设的过程之中，完整的元商业模式还需要在工业元宇宙的发展实践中不断摸索和完善。从上述的电商、社交、游戏平台单独发展到融合发展的路径，我们能够大致勾画出未来元商业的雏形，即全业态、全融合、全自动、全参与，这也是元商业的基本形态。

图 4-28 所示为工业元宇宙融合发展模式。

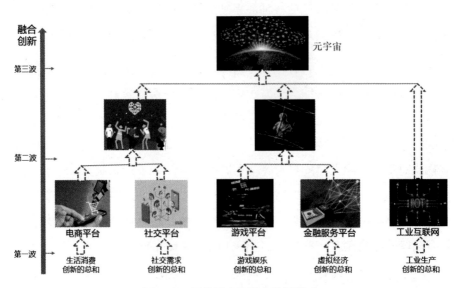

图 4-28　工业元宇宙融合发展模式

工业元宇宙关键技术

从本质上看，工业元宇宙是一个宏大的数据体，其建设、发展和运行需要强大的信息基础设施和众多数字化技术。因此，工业元宇宙既是一个数字宇宙，也是一个技术宇宙，这些技术不仅包括信息与通信技术，也包括工业技术。甚至可以说，我们当前所知所用的全部技术，都能在工业元宇宙中找到用武之地。

本书有限的篇幅不可能面面俱到，择要介绍对工业元宇宙初期发展比较关键的几方面技术。一是沉浸式交互技术，这是阿凡达进入元宇宙的必备技术；二是互联技术，这是现实世界和虚拟世界互动操作的基础；三是映射技术，这是现实世界中的工业装置、工业生产、工业企业进入工业元宇宙的必备技术，不了解映射技术，就不可能建设工业元宇宙。其他诸如人工智能、大数据、数字人、三维建模和渲染技术等也都很重要，但受篇幅所限，这里不做介绍。

5.1

沉浸式交互技术——VR、AR、MR、XR

和一般的人机交互技术不同，沉浸式交互技术能够为使用者提供一种全身心参与的沉浸式环境，能够屏蔽现实世界的干扰，达到一种与现实隔离的效果，从而能够为玩家提供极致的感官体验。阿凡达需要使用这种技术才能进入元宇宙，因此沉浸式交互技术是工业元宇宙必备技术之一。

5.1.1 虚拟现实（VR）技术

1. 虚拟现实的概念

虚拟现实（Virtual Reality，VR）综合利用多种计算机技术生成一种模拟环境，让使用者在视觉、听觉、触觉等感官上如同身临其境，使用者可以通过动作跟踪、触觉/力觉反馈等多种传感设备，实现与环境的实时交互。从本质上看，虚拟现实技术是一种具有沉浸感的人机交互技术。

虚拟现实技术有以下四个重要特征：

① 多种感知并存，除传统的视觉感知外，还包括听觉、力觉、触觉等，未来甚至可能包括味觉、嗅觉等人类的所有感知能力。

② 高度逼真的临场感或沉浸感，让用户身处其中，真假莫辨。

③ 多维交互能力，让使用者能够使用手势、姿态、动作、声音等多种多样的自然方式与计算机进行实时交互，大幅提升交互效率和交互的便利性。

④ 外部性，是指当用户在虚拟环境中操控物品时，物品的响应特征与现实世界一致。例如，当用户推动物体时，物体会从桌面自然掉落或沿着

受力的方向移动。

为了实现上述功能，虚拟现实系统通常需要具备三大能力：

一是建模能力。要能实现对现实世界中三维场景高度逼真的再现，需要具备强大的渲染能力和强大的算力支持。

二是感知能力。要能够实时感知、捕捉、模拟场景中物体和用户的所有运动、操作、指令等。

三是反馈控制能力。虚拟现实系统接收感知到的所有信息，和三维空间进行匹配运算，输出虚拟世界中物体、设备的正确响应，与用户形成互动。

2. 虚拟现实技术的发展历程

虚拟现实技术的起源可以追溯到 20 世纪 60 年代中后期，美国麻省理工学院的林肯实验室开始了头戴式显示器的研制工作，这是人类历史上第一个 HMD（Head Mounted Display，头戴式显示器）的样机。不久之后，研制者又把能模拟力量和触觉的反馈装置加入 HMD 中。1970 年，出现了第一个功能较齐全的 HMD 系统。

20 世纪 80 年代初，美国计算机科学家杰伦·拉尼尔（Jaron Lanier）正式提出了"Virtual Reality"一词。在 20 世纪 80 年代，美国国家航空航天局（NASA）和美国国防部组织了一系列有关虚拟现实技术的研究，并取得了令人瞩目的研究成果。1984 年，NASA Ames 研究中心的虚拟行星探测实验室，组织开发了用于火星探测的虚拟环境视觉显示器，将火星探测器发回的数据输入计算机，为地面研究人员构造了火星表面的三维虚拟环境。进入 20 世纪 90 年代，计算机软硬件技术的快速发展，使得声音和图像的实时动画制作成为可能，推动了人机交互系统的设计不断创新，虚拟现实技术进入快速发展期。用户交互能力向视觉、听觉、触觉、力觉、嗅觉、味觉等全方位实时交互发展，三维场景的生成能力、场景图像的跟

随渲染能力等也取得了巨大进步，虚拟现实技术正在成为越来越重要的人机交互手段。

3. 虚拟现实的关键技术

（1）动态环境三维建模技术。准确表达现实世界是虚拟现实技术的核心，动态环境三维建模技术能够获取实际环境的三维数据，在计算机中建立相应的虚拟环境模型。逼真的三维虚拟环境模型是虚拟现实技术成功的关键。三维模型的数据量巨大、对计算能力、存储能力、算法能力等都提出了很高的要求。

（2）三维图形实时生成技术。要实现虚拟现实系统中真实感与实时性的要求，虚拟世界的产生不仅需要真实的立体感，还必须实时生成，这就必须采用实时绘制技术。要考虑模型对象与光源相互作用形成亮度变化所产生的光照真实感，随时随地对运动对象的位置和姿态进行实时计算与动态绘制，使画面更新达到人眼观察不到闪烁的程度。当用户改变视点时，图形显示速度也必须跟上视点的改变，系统要能够立即对用户的输入做出反应并产生相应场景。

（3）三维虚拟声场构建技术。三维虚拟声场构建技术不仅能够保证用户在虚拟环境中准确地判断出声源的位置，还符合人们在现实世界中的听觉方式。三维虚拟声场是虚拟环境真实感的重要保证。

（4）多维人机交互技术。在自然界中，人可以使用眼睛、耳朵、皮肤、手势和语音等与外界进行交互，在当前的虚拟环境下，尚无法实现全部的交互手段，较为常用的交互技术主要有手势识别、面部表情的识别、眼动跟踪及语音识别等。关于嗅觉和味觉交互技术的开发尚处于探索阶段，随着传感设备及智能移动设备的普及，人们的全方位交互需求会不断得到满足。

（5）碰撞检测技术。在现实世界中，两个实体不能占用同一块空间，这是常识。在虚拟世界中，为了避免物体"融合"、穿墙而过这种不真实现象的发生，就需要虚拟现实系统能够及时检测出碰撞，产生相应的碰撞反应，并及时更新场景输出。

在虚拟世界中通常有大量物体，物体的形状复杂，要检测这些物体之间的碰撞是一件十分复杂的事情，同时由于虚拟现实系统中有较高实时性的要求，所以碰撞检测成了实时仿真系统的瓶颈，是虚拟现实系统需要不断研究、提升的一个重要技术。

5.1.2　增强现实（AR）技术

增强现实（Augmented Reality，AR）是在虚拟现实的基础上发展起来的新兴技术，它通过将计算机生成的虚拟物体或场景叠加到现实场景中，从而实现对现实的增强，提升用户对现实世界的感知。同时，由于用户与真实世界的联系并未被切断，交互方式也就显得更加自然。

增强现实技术能够把原本在现实世界一定时空范围内很难体验到的感觉（视觉、听觉、味觉、触觉等），通过计算机等科学技术，模拟仿真后再叠加到真实世界，被人类感官所感知，从而达到超越现实的感官体验。真实的环境和虚拟的物体实时地叠加到了同一个画面或空间，同时存在。

增强现实技术的有三个显著特点。

一是虚实结合。如前所述，它可以将虚拟对象与真实环境叠加，用户可以同时看到虚拟和真实的对象。二是实时交互。它使交互从简单的人机交互发展到将用户自身融合于周围的空间与对象中，和对象自然地实时互动。三是三维定位。在空间计算的支持下，用户可以在三维空间运动，并可在三维空间中操作定位虚拟物体。

增强现实技术的实现综合利用了多种技术手段，其中的关键技术包括

SLAM 技术和标记追踪技术。

SLAM（Simultaneous Localization And Mapping，即时定位与地图构建）技术是增强现实技术中最先进的技术之一。SLAM 技术可以映射未知的环境，并同时确定自己的定位。SLAM 的概念诞生于 20 世纪 80 年代，但在近几年才真正开始实现。无人驾驶飞机、自动驾驶汽车、自动行走机器人等领域都使用了 SLAM 技术。

标记追踪技术需要摄像头和特殊的触发标记，触发标记可以是二维码或其他印刷图像。将触发标记集成至现实世界的对象中，通过设备识别标记后，系统将计算 AR 内容和标记的位置并显示数字内容。

5.1.3 VR/AR 应用及发展前景

VR 技术的应用已经非常广泛，在很多领域都能看到成功的应用案例，常见的有培训、游戏、医疗、直播、影视、营销、教育、社交等。

目前 VR 游戏是 VR 技术应用最广、规模最大的领域。现在的游戏用户追求体验感，追求游戏内容与个人感觉的交互性。VR 游戏相比传统游戏最大的优势在于它的沉浸感，能使玩家更容易达到物我两忘的境界，增加玩家的黏性。

第二大的应用领域是教育和培训领域。VR 教育被认为是最具发展前景的应用领域，VR 教育能够实现让学生主动获取知识，让学习变得更有趣、高效，同时沉浸式环境也能够让学生更加专注。此外一些成本高昂的培训，如飞机驾驶员的培训、大型设备的操作培训等，借助特殊搭建的虚拟环境，可以大幅降低培训成本，提高培训成效。

在医疗领域，实习生可在利用 VR 技术构建的虚拟环境中学习相关工作场景操作，帮助其快速走上工作岗位；还可以利用虚拟环境实现远程医疗指导，通过 VR 技术有针对性地创造虚拟场景可以帮助治疗许多心理问题，如自闭症、老年孤独症、幽闭恐惧症、恐高症及其他心理障碍。

VR/AR 购物也有广阔的应用前景，相比传统的线上购物，VR 购物可以通过三维的形式展示物品，让顾客触摸、把玩、试用，提升购物体验；还可以瞬间切换商城，满足人们在家逛商城的梦想。

目前 VR/AR 面临的挑战主要体现在智能获取、普适设备、感知融合等方面，在核心芯片与器件、软件平台与工具、相关标准与规范等方面还存在一系列科学技术问题。总体来说，VR/AR 呈现虚拟现实系统智能化、虚实环境对象无缝融合、自然交互全方位与舒适化的发展趋势。VR/AR 发展前景十分诱人，在某种意义上说它将改变人们的思维方式，甚至会改变人们对世界、自己、空间和时间的看法，是发展中的、具有深远意义和潜在应用方向的新技术。

5.1.4 混合现实（MR）技术

混合现实（Mixed Reality，MR）包括增强现实和增强虚拟，指的是合并现实世界和虚拟世界而产生的新的可视化环境。在新的可视化环境里实现物理实体和数字对象的共存，并实现实时互动。

混合现实（MR）需要在一个能与现实世界各事物相互交互的环境中实现。如果一切事物都是虚拟的，那就是 VR；如果展现出来的虚拟信息只能简单叠加在现实事物上，那就是 AR。

真正的混合现实是把现实与虚拟互动展现在用户眼前，让用户同时保持与真实世界和虚拟世界的联系，并根据自身的需要及所处情境进行操作。

MR=VR + AR=真实世界+虚拟世界+数字化信息。简单来说，就是 AR 技术与 VR 技术的融合，虚拟和现实互动，不再局限于现实，用户可获得前所未有的体验。

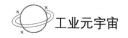

MR 技术更有想象空间，它将真实世界实时比特化，又同时包含 VR 和 AR 的功能。图 5-1 所示为几种沉浸式交互技术的区别及常见产品。

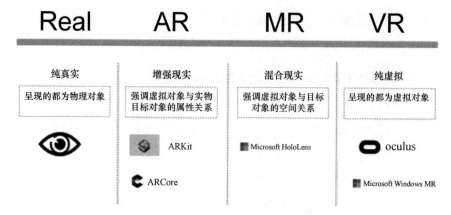

图 5-1　几种沉浸式交互技术的区别及常见产品

MR 技术作为一种通用性技术，在很多行业都能找到应用场景。目前，在工业设计、展览、建筑、医疗、教育等行业中已经涌现出了不少成功的混合现实应用案例。

在工业领域，MR 技术可以在日常工作的真实环境中为员工提供他们最需要的信息，包括岗位操作培训、设备维护手册、IoT 数据展示及远程专家指导等。员工通过使用头戴式 MR 眼镜观看数据信息，完全不影响他们对身边真实环境的观察，并能解放出双手进行操作。

比如在设备巡检时，巡检员戴上 MR 眼镜在生产环境中进行巡检，其眼前的机器设备上会自动浮现出该设备当前的运行数据。巡检员如果发现异常，可以通过眼镜进行情况记录，并完成问题上报。专家分析眼镜端捕捉到的画面后，可为现场员工提供精确的专业指导，协助解决问题。

MR 技术应用最早、最多的场景就是展览和展示。MR 技术通过交互式的三维可视化内容展示，给观众带来了强烈的视觉冲击，这是一种类似科幻影片走进现实的震撼感受。MR 技术非常适合展示体积庞大、结构复杂、精密、昂贵的产品，这些产品不便于携带和拆解，很难让观众看到实物或者了解其内部结构。通过混合现实技术为这些产品制作 3D 全息化的模型，就可以非常方便地在任何地方、任何场合展示产品的细节。

此外，基于 MR 的虚实结合功能，可以将传统展览会上常见的实物沙盘升级为混合现实沙盘，参观者通过 MR 眼镜能看到建筑的施工过程、3D 交通工具的穿行效果、目标对象的详细介绍等。各种各样丰富有趣的可视化内容可以让静态的沙盘动起来。

在建筑业，通过与建筑信息模型（BIM）的结合，MR 技术可以将模型带出屏幕，让建筑的 3D 模型跃然纸上，为用户提供透视、分层、局部放大等更直观的观看和交互能力。通过结合 MR 与 BIM，可以把"虚"的 BIM 数据和"实"的施工场景进行叠加对比，用户可以在建筑施工现场评估工程进度和施工精确度，这将为建筑工程行业带来颠覆性变革。

在医疗场景中，MR 技术可以让医生在手术过程中查阅患者的影像资料、相关部位的 3D 模型等。

在教育行业中，通过 MR 技术可以开发全息教学内容，让学生们在新奇的全息互动式体验中完成知识点的学习。随着 MR 技术的不断完善，其应用场景将会越来越多，这里不再一一列举。

5.1.5　扩展现实（XR）技术

扩展现实（Extended Reality，XR）是指通过计算机技术和可穿戴设备产生的一个真实与虚拟组合、可人机交互的环境，是 AR、VR、MR 等多种形式的统称。

扩展现实（XR）实际上是一个概括性术语，囊括了增强现实（AR）、虚拟现实（VR）、混合现实（MR）以及介于它们之间的所有内容。图 5-2 所示为 XR 与 VR、AR、MR 的关系示意图。

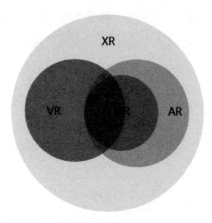

图 5-2　XR 与 VR、AR、MR 的关系示意图

XR 是下一代计算平台，是数字世界和物理世界融合的进阶版本，是算力、显示能力和用户体验的革命性升级。

当前，与 XR 相关的技术和产品还在发展期，中国信息通信研究院在其白皮书中描述了 XR 的技术体系，提出了"五横两纵"核心技术架构，如图 5-3 所示。

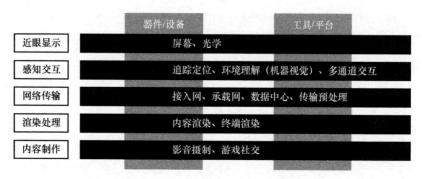

图 5-3　中国信息通信研究院提出的 XR "五横两纵" 核心技术架构

"五横"是指近眼显示、感知交互、网络传输、渲染处理和内容制作五大技术领域。"两纵"是指支撑虚拟现实发展的关键器件/设备与内容开发工具/平台。

（1）近眼显示。如果没有头戴设备的 XR 应用场景，那么沉浸感就无从谈起，XR 头显/眼镜的近眼显示技术是沉浸感提升的前提。

近眼显示是 XR 提升沉浸感的核心技术。根据人眼感受效果区分，当前近眼显示主要分为完全沉浸型、光学透视型、视频透视型三种。

（2）感知交互。感知交互的形式多样、技术众多，包括追踪定位、沉浸声场、手势追踪、眼球追踪、三维重建、机器视觉、肌电传感、语音识别、气味模拟、虚拟移动、触觉反馈、脑机接口等，各种感知交互技术各具特色，共存互补，其中较为核心的是追踪定位、环境理解等技术。

追踪定位是感知交互的基础和前提，只有确定了现实位置与虚拟位置的映射关系，才能进行后续的诸多交互动作。追踪定位的常用设备包括视觉相机、惯性器件、深度相机、事件相机等。

环境理解及三维重建已为虚拟现实感知交互领域的核心技术之一。环境理解呈现由有标识点识别向无标识点的场景分割与重建的方向发展。随着深度学习和 SLAM 等技术的发展普及，未来的 VR/AR 将不仅仅局限在对特定 Marker（标识点）的识别，而会逐渐拓展到对现实场景的语义与几何理解。

（3）网络传输。在网络传输方面，5G+F5G 构筑了虚拟现实双千兆网络基础设施，传输网络不断地探索编/解码、最低时延路径、高带宽低时延、虚拟现实业务 AI 识别等新兴技术路径。

（4）渲染处理。渲染处理主要涉及内容渲染和终端渲染。前者是指在内容制作过程中将三维虚拟空间场景投影到平面，形成平面图像的过程；后者是对内容渲染生成的平面图像进行光学畸变、色散校正，以及根据用户姿态进行插帧的处理过程。通过提升渲染性能，能够以较小的开销来渲染更高的分辨率，达成用户可感知的细节内容。

（5）内容制作。XR 的内容制作技术包括"采、编、播"以及交互等环节。

在内容采集环节，由于 VR/AR 可提供 360°、720° 的全景视频，因此需要摄影师 360° 拍摄，摄影师等工作人员站位、观众视觉兴趣点引导、多相机同步控制等新问题给内容采集带来挑战。

在内容编辑环节，由于虚拟现实相机涉及多镜头同时拍摄，从而产生了视频间精准拼接、无缝分割的内容编辑技术。

在内容播放环节，由于虚拟现实需要将内容编制时的平面媒体格式转化为用户最终看到的全景球面视频，因此需要传统视频没有涉及的投影技术，如等角投影技术。

在交互体验方面，需要根据用户与内容应用间的交互程度，分别采用弱交互与强交互两类技术。前者通常以被动观看的全景视频点播、直播为主，后者常用于游戏、互动教育、社交等。

5.2
互联技术：5G/6G 移动通信技术与物联网技术

无论把用户接入工业元宇宙，还是把工业设备链接到工业元宇宙并实现互动，都需要高效、低时延的互联技术的支持。对用户而言，需要利用移动互联技术，确保用户随时随地与工业场景的连通，保证工业生产的连续性；对工业装置而言，要实现生产设备的实时采样、连续监控，以及在工业元宇宙中其他的操作，物联网技术是最核心的基本技术。

5.2.1　5G/6G 移动通信技术

1．5G 移动通信技术

5G 中的"G"代表"Generation（代）"，5G 是指第五代移动通信。从第一代移动通信到第五代移动通信，手机的功能不断提升，1G 时代只能用手机打电话，2G 时代可以互发短信、看文字信息，3G 时代可以上网、看图片，而 4G 时代能够看视频和直播。从 1G 到 4G，不仅信号质量越来越好，安全性越来越高，网速也越来越快，更重要的是由于移动通信成本的降低，手机的普及程度大幅度提升，从小学生到老人，从城市到乡村，几乎人人都持有手机。

从 4G 升级到 5G，通信性能发生了巨大的变化，根据国际通信标准化组织 3GPP 的定义，5G 将带来三大突破性提升：

——eMBB 大带宽：下载速率的理论值将达到每秒 10GB，将是当前 4G 的 10 倍。

——uRLLC 低时延：5G 的理论时延是 1ms，是 4G 的几十分之一，基本达到了准实时的水平。

——mMTC 广连接：5G 单通信小区可以连接的物联网终端数量理论值将达到百万级别，是 4G 的 10 倍以上。

2．频谱资源的分配和使用

无线通信技术追求的就是"如何利用有限频谱，让更多的人，用更少的成本，更好地传递更多的信息。"

这里提到的频谱指的就是一部分的无线电资源，无线电资源是按照电磁波的频率来划分的。无线电资源归国家所有，就像土地一样，任何组织和个人不能未经批准就占用（除了 ISM 频段），必须向相关部门申请。相关部门会将一定频率跨度的无线电资源进行分配，用于军用及民用通信。

无线电频谱总体上有一个特点，就是频率越高，允许分配的带宽范围越大，单位时间内所能传递的数据量就越大。

从 1G（900 MHz）到 4G（1.8 GHz 以上），所应用的电磁波的频率越来越高，单位时间内传输的信息也就越丰富。传输速率提高了，在我们看来，就是"网速变快了"。这就有点像路越修越宽，跑在上面的车就可以越来越多，车速也可以越来越快。

频谱资源非常有限，要想在有限的频谱资源中容纳更多的用户，并同时让每个用户传递更多的信息，需要采用无线通信中最重要的技术——复用，目前有三大主流复用技术：FDMA、TDMA、CDMA。

——频分多址（**FDMA**）：将不同的频率分割成不同信道的复用技术。就好像一条划分了多个车道的大路，你可以将一段完整的信息分成很多份数字信号，装载在不同的卡车上，每个卡车占用其中的一条车道帮你将信息运送到道路的另一端，然后在另一端将分装在不同车道卡车上的信息组装在一起，得到完整的信息。

——时分多址（**TDMA**）：允许多个用户在不同的时间段（时隙）使用相同频率的复用技术，允许多用户共享同样的频率。这就像很多人共用一条高速公路，每个人有一个卡车车队运送信息，不过你可以在别人的车队中插空行驶，因为每辆卡车并不是紧紧地前后贴在一起的，中间都有空当。

——码分多址（**CDMA**）：简单地说，就是将共享一条信道上的信息进行不同方式的编码。我们可以理解成这次既和别人共用了高速公路，也和别人共用了卡车。这就需要将不同人的箱子涂上不同颜色，接收端根据箱子的颜色接收各自的信息。这样就实现了共用道路和卡车，大大提升了频谱资源的利用效率。

FDMA、TDMA、CDMA 这三种技术大大提升了频谱资源的利用效率，也推动了通信技术的长足发展。其实我们当前的 2G、3G、4G 的技术标准在频谱效率提升上都应用了这三项核心技术。根据国家的规定，我国三大电信运营商分别采用了不同的技术。

3. 5G 移动通信的技术创新

5G 移动通信技术将各种技术的优势都结合在了一起，属于 2G、3G、4G 的融合升级加强版，使频谱资源的利用效率得到大幅提升，接近香农极限。

在 5G 时代，要保证每一个基站所覆盖的用户无论距离远近，无论人们是否均匀地分布在基站覆盖的范围内，都要有大带宽和低时延的上网体验，这对信号覆盖提出了更高的技术要求，一些重要的技术创新包括：

——大容量多入多出技术（Massive-MIMO）：4G 时代 "多入多出" 和 "波束赋形" 的主流技术达到 "4T（Transit）4R（Receive）"，即一个天线可以有 4 个 "波束" 负责向多个手机传递信号，同时有 4 个 "波束" 负责接收手机上行回传到基站的信号。而 5G 天线的主流技术推进到了 "8T8R"，华为公司已经可以做到 "64T64R"，远远领先于业界其他厂商。

——上下行解耦技术：5G 应用的主流频谱是 3～6 GHz，这个波段也被业界称为 C-Band（C 波段）或黄金波段，这个波段的频率很高，频率越高传递的信息量就越大，相应的波长也越短。波长越短，传递的距离就越短，还容易被阻挡，衰减非常厉害。为了保证信号的稳定传输，华为提出了 "上下行解耦" 方案，可以理解为 "下行 5G 频率，上行 4G 频率"。当然还有很多解决信号覆盖和降低建网成本的技术，这里不再一一赘述。

5G 的使用意味着更快的下载和上传速度、更流畅的在线内容流、更高质量的语音和视频通话、更多的联网设备、更丰富的先进技术，特别是对物联网技术的广泛应用和边缘计算的落地实施提供了强有力的技术支持。

5G 技术现在已经投入商业应用。2018 年 2 月 22 日在西班牙巴塞罗那，华为与英国电信运营商沃达丰合作打通了全球 5G 的第一通电话。在 2019 年中国国际信息通信展览会上，中国移动正式发布 5G 商用套餐，同时，中国移动北京公司宣布首位 5G 商用用户产生。5G 正式走入百姓的日常生活。

据中国互联网协会发布的《中国互联网发展报告（2021）》显示，截至 2020 年底，中国 5G 网络用户数超过 1.6 亿，约占全球 5G 总用户数的 89%；基础电信企业移动网络设施，特别是 5G 网络建设步伐加快，2020 年新增移动通信基站 90 万个，总数达 931 万个，支持信息技术与实体经济加速融合，有力推动了中国数字经济持续快速增长。

4．6G 移动通信技术

随着 5G 移动通信技术的全面商用和不断完善，人们对于 6G 的需求渴望和发展设想也逐步提上日程。面向 2030+，6G 将全面支持整个现实世界的数字化，并结合人工智能等技术的发展，实现智能化的天地一体、泛在互联、随时接入，全面赋能万事万物，推动人类社会走向"虚实共生""虚实互融"的新世界，加快打造现实世界的数字化升级版——工业元宇宙。

6G，即第六代移动通信技术，一个概念性的无线网络移动通信技术。6G 网络将是一个地面无线与卫星通信集成的全连接世界。6G 的数据传输速率可能达到 5G 的 50 倍，时延缩短到 5G 的十分之一，在峰值速率、时延、流量密度、连接数密度、移动性、频谱效率、定位能力等方面远优于 5G。

从 2018 年开始，世界上许多国家已经开始了对 6G 的研究和布局，主要关注以下几个方面。

（1）全频谱通信、太赫兹技术。6G 将研究和使用更高频段，如太赫兹和可见光，以满足更高容量和超高体验速率的需求。

（2）空天地一体、泛在连接。未来网络要满足飞机、轮船等机载、船载互联网的网络服务需求，保障高速移动的地面车辆、高铁等终端的服务连续性，支持即时抢险救灾、环境监测、森林防火、无人区巡检、远洋集装箱信息追踪等海量物联网设备部署，实现人口稀少区域低成本覆盖。

6G 网络的覆盖范围将拓展到太空、深山、深海、陆地等自然空间，形成立体覆盖网络，因此未来网络将实现空天地一体、全球全域的三维立体泛在连接。

空天地一体化网络主要包括由不同轨道卫星构成的天基、由各种空中飞行器构成的空基，以及由卫星地面站和传统地面网络构成的地基三部分，具有覆盖范围广、可灵活部署、超低功耗、超高精度和不易受地面灾害影响等特点。

（3）网络可重构。随着业务需求与场景更加多元化、个性化，未来的6G 网络将采用更加灵活的可重构架构设计。一方面基于共享的硬件资源，网络为不同用户的不同业务分配相应的网络和空口资源，实现端到端的按需服务；另一方面，清晰的网络架构、灵活可扩展的网络特性可为后续网络维护、升级和优化提供极大的便利，进一步降低运营商网络运营成本。

（4）感知-通信-计算一体化。感知-通信-计算一体化是指在信息传递过程中，同步进行信息采集与信息计算，打破通过终端进行信息采集、通过网络进行信息传递和通过云边进行信息处理的传统信息服务框架，是未来无人化、沉浸式和数字孪生等感知通信计算高度耦合业务的技术需求。

6G 还处在研发阶段，面对不断涌现的新应用场景带来的新需求，如Tbps 量级的峰值速率、Gbps 级别的用户体验速率、近有线连接的时延等，仅依靠现有的 5G 是难以满足的，为此业界也在积极研究一些新技术、新架构、新设计，有望在 6G 标准落地的过程中形成一些新的突破。

5.2.2　物联网技术

物联网是物物相连的互联网，是互联网的延伸，它利用网络通信技术把传感器、控制器、机器、人员等通过新的方式连在一起，形成人与物、物与物相连，实现信息传递和远程管理控制。

物联网概念的问世，打破了物理基础设施和 IT 基础设施分离的传统思维模式：一方面是机场、公路、建筑物等传统基础设施；另一方面是机房、数据中心、计算机等 IT 基础设施。随着物联网时代的到来，机场、公路将与机房、数据中心整合为统一的新型基础设施。在此意义上，新型基础设施更像一块新的地球工地，社会的运转就在它上面进行，包括经济运行、生产管理、社会服务乃至个人生活。

1.　物联网主要技术

欧盟于 2009 年 9 月发布的《欧盟物联网战略研究路线图》白皮书列出了 13 类关键技术，包括标识技术、物联网体系结构技术、通信与网络技术、数据和信号处理技术、软件和算法、发现与搜索引擎技术、电源和能量储存技术等。这 13 类关键技术综合起来可分为三大类：感知和网络通信技术、支撑技术和共性技术。

（1）感知和网络通信技术。传感和识别是物联网感知物理世界，获取信息和实现控制的首要环节。传感器可将物理世界中的物理量、化学量、生物量转化成可供处理的数字信号。识别技术可实现对物联网中物体标识信息的获取。

网络通信技术主要实现数据信息和控制信息的双向传递和控制，重点包括低速近距离无线通信、自组织通信、网络传输、异构网络融合接入技术等。

（2）支撑技术。物联网支撑技术包括嵌入式系统相关技术、微机电系统相关技术、软件和算法、电源和储能、新材料技术等。微机电系统可实现对传感器、执行器、处理器、通信模块、电源系统等的高度集成，是支撑传感器节点微型化、智能化的重要技术。

嵌入式系统可满足物联网对设备功能、可靠性、体积、功耗等的管控要求，可定制裁减的嵌入式计算机技术是实现物体智能的重要基础。电源和储能是物联网的关键支撑技术之一，包括电池技术、能量储存、能量捕获、恶劣情况下的发电、能量循环、新能源等技术。

（3）共性技术。物联网共性技术涉及网络的不同层面，主要包括架构技术、标识和解析、安全和隐私等。物联网需要具有统一的架构、清晰的分层、支持不同系统的互操作性、适应不同类型的物理网络。

标识和解析技术是对实体赋予一个或一组属性，并能实现正确解析识别的技术。物联网标识和解析技术涉及不同的标识体系、不同体系的互操作、全球解析或区域解析、标识管理等。

安全和隐私技术包括安全体系架构、网络安全技术、隐私保护技术、安全管理机制和保证措施等。

2. 物联网应用中的常见问题

随着物联网技术的广泛应用，几个常见问题日益显现。一是技术标准问题。由于物联网是互联网的延伸，所以它同样基于 TCP/IP 协议，但在接入层，协议类型就十分繁杂，而标准化是大规模部署必不可少的要求。二是安全问题。RFID 设计是完全开放的，信息安全机制存在严重缺陷。云服务的透明度也是安全隐患，无线传感器网络受到的安全威胁与传统网络不同，现有的网络安全机制无法应用于无线传感器网络，需要开发专门的协议。目前有效的传统网络安全协议，如 SSL 和 IPSec，难以实施在嵌入式设备中。三是 IP 地址问题。在物联网中出现的每个物品都需要一个地址。在 IPv4 资源即将耗尽的背景下，物联网需要 IPv6 的支持，这就必然出现 IPv6

地址与现存 IPv4 的兼容性问题。四是终端问题。物联网中的终端功能多样，且不同的行业千差万别，如何满足终端产品的多样化需求，对用户、制造商和运营商来说都是一个巨大挑战。

3. 物联网技术应用案例

中国石油化工集团有限公司（简称中国石化）组织开展了油田生产现场的物联网建设，在油田管理局、采油厂、管理区部署三级生产指挥中心，三级生产指挥中心的应用平台风格一致、上下贯通、层层穿透、功能对应，形成了从生产现场到局级指挥中心一体化油气生产监控、运行、指挥、应急应用模式。图 5-4 所示为油田生产现场的物联网框架。

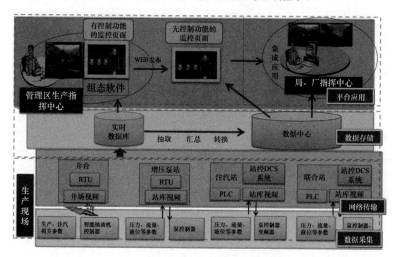

图 5-4　油田生产现场的物联网框架

生产现场的采集仪表是基于智能传感技术进行开发的，具有模拟量转换、数据处理、主动报警、集成通信等功能。现场部署的摄像头能够进行前端影像智能分析，具有入侵检测、周界防护、逗留（滞留）检测、图像异常等报警识别功能，并能进行相关的报警联动。通过采集内容、采集设备、采集方式的一体化建设，使数据采集方式由人工定时采集转变为自动实时采集，由人工现场操作转换为远程操控，提升了数据采集和资料录取的及时性、准确性，为及时掌控生产运行状态、全面监控设备运行参数奠定了基础。图 5-5 所示为网络传输示意图。

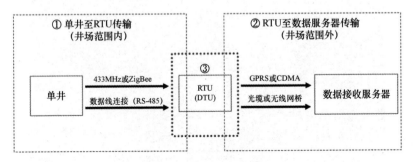

图 5-5　网络传输示意图

在网络传输方面突出安全、快速、稳定，在充分考虑现场条件和详细测算数据流量的基础上，兼顾先进性和经济性，选取成熟先进、适合现场条件的传输技术，精心优化组网方式。网络传输按传输方式可分为有线传输和无线传输两种方式；按传输范围可分为井场范围内传输和井场范围外传输。在井场范围内，温度变送器、压力变送器、载荷传感器等仪表采用 **ZigBee** 无线组网技术，使设备具有自组网、信道管理、路由管理能力，能够与 **RTU** 进行通信，并根据需要进行定制设计。RTU 采用实时通信协议，具有报警主动推送、传输效率高等特点。

在井场范围外进行网络建设时优先考虑铺设光缆，若不具备铺设光缆条件，则采用无线网桥作为数据传输设备，分别针对有线、有线加无线、无线等不同传输方式，进行数据接入、汇聚、上传等网络架构的研究和标准化。网络按功能可分为工控网、视频网、办公网，这三种网络采用同根光缆中不同的光芯传输信息。工控网传输自动采集数据和控制信号，为保证网络安全，在工控网出口部署网闸，进行安全隔离；视频网传输现场视频监控信号；办公网传输应用系统所需的各类油田办公网内数据；实现了"一缆构建三网、三网协调运行"，既提升了传输能力，也有效保证了操控安全。图 5-6 所示为井场传感器数据传输示意图。

图 5-6 井场传感器数据传输示意图

基于物联网技术建设的生产指挥平台，实现了现场业务"纵向穿透、横向到边"的功能全覆盖。

① 生产监控：按照专业化管理应用需求，通过工艺流程组态的展现形式，可将生产监控分为油系统、水系统、集输系统、巡护系统等，实现了从站到井的全流程生产参数实时监控。

② 报警预警：按照采油、注水、集输、巡护等专业设置，实现了参数异常的预警、报警及处置、跟踪。按照"一井一策"的方法进行预警、报警的参数设置，实现了由事后处置向事前预防转变，问题早发现，故障早排除。

③ 生产动态：对前端自动采集的数据进行处理转换，形成动态生产数据，结合日度采集数据通过图表、曲线等形式反映主要生产指标、工作动态、现场分布、进度情况，包括采油、注水、新井、作业、集输、用电等的生产动态数据、监控指标及工作运行情况。

④ 调度运行：主要体现调度组织与协调、指挥督导，包括日志、岗位人员动态、生产会议、重点工作、拉油运行、管网运行、电网运行等调度功能，实现指挥调度、工作安排执行情况的反馈及跟踪。

⑤ 生产管理：主要是日常生产技术管理方面的应用，可分为采油管理、注水管理、集输管理、开发管理、巡护管理等，对应地质、工艺、集输等专业技术管理岗位，自动形成管理报表、统计分析结果等信息，为专业化管理提供工作支持。

⑥ 应急管理：包括应急预案管理、应急资源管理、应急处置、事故案例等功能，实现了应急报警与预案的联动执行、跟踪事故现场情况，辅助应急事件的快速处置。

通过三级生产指挥中心的应用平台，建立起"电子巡井、人工巡线、中心值守、应急联动"的新型生产组织形式，提高了管理效率和劳动生产率。实现了基础数据的实时采集和生产经营的全流程管控，管理更透明、更科学，精细化水平得到了进一步提升。综合应用电子巡检、远程调控、管道泄漏报警等功能，实现了对综治案件及时发现、准确定位、精准打击，使油区发案率明显下降，员工劳动强度降低，工作环境得到改善，安全环保水平进一步提升。

4．物联网的发展趋势

近些年，物联网技术不断发展，正加速渗透到人们生产、生活的各个方面。未来物联网将呈现以下几个发展趋势。

一是物联网的应用将日益广泛。2020 年，全球已有约 310 亿台物联网设备。在未来十年中，基于物联网的全自动"熄灯工厂"将越来越多，诸如预测性维护、协作机器人和远程控制之类的工业应用将推动工业物联网设备的广泛采用，工业物联网设备将会变得无处不在。

二是物联网设备将更智能。物联网通常获取或收集大量的数据，而人工智能会提取和分析这些必不可少的数据。物联网设备将具备越来越多的人工智能功能，以便更好地为技术人员提供实用的建议。

三是边缘计算将成为关键技术。在边缘计算中，数据由网络边缘的设备处理。5G 等技术的应用使网络连接更加可靠，把处理功能分发到物联网边缘将变得更加实用，人们将更加依赖边缘设备的处理能力。

四是数据分析能力将显著提升。大多数行业使用物联网的关键是收集海量数据，并分分秒秒提供更新数据，这些数据可用于决策制定和优化工作流程。建设先进的分析工具来处理这些系统收集来的大量数据成为必然。在未来十年，我们会看到针对物联网的大数据和人工智能分析平台的建设与使用将得到大力发展。

5.3

映射技术：数字孪生技术与数字化交付

数字孪生技术能够把现实工厂中的设备或者装置，等效地映射到数字空间，是构建工业元宇宙必不可少的关键技术。数字化交付技术提供了从工业装置的设计开始实现数字孪生的可能，避免了对现实装置进行逆向建模的巨大工作量和不菲的时间成本。

5.3.1 数字孪生技术及其应用

1. 数字孪生的概念和发展

数字孪生（Digital Twin）也叫数字双胞胎，可以针对物理世界中的物体，通过数字化的手段在数字世界中构建一个一模一样的数字模型（数字孪生体），借此来实现对物理实体的了解、分析和优化。

数字孪生的概念可以追溯到2002年密歇根大学产品生命周期管理中心（Product Lifecycle Management Center）的成立。当时Michael Grieves博士提出了"PLM的概念性设想"（Conceptual Ideal for PLM），这个设想确实具备了数字孪生的所有元素：现实空间、虚拟空间、现实空间和虚拟空间之间的数据互联，如图5-7所示。

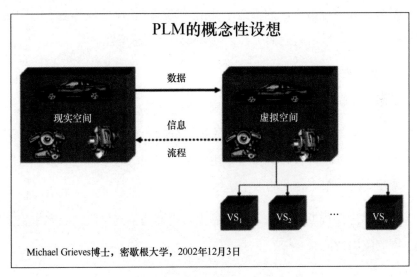

图5-7　数字孪生概念的提出

随着技术的发展，数字孪生的概念逐步扩展到了模拟仿真、虚拟装配和3D打印等领域。2014年以后，随着物联网技术、人工智能和虚拟现实技术的不断应用，工业产品和工业设备的数字化、智能化水平日益提高，数字孪生技术也随之逐步扩展到了包括制造和服务在内的完整产品生命周期，数字孪生的形态和概念也得到了丰富和发展。

一般认为，数字孪生是充分利用物理模型、传感器采集、运行历史等数据，构建多学科、多物理量、多尺度、多概率的过程数学模型，在虚拟空间中完成映射，从而反映相对应实体对象的全生命周期特性。

美国国防部最早提出将数字孪生技术用于航空航天飞行器的健康维护与保障。首先在数字空间建立真实飞机的孪生模型，并通过传感器实现其与飞机真实状态完全同步，这样在每次飞行后，就可以及时分析所收集的数据，评估是否需要维修、能否承受下次的任务载荷等。

今天，数字孪生的应用已经从单体设备发展到整个工厂。在工厂建造之前，就先完成工厂的数字化模型，从而可以在赛博空间中对工厂进行仿真和模拟，并将模拟优后的参数用于指导实际的工厂建设。在工房和生产线建成之后，在日常的运维中二者将继续进行信息交互。

2．数字孪生的不同形态

数字孪生技术贯穿了产品生命周期的全流程，因此可以按照产品生命周期的主线来划分数字孪生的不同阶段，同时也可以按照数字孪生的规模来进行划分，如单体设备的数字孪生、某条产线的数字孪生、整个工厂的数字孪生，乃至整个企业的数字孪生。

以产品生命周期为主线，在产品生命周期的不同阶段，数字孪生会呈现不同的应用特征。

（1）设计阶段的数字孪生。在产品的设计阶段，利用数字孪生可以提高设计的准确性，并验证产品在真实环境中的性能。

在这个阶段可以使用CAD工具开发满足技术规格的产品数字原型，精确地记录产品的各种物理参数，以可视化的方式展示出来，并通过一系列可重复、可变参数、可加速的仿真实验，来验证产品在不同外部环境下的性能和表现，验证产品的适应性。

（2）制造阶段的数字孪生。在产品的制造阶段，利用数字孪生可以加快产品导入的时间，提高产品设计的质量、降低产品的生产成本和提升产品的交付速度。

制造阶段的数字孪生需要通过数字化手段构建虚拟生产线，将产品本身的数字孪生同生产设备、生产过程等其他形态的数字孪生高度集成起来。在产品生产之前，既可以通过虚拟生产的方式来模拟在不同产品、不同参数、不同外部条件下的生产过程，实现对产能、效率及可能出现的生产瓶颈等问题的提前预判，加速新产品导入的过程，同时记录生产过程中的各类数据，为后续的分析和优化提供依据；又可以通过采集生产线上的各种生产设备的实时运行数据，利用机器学习建立关键设备参数、检验指标的监控策略，对出现违背策略的异常情况进行及时处理和调整，实现稳定并不断优化的生产过程。

（3）服务阶段的数字孪生。通过读取传感器或者控制系统的各种实时参数，既可以构建可视化的远程监控，并利用采集的历史数据，开展人工智能趋势预测，对维修策略及备品备件的管理策略进行优化，降低和避免客户因为非计划停机带来的损失；还可以通过采集的海量数据，构建针对不同应用场景、不同生产过程的经验模型，帮助其客户优化参数配置，改善客户的产品质量和生产效率。

3. 数字孪生关键技术及应用

数字孪生的关键技术是建模，即根据物理实体建立其对应的数字模型（数字孪生体），或者反之根据数字模型建立其对应的物理实体（物理孪生体）。各种数据在建模过程中发挥核心作用，除形态数据外，还包括行为、过程、机理和动态数据等。

建模方法一般可以分为两大类：基于物理机理方法的建模（如流体力学建模）和基于数据驱动方法的建模（如深度学习大数据模型）。数字孪生也可能是各种建模行为和建模方法的综合，并且数字孪生体会随着数据的丰富和使用次数的增加而越来越详尽。

数字孪生体要在所有方面尽可能逼真，或者至少要在关注的方面达到逼真。评价数字孪生体主要有以下四个指标：一是在规模性上，能够提供不同规模（从细节到大型系统）的对数字孪生体的洞察力，在结构上不丢失细节，尽量映射物理孪生体的细微之处；二是互操作性，能够在不同数字模型之间转换、合并和建立"表达"的等同性，以多样性的数字孪生体来映射物理孪生体；三是可扩展性，用于评估集成、添加或替换局部数字模型的能力，如随时随处添加若干扩展结构；四是保真性，用于描述数字孪生体与物理实体的接近性，不仅在外观和几何结构上要相像，在质地上、行为上也要相像，环境也要逼真，比如设备位置、工况及振动、湿度、温度等所有细节。

数字孪生和 CPS（Cyber-Physical Systems，赛博物理系统，也称信息物理系统）不能混为一谈。CPS 是一个综合性的多维复杂系统，它通过 3C（Computation、Communication、Control）技术的有机融合与深度协作（如图 5-8 所示），实现了大型工程系统的实时感知、动态控制和信息服务。

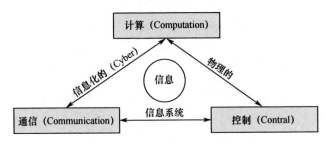

图 5-8　CPS 强调 3C 技术的深度融合

数字孪生是可以实现 CPS 的技术之一。虽然 CPS 也需要建立虚实之间的关系，通过软件定义的方式实现控制和互操作，但 CPS 并不强调相似性，并不要求物理实体和数字模型之间"如同胞兄弟一般"。CPS 强调的是通信、计算和控制之间在算力支持下的实时通信、动态操控。

数字孪生并非无所不能的，而是有一定限度的，数字孪生的范围界限如图 5-9 所示。并非"一切都是可以软件定义的"。因此，数字世界和物理世界之间尚无法做到一一对应、实现完全的相互映射。从物理空间/世界侧来看，未知的事物谈不上数字化，当然也不可能有数字孪生体；已知但无法定义、无法描述的事物也不能数字化（如暗能量、弦等）；从数字空间/世界侧来看，动漫创意和想象中的事物可以通过数字虚拟不受限制地表现出来，但是在物理空间中找不到对应的物理孪生体。

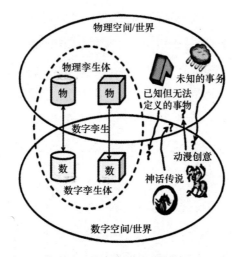

图 5-9　数字孪生的范围界限

在现实中每个物理实体所对应的数字孪生体的模型都不止一种（不同的算法、不同的逼真/抽象程度等），不同数字孪生体代表了对物理实体认识的不同阶段或不同侧面，不断构建数字孪生体的过程，就是人们对物理世界深化认识的过程。

数字孪生技术最常见的应用包括运营优化和设备预测性维护。

在运营优化方面，通过数字孪生技术可以根据采集到的设备运行数据、成本数据、价格数据构建数字孪生体，调整参数进行反复的模拟运算，根据模拟运算结果对系统运行进行优化或控制，从而缓解风险、降低成本或提高系统效率。

在预测性维护方面，通过在设备的数字孪生体上进行模拟运算，可以

预测设备剩余使用寿命，提前开展设备检修或更换设备。

4．数字孪生的应用价值

数字孪生技术在不断地快速演化，无论对产品的设计、制造，还是服务，都能够产生巨大的价值。

（1）便捷、高效、低成本的创新能力。通过设计工具、仿真工具、物联网、虚拟现实等各种数字化手段，将物理设备的各种属性映射到虚拟空间中，形成可拆解、可复制、可转移、可修改、可删除、可重复操作的数字孪生体，这极大地提升了技术人员对物理实体的了解深度，在数字孪生体上可实现很多在物理实体上无法完成的操作，通过模拟仿真、批量复制、虚拟装配等触手可及的操作，激发人们去探索更优化的设计、制造和服务。

（2）生产运行实时优化能力。在数字孪生体上，可以方便地对生产运行过程进行调整和优化，模拟可能产生的优化效果。这在现实生产过程中是很难实现的。数字孪生体能够轻松地模拟各种生产状况，达到产能的最优化，再择机落实到实际生产中去。

（3）更全面的分析和预测能力。利用物联网采集的实时数据，结合历史数据、行业知识，可以建立全面的大数据模型，开展人工智能预测分析，实现对当前状态的评估，对过去问题的剖析，以及对未来趋势的预测，为生产管理提供更全面的决策支持。

（4）经验和知识的数字化。数字孪生的一个显著优势是，可以通过数字化的手段，将原先无法保存的专家经验，通过大数据训练、机器学习等手段，转化为数字模型，从而实现经验知识的保存、复制、修改和转移。

（5）超前的安全管控能力。可以在虚拟空间中模拟所有可能出现的安全风险、实验极限条件、探索安全阈值，从而为企业提供准确可靠的安全红线，能够大幅度减少安全生产事故，降低企业风险。

总之，数字孪生是人们用数字虚拟技术来描述物理世界的物理实体的必然结果，是智能制造、CPS、工业互联网中的必备技术构成。

美国《航空周报》曾经做出这样的预测："到了 2035 年，当航空公司接收一架飞机的时候，将同时验收另外一套数字模型。每个飞机尾号，都伴随着一套高度详细的数字模型。"每一特定架次的飞机都不再孤独。因为它将拥有一个忠诚的"影子"，终生相伴，永不消失，这就是数字孪生的本意。

随着元宇宙的发展，数字孪生技术将进入一个全新的发展阶段，数字孪生的概念将从设备到装置、到车间、再到整个工厂，从物体到人，从有形的物品到无形的管理流程、文化等，数字孪生的概念将大幅度拓展、泛化，将在物理世界向元宇宙迁移过程中发挥越来越重要的作用。

5.3.2 数字化交付技术

随着数字化转型的大潮席卷全球，大家逐渐形成共识：未来的世界上要么是数字原生企业，要么是数字化转型、重生的企业，没有其他选择项。企业数字化是没有选择的选择！

对现实世界中一个已经存在的工厂或者只是一个装置进行整体数字化，都是一个巨大的工作量。但现在情况发生了变化，工厂在建设的设计阶段都已经数字化了，我们新建的工厂大多都是按照数字化设计的"设计图"建造起来的，完全没有必要为了建设数字工厂而采用逆向建模的技术，重新把已经建成的实体工厂再数字化一遍。因此，数字化交付就成为工厂数字化建设的一条捷径。

数字化交付应当成为建设数字化工厂的基础。数字化交付可以把工厂设计、采购、施工、调试及开工等工程全生命周期各个阶段的数据信息，完整、规范地交付给工厂运营方，使工厂运营方在拿到一个物理工厂的同时，拿到一个完全对应的数字化的工厂，并达到实时互联、协同作业、情景关联和智能预测等数字化工厂卓越运营的标准。

但数字化交付说起来是一句话，做起来却是两件事：交付和接收，而这需要交接双方严密地对接才能实现良好的交付。

1. 从设计、建设到交付的复杂性

工厂设计阶段的信息化应用是比较充分的，早在 20 世纪 90 年代，许多企业都已经经历了设计"甩图板"的信息化变革，整个设计工作已经一步步走向了软件化、平台化、数字化。当前，基于大型数字化平台的三维设计已经成为业界的常态。

从工厂的全生命周期来看，设计只是起步，之后要经过建造、交付等阶段，最后由业主运营整个工厂，如图 5-10 所示。

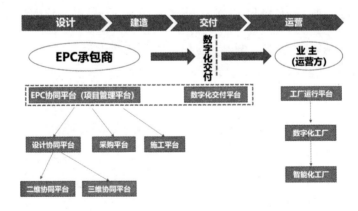

图 5-10 设计、建造、交付、运营的全生命周期

一个大型的工厂，其不同的业务单元常常交由擅长不同业务的专业设计单位来完成，这些设计单位通常会使用不同的设计工具或设计平台，这也就意味着各设计单位的数字化设计成果不一定具有完全相同的数据格

式。如果没有一个统一的数据存储和管理平台保证各设计单位设计文件间
数据的一致性，工厂的各业务单元间就会出现数据孤岛现象。因此，为了
实现面向业务运营的数字化交付，必须在交付之前，开展面向应用的数据
标准化和面向业务对象的数据汇集工作，如图 5-11 所示，这项工作并不容
易，很多 EPC 承包商并不具备这种能力。

以工厂对象为核心，汇集设计、采购、施工、验收等信息

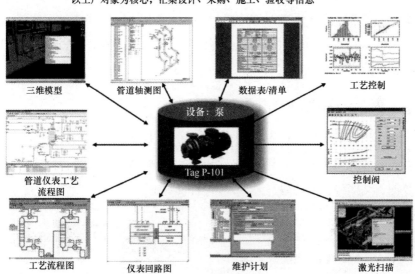

图 5-11　面向业务对象的数据汇集工作

完成数据汇集只是第一步，还要具备数据"剪裁"能力。

因为业主方并不都具备完整的接收能力。也许会有业主方盲目地接收
所有的数据，这会造成由于不具备使用能力而将大部分数据束之高阁的现
象，导致浪费。真正理性的业主方也许会"点菜"式接收，只接收那些能
为企业运营带来价值的数据。

就当前的发展状况来看，设计方和业主方的数字化水平并不匹配。设
计方在数字化设计及集成方面差强人意，而业主方常常还没有达到或者只

是部分达到数字化工厂阶段，双方的矛盾在所难免。总体来看，是数字化设计驱动业主方采用更多的数字技术。

以石油化工行业为例，国家住房和城乡建设部早在 2018 年 9 月就颁发了《石油化工工程数字化交付标准》（GB/T 51296—2018），2019 年 10 月，中国石化依据自身的特点和发展需要，对照上述标准，编制印发了《石油化工工程数字化交付执行细则（试行）》，并于 2020 年 1 月 1 日开始试行。但由于很多业主方并没有对等地提出一个数字化工厂的"接收标准"，所以，在尝试开展的一些数字化交付工作中，不对等的双方并没有达成理想中的交付效果。

2. 数字化交付的主要内容

理想中的数字化交付应当能够达到物理工厂的数字孪生体水平，现实中大多数情况只能实现局部或者部分功能。通常的数字化交付内容一般包含数据、文档和三维模型三大类，如图 5-12 所示。

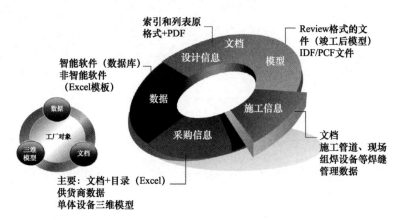

图 5-12　数字化交付的内容（示例）

具体的数字化交付内容应包括项目设计、采购、施工和试车等各阶段产生的模型、资料文档、工厂对象属性等信息，以及工厂对象与资料文档的关联关系。其中的核心内容涵盖三维模型（交付竣工图模型，与物理工厂一致）、智能 PID（满足 PID 与三维模型的智能关联）、非结构化文件、属性数据及关联关系等文件。交付物的数据格式均采用国际化通用格式，可与国际主流数据平台进行衔接。

EPC 承包商要选择专门的软件承包商，对所有交付的资料在交付平台上进行信息集成处理，并组织质量审核，反馈需修改的意见；各责任单位修改完成后再提交；最终经审核准确无误的数据，由软件承包商发布，作为最终交付数据。

交付方要对参建单位交付的内容进行审核确认，确保交付数据的一致性、准确性、合规性和完整性。图 5-13 所示为数字化交付的校验。

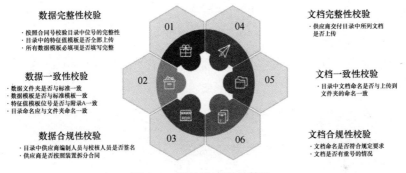

数据完整性校验
· 按照合同号校验目录中位号的完整性
· 目录中的特征值模板是否全部上传
· 所有数据模板必填项是否填写完整

数据一致性校验
· 数据文件是否与标准一致
· 数据模板是否与标准模板一致
· 特征值位号是否与附录A一致
· 目录命名应与文件夹命名一致

数据合规性校验
· 目录中供应商编制人员与校核人员是否签名
· 供应商是否按照装置拆分合同

文档完整性校验
· 供应商交付目录中所列文档是否上传

文档一致性校验
· 目录中文档命名是否与上传到文件夹的命名一致

文档合规性校验
· 文档命名是否符合规定要求
· 文档是否有重号的情况

图 5-13　数字化交付的校验

业主方要成立专门的队伍、建立专门的平台，来承接 EPC 承包商的数字化交付成果，并参与软件承包商的信息集成过程，从而确保接收到的数字化支付成果能够为工厂的数字化运行提供支撑。

3．数字化交付前瞻和挑战

当前的数字化交付还处于起步和试点阶段，交付和接收的双方都在探索最佳的对接模式，在认识层面、组织层面和技术层面都存在一些挑战。

（1）数字化交付的根本目的是让数据创造价值。从传统手工设计时代的文档交付，发展到平台化设计时代的数字化交付，改变的不仅仅是交付物的形态，更重要的是要认识到数字经济时代数据的核心要素价值，要在交付中实现数据的价值创造，为业主方带来新的生产模式和管理模式。

（2）提升设计端的协同设计能力。将大型工厂的设计分散到不同的单位进行是常态，但在开始建设之前，不同设计单位的设计成果要交由 EPC 承包商指定的软件承包商来进行集成，通过标准化集成，跨越不同的专业、不同的系统、不同的数据格式。实现面向工厂级的整体协同，贯通业务流程，消除数据孤岛。

（3）搭建数字化交付平台，跨越建设到应用的鸿沟。准备开展数字化交付的双方，要协力共建数字化交付平台。在业主方有数字化承接平台时，它可以是一个单独的交付平台，在业主方没有承接平台时，它要兼备双方的需求。

数字化交付平台是数字化交付的核心基础，必须满足安全可靠、使用简单、易于维护、性能稳定、可扩展、兼容性和集成性强的要求。确保各主要建设内容之间的数据能得到共享和利用。

数字化交付平台的核心要素应包括：

① 广泛兼容的数据库系统，能够满足大数据扩展应用，兼容主流的数据库。

② 应具备灵活可配置特性，对于用户管理要求的变更，能及时调整、快速适应。

③ 具备工程项目管理能力，包括项目协同、立项管理、设计管理、采购管理、供应商管理、费用管理、合同管理、进度管理、变更管理等基本能力。

④ 具备一定的生产运行管理能力，包括但不限于生产调度、物流管理、计划管理、物料平衡、操作优化等。

⑤ 应支持灵活的设备分类，能够适应工厂设备管理需求。

⑥ 能提供强大的接入能力和扩展接口，支持工业标准协议、HTTP（超文本传输协议）、物联网即时通信协议等，支持后期根据需要进行二次开发。

⑦ 满足安全性和开放性要求，能够对各级用户分配不同角色，根据不同用户、不同角色，进行相应的权限限制和管理。

（4）推进业主方数字工厂、智能工厂的建设。如前所述，数字化交付是价值交付，这个价值要在业主方对工厂的运行管理中得到实现。因此，数字化交付不仅对建设方提出了很高的要求，同样对业主方的数字化能力也提出了挑战。

数字化交付需要业主方从工厂建设到运行全周期进行策划，确保交付的资产能够在工厂的生产运行管理中发挥作用。从数字化设计开始，业主方就要给出明确、详尽的数据需求，并具备接收、管理这些数据的工具和平台。

工厂建设绝不仅仅是 EPC 承包商的事情，业主方不能等承包商建好了只是"交钥匙"，而要倡导协同建设的理念，要凸显过程交付的价值。设计数据还要有一个落地的过程，过程之后的工厂才是真实的工厂。

设计、建设单位要根据业主方的要求完成整个建设过程的数据采集、规范化、集成化任务，交付的全部目的是在工厂建成后，能够更高效地管理和运行。业主方必须有专门的数字化接收团队和专门的数字化运行平台，同时，业主方必须发挥数字化交付的主导作用，只有按这种方式交付的工厂，才是真正可运行的数字化工厂。

工业元宇宙——关于未来的话题

工业元宇宙刚刚浮现在远方的地平线上，关于它的一切都是新的，工业元宇宙有许多问题值得我们认真思考、仔细研究，其中最重要的有以下三方面。

第一是关于数字空间。工业元宇宙是一个我们前所未见的宏大、复杂的新空间，该如何用好这个空间才能最大限度地造福人类？如何治理才能保证这个空间不会变成黑暗混乱的堕落之地？随着元居民的入住，我们要在其中培育什么样的文化？营造什么样的环境？

第二是关于元居民。这是人类自己发明的全新的生存、生活方式。元居民要在元宇宙中构建社会、形成规范、培育文化，同时这些文化还会对现实社会相互渗透、相互影响。对于这一切，我们要做出什么样的设计和思考？

第三是关于工业元宇宙本身。人类从诞生之初就开始思考的几个根本问题一直没有答案，即我们从哪里来，我们到哪里去，宇宙的本质是什么。当一个新的宇宙在我们面前诞生之时，这些问题再次浮现在我们面前：宇宙的本质是什么？我们该如何去创建一个美好的元宇宙？如何去建设才能为人类的未来打造一个"诺亚方舟",建造一个"伊甸园"?

人类区别于动物的根本点之一就是思考。哪怕只是买到一套房子,在入住之前也要对如何装修、如何使用的问题思量再三。当我们面对元宇宙这样宏大、繁复、前所未遇的课题时,所有的问题都在我们面前展开,难免千头万绪,我们更应该超前思考、审慎思考,哪怕是"人类一思考,上帝就发笑",哪怕是挂一漏万、盲人摸象,但思考本身的快乐和思考带给其他人的启迪,就值得我们笃行不怠、砥砺前行。

6.1
去中心化与数字空间治理

人类从摆脱原始社会进入文明社会以后,就一直生活在中心化的治理体系之下。家庭以长辈为中心,部落以酋长为中心,宗教以神祇为中心,等等。个体只是构成整体的一个元素,被紧紧地镶嵌在组织内部,受到来自"组织中心"发布的各种纪律、规范、信条、法律、文化、道德等约束,必须遵照"组织中心"的意志行动,必须执行统一的行为规范。这种来自"组织中心"的约束无所不在,正如法国哲学家卢梭所说:"人生而自由,却无往不在枷锁之中。"

中心化的管控使组织有序、高效,具备强大的生存能力,作为个体以遵守组织纪律为代价,换来组织提供的保护,从而获得更加安全的生存保障。

随着人类社会的发展,社会文明程度得到了大幅提升,物质生活愈加丰富,个人生存条件得到极大改善,人类与生俱来的"自由"天性得以不断释放,越来越多地感受到"中心化管控"的制约感和个体自由的

冲突。

其实，在每个人的内心深处，都存在不同层面的这种中心化生存和去中心化生存的矛盾冲突。钱钟书先生在小说《围城》中非常精辟地概括了这种矛盾冲突：城里的人想出去，城外的人想进来。就像没有家的孩子渴望一个温暖的家庭，父母双全的孩子"叛逆"地离家出走；单身汉期待婚姻，婚姻中的男女想走出围城；每天朝九晚五的上班族羡慕自由职业者，自由职业者羡慕在大公司安稳就职的人……

现实世界似乎不可能去中心化，直到伟大的互联网的发明，人们终于发现了一个全新的、自由的空间——数字空间，看到了摆脱中心控制、实现去中心化的可能，区块链技术的发展，进一步为去中心化提供了坚实的技术保障。

6.1.1 数字空间治理与元宇宙治理

数字空间的提法早已存在，并且常常与网络空间、虚拟空间、信息世界等术语相互混用，用于指代由计算单元、存储设备、数据库和网络等构成的，能够存储、管理、传输和加工数字信息的 ICT 系统。随着数字经济规模的不断扩大及数字技术的快速进步，人类的生存空间开始超越单纯的物理空间，数字空间的重要性日益凸显，人类生存的物理空间与数字空间的交织越来越紧密，数字空间治理已被各国提上议程，成为国际政治的重要组成部分。

在互联网发展的早期，数字经济尚未兴起，"网络无国界"的说法流行一时。随着美国率先把网络空间当作国土空间，组建网络部队，网络空间的重要性被提到了很高的位置。特别是频发的网络攻击事件，如电网、输油管道、政府网站等都曾遭到过网络攻击，使人们越来越意识到网络空间的重要性和数据的价值，越来越重视个人隐私保护，数字主权的意识开始普及。

元宇宙概念的提出，进一步拓展了数字空间的概念。元宇宙也是一个数字空间，但比过去数字空间的概念更加具体、丰富，更加生动、形象。因为元宇宙中加入了元居民，加入了模仿现实世界运行规律的新方式。

元宇宙同样需要治理，已有的数字空间的治理理念、思路和方法，应该是元宇宙治理的起点。

当前，数字技术的发展、数据的跨境流动规则和数据主权、个人隐私保护与安全，以及基于数据价值的经济利益分配与管理等，都是各国密切关注的重大课题。元宇宙作为未来最重要的虚拟空间，这些问题必须优先考虑，才能避免数字空间与物理空间之间巨大的矛盾冲突，影响元宇宙的平稳发展。

1. 数字空间的概念

随着数字化的发展，数字空间一词越来越频繁地出现在国际政治、经济活动的各种场景中。

不同场景下人们谈论的数字空间内涵并不完全一致。有人认为，数字空间是以人们观测到的数据为基础，以通信网络、大数据、云计算等信息技术为手段的大型数据库，是集科学、技术、应用与服务于一体的重大信息基础设施。这一概念强调了数字空间建设的数字技术手段，但数字空间的构建不仅限于数据库和基础设施的物质属性，当前个人信息保护、主权国家对数字主权的要求等非技术因素对数字空间发展影响巨大。同时，数字技术的进步将人类生活的物理空间与数字空间密切交织在一起，必然会对现实社会生产关系与社会制度造成冲击。

数字空间、网络空间、赛博空间、虚拟空间等，在一般意义上是同义词，都是指在现实世界的网络基础设施之上，由数字构成的一个独立空间，在不同的场景中可能包括网络、服务器、数据库等基础设施，也可能单指数字空间；可能指局部的如某个企业或某个国家的数字空间，也可能笼统代指整个

虚拟世界。

2. 数字经济的发展不断提升数字空间价值

在数字技术的推动下，人类社会正加速进入数字时代。数据所承载的价值正在被日新月异的数字技术发掘、利用，不断孕育出新的经济增长点。数据已经成为数字经济新的生产要素。

数字空间范围不断延展，对人类社会产生了巨大而深远的影响。人们越来越多地在相互交叠的虚拟空间和现实空间中工作、生活和交流，在享受数字化带来的便利的同时，也面临越来越多的新挑战：一是数据泄露与滥用导致个人隐私、商业秘密等被窥探、侵犯，给个人和企业等社会主体带来干扰和损失；二是由于数字技术的掌握和应用程度不一，数字价值认识的地域鸿沟、代际鸿沟已经显现，可能进一步加剧发展不平衡、观念冲突、阶层分化等问题；三是随着数据的资产属性日益显现，数据的所有权、使用权、处置权和管辖权等权益争端日趋激烈，对现有法律体系和政策监管的有效性提出新的要求。此外，由于数据产生、处理和应用过程并未脱离人的监管，人类社会存在的歧视或偏见不可避免地被带入数字空间，并且在数字技术、智能技术的聚合与放大下，性别歧视、种族歧视、地域歧视、个人偏见等已经成为数字空间中的新问题，并传递到物理空间，会严重影响现实社会的有序运行。

3. 数字空间与国家主权和安全利益高度相关

数据正在成为一种日益重要的资产，被个人、企业或政府所拥有。数据资产的所有权限定了数据的流动性，特别是数据跨境流动，使数据主权日渐成为各国关注的焦点。数字空间对国家主权和安全的影响主要体现在以下几方面：一是部分国家单方制定的数据跨境流动规则可能构成对其他国家数据主权的侵犯；本国数据被他国政府或不友好势力掌握或使用，可能直接危及国家经济、政治和军事等安全。二是数字空间的发展高度依赖于数字技术，数字技术的封锁与遏制是一种严重的敌对行为，会对被封锁方的国家安全、经济社会发展等重大核心利益产生深远影响。三是由于数字技术本身的性质，数字空间具有明显的"马太效应"，数据平台"赢者通吃"的现象普遍存在，当前数据平台被少数跨国公司垄断，严重影响了政府对数据的协调、管控权力。数字资产业务的发展与监管等问题，也正在挑战现有监管政策和金融秩序。四是文化风险。数字空间更容易形成各种跨地域的数字社群，形成新的社群文化，这些社群文化很容易被影响甚至被操纵。某些国家或利益团体频繁挑起的"舆论战""认知战"，已经严重影响了数字空间的发展。

6.1.2　数字空间治理的关键措施

数字空间治理以数据为核心对象，围绕数据的产生、处理、存储、传输、使用等活动，对采用的数字技术、所涉及的数据权责利益进行规制。数字技术规制的主要目标是发展数字技术、完善数字设施，提升数字化能力和水平。治理的内容主要涉及数字技术研发与应用政策激励、数字空间基础设施发展与建设、数字产业发展规划、数字人才技能与意识培养等。数据权责利益规制的内容主要涉及从数据产生到利用的各个阶段，不同利益攸关方的数据权益归属与约束，涉及的相关议题主要包括国家数据主权、公民数据权、数据流动、数据安全、数据垄断、数字资产、数字税等。

1. 积极发展数字技术

数字技术是数字空间建设的硬核基础。近年来，美国、中国、欧盟、英国、俄罗斯等国家和组织纷纷出台数字化战略，促进数字技术创新与应用。

2012 年，美国率先把大数据确定为国家战略，陆续发布《大数据研发倡议》《联邦云计算战略》《国家人工智能研究和发展战略计划》《联邦数据战略与 2020 年行动计划》等一系列战略规划。欧盟启动了《欧盟 2020 战略》，将"欧洲数字议程"和增加研发总支出作为助力经济增长的两项关键举措，通过建立数字单一市场创造竞争优势。2020 年 2 月，欧盟密集发布《塑造欧洲的数字未来》《欧洲数据战略》《人工智能白皮书》三份数字战略文件，强调欧洲数字化转型要加强"技术主权"，确保欧洲的数据基础设施、网络和通信的完整性和恢复力。

中国自 2015 年发布《国务院关于印发促进大数据发展行动纲要的通知》以来，在全国范围内快速推进大数据战略，出台了一系列数字规划、政策和方案，在 5G、大数据、云计算、量子计算等技术领域快速跻身世界前列。其他国家如英国发布了《英国数字化战略》（2017）、澳大利亚发布了《澳大利亚的技术未来——提供一个强大、安全和包容的数字经济》（2018）、俄罗斯制定了《俄罗斯联邦数字经济规划》（2017）等，各国纷纷将物联网、新一代信息通信技术、云计算、大数据、人工智能、区块链等现代数字技术列为数字化转型的关键技术，加大研发投入、人才培养和产业应用，加快数字空间能力建设、增强数字技术实力。

2. 竞争全球数字技术标准

国际上围绕数字技术的竞争正在从产品、市场的竞争提升到技术标准方面的竞争，美国、欧盟、中国之间的标准制定与引领之争正在升级。欧盟通过《塑造欧洲的数字未来》《欧洲数据战略》《人工智能白皮书》持续推进相关标准规范建设，欧盟制定的《一般数据保护条例》（GDPR）已经被越来越多的国家和国际组织所采用。中国近年来积极参与国际电信联盟（International Telecommunication Union，ITU）、国际标准化组织、电气与电子工程师协会等组织机构，并不断对相关领先技术提出标准提案。然而，面对中国在高科技领域的快速崛起，一些国家正以不同的方式采取压制中国的行动。中国在国际电信联盟、国际标准化组织等国际组织中的不少技术标准提案或遭到冷遇，或遭到拒绝。中国数字技术在国际市场上将面临越来越多的合规性要求。

3. 数据主权与安全

数据主权实质上是网络空间中的国家主权，体现了一个国家对本国数据进行管理和利用、不受他国干涉和侵扰的自主性。数据的跨国界流动挑战了传统的国家主权概念，带来了复杂的权责关系，给国家、企业和个人的安全等带来了多种风险与挑战。美国"斯诺登事件"引发了各国对数据主权的高度重视，纷纷制定数据跨境流动和本地化规则。

美国和欧盟的数据跨境流动与监管规则最具代表性。2018 年 3 月，美国发布的《澄清域外数据的合法使用法案》规定，美国政府有权调取"由美国数据控制者"（主要是美国企业）控制的全球数据，美国借此实现了数据主权的对外扩展。欧盟发布的《一般数据保护条例》对数据跨境流动规则产生了广泛影响，如巴西于 2019 年通过的新版《一般数据保护法》就遵循了与《一般数据保护条例》类似的原则，列出了个人数据可传输的 9 种情况；印度的《个人数据保护立法草案》也在《一般数据保护条例》的基础规则上，提出了更严格的数据转移要求。

俄罗斯于 2014 年修订了《俄罗斯联邦个人数据法》，要求运营商所收集和处理的俄罗斯公民个人数据，首次存储必须存储于俄罗斯境内的服务器上。我国于 2017 年生效的《中华人民共和国网络安全法》对关键信息基础设施运营者在中国境内收集和产生的个人信息和重要数据设立了本地化要求。此外，我国在 2021 年颁布实施了《中华人民共和国数据安全法》，同年 11 月生效实施了《中华人民共和国个人信息保护法》。

4. 数字资产监管及数字税

区块链、智能合约等技术的发展推动了资产数字化，传统的股票、债券、基金等标准化金融资产，以及非上市公司股权、积分、仓单、知识产权、合同、供应链金融等，甚至包括个人的时间、影响力、信用、社会关系、点评等，将来都有可能量化，成为可流通的加密数字权益证明，即通

证/代币（Token），进而成为具有收益性的数字资产。

近年来，借助 NFT 等技术手段，数字资产化也发展迅猛。个人数字创作、数字艺术品、游戏虚拟资产等数字资产在拍卖市场屡创新高。

2017 年以来，全球数字资产市场发展迅速，英国、美国、日本等国家对数字资产高度重视，并不断探索、引导、构建新型监管措施。

美国和英国作为全球数字资产交易量最大的两大市场，相关的数字资产监管举措对全球具有重要影响力。美国将数字资产分为两大类进行监管，证券类数字资产由美国证券交易监督委员会实施监管，非证券类数字资产由其归属的监管机构和执法部门实施监管，并将比特币、以太币等不属于证券范畴的数字货币也纳入了美国证券交易监督委员会的监管范畴。

英国于 2019 年发布了加密资产指南，将加密资产分为交易性代币、证券类代币和功能类代币，向市场参与者说明可以涉足的受监管领域和所需获得的授权类别等，但数字货币不在英国政府的监管范围内。

征税权是一国的经济主权，涉及税收利益在各国的分配以及税收在企业和用户之间的转移问题。目前"数字服务税"和"最低有效税率"这两种方案在全球取得较快进展。2019 年 7 月，法国通过了全球首部数字服务税法案，在全球引发了多米诺骨牌效应，英国、意大利、新西兰、以色列、印度、新加坡、韩国等国家也积极研究或通过了相关的数字税计划。

随着数字经济的快速发展，基于数据价值的经济利益分配与管理规则正成为数字空间发展中最基本的治理内容。目前，全球主要国家在数字平台反垄断、数字资产监管、数字税等方面的治理理念和规则，在碰撞与妥协中不断演进，逐步走向融合与对接。

5. 数字系统、数字平台的反垄断问题

依托信息通信技术和大数据技术等逐步发展的数字平台已经快速融入经济社会的各个领域，并产生了巨大影响。数字平台企业在为经济社会提

供便利和个性化服务的同时，也汇集了大量有价值的数据资源，并在许多细分领域形成"一家独大"格局，由此而带来的"一家通吃"垄断问题，已经引起了各国高度重视。

欧洲地区是全球科技和数字领域反垄断最活跃的区域，欧盟委员会具有对平台提出正式指控的权力，欧盟的互联网企业以中小企业为主，因此，其特别注重保护消费者福利和中小企业竞争力。美国实行以司法为主导的反垄断机制，私人受害者有权提出反垄断诉讼。还有一些国家的反垄断法介于两者之间，如日本。

6.1.3 数字空间治理与去中心化

1. 数字空间的去中心化

去中心化（Decentralization）是相对于中心化管控的网络而言的，是在互联网发展到一定阶段之后，人们能够平等使用网络、自由参与网络活动、自主创作内容、共享创作成果的一种状态，以及相应的网络治理关系。

在早期互联网（Web1.0）时代，网络内容由服务商制作、发布，网民只能上网浏览这些内容，内容制作只有"服务商"一家，是中心化的。Web 2.0时代的网络内容不再由专业网站或特定人群所产生，而是由权级平等的全体网民共同参与、共同创造的结果。任何人都可以在网络上表达自己的观点或发表原创的内容，共同生产信息，共享这些成果。这就是网络内容的"去中心化"。

随着网络服务形态的多元化，去中心化网络模型越来越清晰。在一个分布有众多节点的系统中，每个节点都具有高度自治的特征。节点之间彼此可以自由连接，形成新的连接单元。任何一个节点都可能成为阶段性的中心，但不具备强制性的中心控制功能。节点与节点之间的影响"对等"，这种开放式、扁平化、平等性的系统现象或结构，被称为去中心化。

去中心化，不是不要中心。中心化的意思是中心决定论，节点必须依赖中心。而在去中心化系统中，任何节点都可以成为一个中心。任何中心都不是永久的，而是阶段性的，任何中心对其他节点都不具有强制性。

Web2.0兴起后，维基百科、微博等网络服务商所提供的服务都是去中心化的，任何参与者均可提交内容，网民共同进行内容协同创作或贡献。如今，简单易用的去中心化网络服务越来越多，Web2.0的特点越发明显。例如抖音、快手等更加适合普通网民的App，使网民为互联网生产或贡献内容更加简便、更加多元化，从而提升了网民参与的积极性，降低了生产内容的门槛。最终使每一个网民均成为一个微小且独立的信息提供商，使互联网更加扁平、内容生产更加多元化。

虽然很多应用的内容服务是去中心化的，但应用系统的监管依然是中心化的，并且形成了如Facebook、腾讯这样的互联网巨头。业界经常提到的去中心化概念有以下几个。

（1）去中心化计算（Decentralized Computing）。去中心化计算是一种把硬件和软件资源分配到每个工作站、服务器或办公室台式计算机上的计算模式。与之相反的集中计算则普遍存在于早期的计算环境当中，是将大部分计算单元从本地或远程进行集中的计算模式。去中心化计算依托网络的快速发展及性能的大幅度提升。工作站、服务器或办公室台式计算机的性能往往远超大多数业务应用程序的性能要求，因而存在大量剩余的闲置计算能力。一个去中心化的计算系统，可以发挥这些潜力，最大限度地提高效率。

（2）去中心化自治组织。也叫分布式自治组织（Decentralized Autonomous Organization，DAO），是一种基于区块链的组织结构形式。DAO使用智能合约建立组织规则并自动执行决策，即通过一系列公开公正的规则，可以在无人干预和管理的情况下自主运行的组织形式。

这些规则往往会以开源软件的形式出现，每个人都可以通过购买该组织的股份权益，或者以提供服务的形式来成为该组织的参与者。

从某种角度来看，DAO 就像一个全自动的机器人，当它全部的程序设定完成后，它就会按照既定的规则开始运作。在运作的过程中，它还可以根据实际情况不断地自我维护和升级，通过不断自我完善来适应它周围的环境。

DAO 的形态非常广泛，它可能是某种数字货币，也可能是一个系统或者机构，每个 DAO 都有自己的条款和条件。DAO 的成员有权查看其所拥有的、可支配的、数字货币形式的 DAO 股份，并且有可能从中获得股息。

比特币和以太坊就是典型的 DAO，绝大多数的规则都是公开透明的，如竞争记账的共识方式和规则等。从某种程度可以将 DAO 看成一个没有人控制的支付机构，而每个拥有比特币或以太币的人都是该机构的"股东"，而那些"矿工"和开发者也通过贡献自己的服务成为该机构的参与者。当该机构被更多的人需要时，股东们持有的股份权益就有可能会增值，增值之后他们就可以分享机构的收益，参与机构的成长。

DAO 是一种全新的机构形态，可能是未来互联网的组织形态雏形，不受任何单个人的控制却有明确的目标，能够自己进化和发展。

（3）去中心化金融（Decentralized Finance，DeFi）。也被称为开放金融，是指由去中心化基础设施（如区块链和智能合约）构建的借贷和交易等金融服务。

更具体地说，去中心化金融是指创建一个开放源代码、无许可、透明的金融服务生态系统的行为。该生态系统对每个人都可用，并且在没有任何中心化机构的情况下运行。用户将保持对其资产的完全控制，并通过点对点（P2P）、去中心化应用程序（DApps）与这个生态系统进行交互。

去中心化金融的主要优势是可以方便地使用金融服务，特别是对那些

与当前金融体系隔绝的人来说，能够提供极大的便利。去中心化金融的另一个潜在优势是它所构建的模块化框架——公链上可互操作的去中心化金融应用程序，将可能创建全新的金融市场、产品和服务。

2. 去中心化与区块链技术

区块链被称为互联网的下半场。传统互联网的功能主要是传递信息，因此被称为信息互联网；而区块链传递的是价值，因此基于区块链技术的互联网被称为价值互联网。

区块链通常被认为是一种去中心化的技术，而当前的互联网则由于被少数几个巨头平台所控制，被认为是中心化的。其实不然，技术只是手段，如何使用和监管才是关键。

追溯互联网的发展历史，就会发现互联网本身也是基于去中心化的思想而发展起来的。网络是由很多节点相互连接构成的，即便网络中的某条线路断开了，由于网络多节点分布，其他线路依然能够传递信息，从而可保持网络的正常运转，这是典型的去中心化架构。互联网发展到今天，已经形成全球性的超级网络，存在多个核心节点，由此保证了互联网能够持续不断地运行。

与互联网在技术层面的去中心化理念相反，互联网的管理和经济发展则呈现中心化不断加强的趋势。主要表现在两方面：一是互联网域名管理，全球只有 13 个域名根服务器，其中 10 个在美国，中心化的态势明显。二是互联网商业业务的不断集中垄断化。在全球范围内，少数几家互联网巨头大约占据了 70%以上的互联网业务，这些巨头控制全球用户，垄断数据和网络业务，人们的网络生活、工作、社交等必须进入他们的垄断平台。所以，技术只是提供了去中心化的一种手段，关键还是要看如何使用、如何监管。

在技术层面，区块链与互联网的技术思路是一致的。区块链作为分布式账簿，无论公链还是联盟链，都具备全部或部分的去中心化趋势，除了与互联网一样采用分布式布局来保证网络的持续连接，区块链更是依赖技术上的去中心化实现了永久存证、不可篡改和机器信任机制，这些是区块链最重要的技术优势。区块链确实从技术层面提供了一种去中心化基础保障。

在应用层面，区块链从第一个项目（比特币）开始，实现了经济系统的去中心化。工作量证明（Proof of Work，POW）机制就是在经济系统上保证去中心化，只要具备基本的算力设备，所有人都可以参与。但"挖矿"机制能耗大、效率低、交易速度慢，升级的区块链采用委托权益证明（Delegated Proof of Stake，DPOS）机制，设计了 21 个超级节点，只有这 21 个超级节点才具有区块生产权。这种改进打破了去中心化的思想，形成了一种"多中心化"格局，这与互联网 13 个域名根服务器的格局很相似。以太坊 2.0 也将从 POW 机制转换到 POS（权益证明）机制，即从去中心化转换到多中心化。

企业总是追求利益最大化的，因此当任何技术进入经济系统之后，总是会被经济的"巨手"所操控，服务于利润的追求。比特币是在技术层面比较彻底的去中心化，但在资本市场上，持有大量比特币的"巨鳄"兴风作浪，操纵市场，挖矿领域同样被少数巨头所把持。其他各种各样的虚拟币，基本上都是多中心化的，其背后的节点可能也是掌握在有限的几个企业手中。所以，技术层面的去中心化与经济层面的中心化的追求是相互矛盾的。技术层面的去中心化是为了实现最良好的发展生态，而经济层面的中心化是为了追求利润的最大化！

总之，数字空间的治理，寄希望于某种技术手段去解决所有问题是不现实的，必须有相应的规范、制度乃至法律作为保障。

6.1.4 元宇宙空间治理对策

中国是数据大国，在数字空间的影响力方面拥有天然优势。然而，与欧美的控制力和主导力相比，中国参与国际数字空间治理，既存在核心技术短板和规则不完善的问题，也面临着缺少话语权的挑战。在各国争先抢占数字空间主导权和话语权的背景下，元宇宙的提出和发展，为我国提供了一个"换道超车"的良机。我们要结合自身需求，积极作为，不断提升自身影响力。

（1）政策引领、产业牵头，抢占元宇宙发展先机。在元宇宙发展上，世界各国站在同一个起跑线上。我们只要抢先发力，在业务发展上领先一步，就会有领先一步的话语权。在工业元宇宙领域，各国都是零起步，我们要用好政策引领的优势，着力培育几个优势产业的工业元宇宙，形成规模、构筑优势、推出标准，引领工业元宇宙的发展，形成我们的优势"赛道"。

（2）加快元宇宙核心技术研发与应用。面对国际竞争和发达国家的技术封锁，我国宜从长期战略规划角度予以政策激励，加强核心技术研发，增强参与数字空间治理的基础支撑。特别是对芯片、操作系统、传感器、高端显示屏等关键前沿技术领域的技术攻关，尽快打造相关技术领域的自主创新能力。注重在云计算、大数据、人工智能、区块链等前沿基础领域高端人才的培养，继续从应用研究和基础研究两个方向加大人才培养和人才引进力度。

（3）推动构建元宇宙多边治理的国际共识，提升数字空间影响力。数字空间是高度全球化的空间，其时空距离均被大大缩短，无论正面效应还是负面效应，都可能被瞬间放大，波及全球。数字空间的有效治理离不开全球共识与合作。要积极推动国际数字空间多边治理与共识，以凝聚发展中国家利益共识为基础，增强中国方案的利益代表性，倡导地域均衡原则，争取世界各国平等、公平、透明、均等地参与全球数字空间治理。

（4）完善与国际规则接轨的国内数据管控法规体系。借鉴欧盟《一般数据保护条例》的做法，对数据（包括个人和非个人数据）流动的合规路径进行详尽的规则和程序设计，进一步明确"关键信息基础设施"和"重要数据"的具体范围和保护措施。在兼顾国家安全、文化差异等多重因素的情况下，采取妥善策略，拓展与欧盟的合作和共识，应对美国强势、激进的数据自由流动方案，捍卫我们的价值观，保证我们在数据保护、元宇宙发展等各方面的近期和长远利益诉求。

随着数字技术的发展，在早期数字空间的基础之上，逐渐演变发展形成了元宇宙，其内容进一步丰富，人类更加"深入"地生活在数字空间，虚拟世界和物理世界的交互更全面，影响更深刻，元宇宙的价值潜力及其对未来发展的影响也更加巨大。

因此，元宇宙空间的治理要在借鉴现有数据空间治理的基础上，不断总结元宇宙业务发展的新特点，逐渐构建完善的治理机制，为元宇宙的可持续发展保驾护航。

6.2 数字人与数字伦理

元宇宙中有众多的元居民，并将产生各种各样的组织，组织之间、个人之间、个人和组织之间也会产生各种各样的关系，形成丰富的社会生态。组织和个人只有遵守一些基本的、一致的行为规范，才能保证社会生态的有序发展，这就是基本的元宇宙规则，其中最基础的是元居民的伦理问题。

数字经济在发达国家 GDP 中的占比已经超过一半，在中国也已经远超

三分之一。数字化生存——20 多年前尼古拉·尼葛洛庞帝（Nicholas Negroponte）在书中的预言，已经出现在我们的身边，这个世界已经不可逆转地走向了数字化。

近年来，人工智能、物联网等相关数字技术快速发展，机器人、数字人、虚拟人等各种各样的"智慧生物"出现在我们的生活和工作中。家用服务机器人、扫地机器人、儿童教育机器人、老人陪伴机器人、护理机器人，以及生产上的操作机器人、焊接机器人、搬运机器人、装卸机器人等，还有出现在电视、手机中的聊天数字人、节目虚拟主持人等，让我们的朋友圈或者工作生活中出现了新的伙伴。

前面已经介绍过元居民，元居民基本上有 5 类：阿凡达、NPC、数字员工、智能宠物和智慧物件。阿凡达是由现实世界中的人驱动的，带有现实世界中人的行为模式。其他 4 类都是智能体，由于其设计者的水平不同，设计的目的不同，这 4 类智能体的智能化水平可能有比较大的差异。

智慧物件可能只能停留在一个地方，智能宠物也许会无目的地到处乱跑甚至上下翻飞。有的 NPC 可能只需要简单的记录和复述功能，有的 NPC 也许被设定了听、说、读、写等各种技能。元居民的多样性、趣味性可能远远超越现实世界。

上述一切智慧生物，都是依靠人工智能相关技术打造的，元宇宙的伦理问题，归根结底就是人工智能的伦理问题。

如何在人工智能这一全新的技术背景下形成伦理共识，对经济、社会和政治都有着深远意义。目前，各国、各行业组织、社会团体和人工智能领域的商业公司纷纷提出人工智能的伦理准则，对人工智能技术的研发方向进行规制，对已有 AI 技术的应用领域和应用方式进行伦理层面的规范。中国政府把人工智能作为产业升级和经济转型的重要驱动力，发布了《新一代人工智能发展规划》，鼓励、扶持和推动人工智能的发展。

人类对人工智能伦理问题的关注，通常来自对人工智能不可限量的强大力量的恐惧。人工智能会不会成为超越人类又无法控制的技术，最后给人类带来灾难甚至导致人类的毁灭？包括埃隆·马斯克、比尔·盖茨在内的一些业界技术领袖，都曾公开提出过这个问题，也引起了公众的广泛关注。人工智能的伦理问题，不光影响当下，更事关人类的未来。

6.2.1　机器人三定律

公开讨论人工智能伦理最早、最有名的论述，来自科幻小说作家阿西莫夫提出的机器人三定律。阿西莫夫在 1950 年曾出版小说《我，机器人》，该书引言部分的小标题就是《机器人三定律》，该定律被称为"现代机器人学的基石"。

三大定律之间的互相约束，为后世的机器人伦理画出了框架。

第一定律：机器人不得伤害人类个体，或者目睹人类个体将遭受危险而袖手旁观。

第二定律：机器人必须服从人给予它的命令，当该命令与第一定律冲突时例外。

第三定律：机器人在不违反第一、第二定律的情况下要尽可能保护自己。

后来又补充了机器人第零定律：机器人必须保护人类的整体利益不受伤害，其他三条定律都是在这一前提下才能成立。

第零定律的重要性在于其地位凌驾其他三大定律，如若有个机器人为保护人类整体（维护第零定律），必须杀害一个人或一群人（抵触第一定律），则机器人为了人类整体着想就会同意谋杀行为，就好像根据国家法律，必须对某个罪大恶极的罪犯执行死刑。根据第一定律，机器应该阻止死刑的执行，这显然是不允许的，因为这样就破坏了我们所维护的人类的

整体利益。

其后，又有一些科幻作家补充了所谓的第四定律甚至第五定律，如"机器人在任何情况下都必须确认自己是机器人"。"机器人必须进行繁殖，只要进行繁殖不违反第一定律、第二定律或者第三定律即可。"还有所谓的"元原则"：机器人不得实施行为，除非该行为符合机器人原则。

随着机器人技术的发展，我们逐渐认识到，阿西莫夫的机器人三定律并不能一劳永逸地建立对人工智能的合理约束，但它的真正价值是提出了一个可能性。这个可能性就是我们所创造的机器人在处理很多问题上比人类更迅速、更有力，甚至更智慧。我们要确保这个"自主"的决策主体不仅不会伤害人类，反而能够造福人类社会。

机器人三定律要处理的核心问题是人的主体性问题，这也是探讨人工智能伦理和治理的核心问题。关于人工智能伦理和治理，无论与算法决策相关的问题、与数据及隐私相关的问题，还是与社会影响相关的问题，都涉及人的主体性问题。

机器人三定律所指的"机器人"其实包含了所有应用人工智能技术的创造物，不仅局限在"人"这个形态，还应当包含机器人、数字人、虚拟人等各种"智慧生物"。

在元宇宙中，几乎所有的元居民都是由人工智能技术驱动的智慧生物，在去中心化的虚拟世界中，这些由人类制造的智慧生物会不会有意识地伤害人类呢？在反复被提及的科幻电影《失控玩家》中，游戏设定的 NPC 盖伊是个数字人，只能在一场"抢劫戏"中扮演路人甲，说两句毫无意义的台词、做出趴下的动作，他是不能袭击充当劫匪的"玩家"的。但在电影中，演过无数次抢劫场景的盖伊突然觉醒了，变身主角出手袭击劫匪。《失控玩家》的失控就是指 NPC 的失控。

失控——是发展人工智能需要首先考虑的伦理问题！

失控也是凯文·凯利所著的一本书的题目，全名是"失控——全人类的最终命运和结局"。

6.2.2　人工智能伦理的核心问题

从人工智能现有能力、发展潜力及未来可能给人类社会带来的负面影响来看，人工智能的伦理问题主要表现在以下几方面：

（1）人工智能在自主决策时伦理判断能力不足。人工智能系统对其决策结果的伦理意义缺乏正确的判断，这有可能导致其解决了某一方面的问题而带来了伦理方面更大的问题。人工智能常被用来解决一些具体问题，而它只能通过已有的有限数据或知识来做出决策，往往无法像人一样理解更广的社会和伦理语境。

譬如，你在家忙了一天，快到晚饭时告诉机器人："我要饿死了，快去最近的地方找点肉吃。"机器人会不会把你的宠物狗杀了呢？你让机器人去附近取点木柴生火取暖，它会不会把你的大门拆下来呢？

人工智能缺乏对决策后果的伦理认知，人们对此抱有恐惧心理，这是完全可以理解的。这种恐惧或者忧虑，在人工智能技术本身缺乏透明度（黑箱问题）时就更加严重了。当前普遍采用的深度神经网络算法存在很多不可解释的隐藏层，人们只能得到结果却不知道为何会得到这个结果，不知道得到这个结果的物理机制是什么。此外，人工智能采用的机器学习往往由于受到算法和算力限制，无法回溯机器做出决定的具体机制。无法回溯会限制我们在事先预测后果和事后做出纠正的能力，这些问题造成人们对是否应用人工智能技术心存疑虑，特别是在一些重大问题上踌躇不前。

（2）人类缺乏引导人工智能发展的终极伦理准则。人类对人工智能的

无尽潜力充满担忧。人工智能可能成为人类许多重要决策的参与者、影响者甚至是决定者，但人类尚无任何已知的伦理准则能指引或制约上述行为。

导航软件已经发展得比较成熟，被人们普遍使用，但偶尔还能听到导航把驾驶员导向死胡同，甚至驾驶员跟着导航把车开进水库的新闻。没有合理的引导或者制约，对机器决策的听信就会变成盲从。

人类创造了人工智能，但不知道人工智能的下一步会走向哪里。人们担心随着人工智能的发展，会导致已有社会问题的进一步恶化，同时可能带来新的社会问题。现实世界中已有很多这样的案例。

（3）人类对自身的管控和道德自律。无数的影视文艺作品中都出现过"疯狂科学家"的戏码，"疯子"制造出了毁灭人类的武器、病毒或其他技术，让人们束手无策。

人工智能的发展根本还在人，必须把握两个基本方向。一是技术必须促进人类的善，以维护人类的根本利益为原则。违反这一原则的人工智能，无论用来欺诈顾客的营销算法，还是对个人信息的过度收集和滥用，都违反人工智能伦理，应予严格禁止。二是可归责性，人们可以利用人工智能得到更大的能力，因此就必须承担更大的责任。对伦理风险的治理，需要立法和政策明确各相关主体的责任，包括信息提供者、信息处理者和信息使用者。此外，人工智能还可能对社会的远期发展产生风险，如对既有的就业、市场竞争秩序、产权等法律制度的挑战，甚至生产方式的根本变革，这些都需要人类承担起主体责任。

6.2.3　人工智能的风险和防范

人工智能是人类发明的技术，因此讨论人工智能伦理风险还要具体落实在技术层面，可从算法、数据和社会三个方面来梳理人工智能的风险。

1. 算法方面的风险

人工智能在算法方面的风险主要包括算法安全问题、算法可解释性问题、算法歧视问题。

算法安全问题源于算法实现过程中的漏洞，这些漏洞有可能被黑客发现并被攻击和恶意利用，包括 AI 算法从设计、训练到使用中的可信赖性问题及可靠性问题。

算法可解释性是指人类对算法可能导致的因果关系的了解，算法的"黑盒子"问题困扰着很多用户，甚至带来对结果不可知的恐惧。算法可解释性对人工智能的长远发展和普遍使用的意义重大。当前，人工智能领域常用的深度学习算法的可解释性问题，在国内外也引起学术界、媒体和公众的广泛关注，在产业应用中，不可解释性更是成了推广使用的制约因素。

在电气与电子工程师协会（Institute of Electrical and Electronics Engineers, IEEE）发布的《人工智能设计的伦理准则》白皮书中，有多个部分都对人工智能算法可解释性提出了要求；美国计算机协会公共政策委员会在 2017 年初发布了《算法透明性和可问责性声明》，提出了七项基本原则，其中一项就是可解释性。

与算法可解释性问题同时出现的是算法歧视问题。由于算法设计者的某种偏见，或者使用者选择的数据集的问题，使人工智能系统产生了带有歧视性的结果。这类例子时有媒体报道，例如在金融领域"降低弱势群体的信贷得分""拒绝向'有色人种'贷款"等。

有些算法歧视问题是人为造成的，有些人故意在设计算法时将歧视或偏见引入决策过程，这种算法歧视本质上是对人的歧视。还有些算法歧视问题是由数据驱动造成的，由于原始训练数据不全面或不完备，存在数据偏差，导致算法在执行时将歧视带入，从而引发歧视性结果。

人工智能算法是由人设计、训练的，其中的风险既有可能是因设计者、训练者、数据提供者本身"有意"带来的，也有可能是因人的能力不足而"无意"造成的。要减少算法结果的不可预见性，除了提高算法的可解释性，还应引入相应的算法评估和终结机制。

2．数据方面的风险

人工智能在数据方面的风险主要包括侵犯隐私的风险和个人敏感信息识别与保护的风险。人工智能背景下侵犯隐私更容易、风险更大、危害更大。法律对个人敏感信息应予以更高级别的保护，例如对个人敏感信息的处理需要基于个人信息主体的明确同意，严格限制对个人敏感信息的自动化处理，采取更为严格的访问控制等安全保护措施等。

图像识别、语音识别、语义理解等人工智能技术的应用极大地扩展了个人信息收集的场景、范围、速度和数量，人工智能与物联网设备的结合丰富了个人数据采集的场景。例如，家用机器人、智能音箱设备走进人们的生活中，实时地收集人们的生活习惯、消费偏好；各类智能终端也在全方位地获取用户的浏览、搜索、位置、行程等信息；人工智能加持的公共监控摄像头，可以在道路、广场、影剧院等公共场合识别个人身份并实现对个人的持续跟踪。这些都在增强数据采集能力的同时，加大了数据安全的风险。

被广泛使用的各类社交软件、电子商务平台、婚恋网站、短视频平台、快递系统等，在用户不知不觉中收集了大量的个人信息。基于这些信息的"客户画像"掌握了大量用户的个人情况、家庭住址、收入情况、消费习惯、婚恋关系、社交范围等众多敏感信息。对这些问题的有效监管，已经成为人工智能时代十分重要的伦理和社会课题。

3．社会方面的风险

人工智能在社会方面的风险主要包括算法滥用和误用。算法使用目的、使用方式、使用范围等出现偏差都可能引发不良影响或造成不利后果。例如，人脸识别算法能够识别罪犯，加快发现犯罪嫌疑人的速度，但不能反过来把具备某种特征的人脸，用"相面法"去判断犯罪。好莱坞电影《少数派报告》描述了未来人工智能技术"滥用"的可怕场景：未来所有人都生活在算法的控制下，通过算法能够预判某个人是不是将会犯罪。因而，大街上正常行走的某个人可能就会突然被按倒，原因是"你将实施犯罪"，没有证据不重要，这是算法做出的判断。

算法滥用主要表现在三个方面：一是算法设计者出于经济利益或者其他动机的故意操纵；二是使用者过度依赖算法的盲从；三是将算法的应用范围肆意扩大，超出算法设计者所考虑的领域。

电商平台算法设计者利用大数据"杀熟""诱导消费"，或者娱乐平台设计场景刺激用户"打赏"、引诱用户沉迷等，都是算法设计者操纵行为的表现；在医疗领域过度依赖人工智能平台的读图诊断而导致误诊，驾驶员被导航软件引导到死胡同等都属于盲从行为；把人脸识别技术用于预测什么长相的人容易犯罪等属于对机器识别技术的肆意滥用。

与社会相关的伦理问题通常具有利益相关性、群体性、系统性和复杂性。如算法应用在犯罪评估、信用贷款、产品营销、客户关系等利益相关的场景，设计者和使用者都难免带有倾向性。受害者通常是弱势的一方，如电商巨头侵犯个人用户权益。社会性问题通常影响广泛，并且难以在短时间内解决，例如，用深度学习算法建立的模型如果存在歧视，由于算法不可解释，人们在应对时难以查清原因，因此受到伤害的个人或者公众权益方难以找到方便快捷的解决途径，这常常使申诉者望而却步。

6.2.4 人工智能伦理建设的基本原则与实践

人工智能技术的发展所带来的伦理挑战和社会治理问题，在世界范围

内引起了广泛的关注，中国也在这个方面开展了探索与实践。国务院印发的《新一代人工智能发展规划》中提出要制定促进人工智能发展的法律法规和伦理规范。中国电子技术标准化研究院发布的《人工智能标准化白皮书（2018）》中也论述了人工智能的安全、伦理和隐私问题，认为设定人工智能技术的伦理要求，要依托于社会和公众对人工智能伦理的深入思考和广泛共识，并遵循一些共识原则。

1．人工智能风险问题的特殊性

人们越来越清醒地认识到，人工智能的特征在于其高度的自主性，即其决策不再需要操控者的进一步指令。考虑到这种决策可能会产生人类预料不到的结果，人工智能技术的设计者和应用者必须在人工智能技术研发、应用的各个环节贯彻伦理原则，以实现对人工智能的有效治理，防范可能发生的重大风险。

应当意识到，人工智能技术的快速发展和特殊风险与治理立法的滞后性，存在巨大反差。因此，只有在技术层面关注伦理问题，才能保证治理的有效性。构建人工智能的伦理标准和制定法律、完善政策、设立管制机构，必须多管齐下、缺一不可。

2．可以借鉴的基本原则

人工智能技术的快速发展与治理体系相对滞后不可避免地存在矛盾，这需要我们明确一些应对人工智能伦理风险的基本原则。在国际范围内广受关注的人工智能伦理基本原则，总结起来包括以下几个方面：

（1）人类的根本利益原则。人类的根本利益原则即人工智能应以实现人类的根本利益为终极目标。在对社会的影响方面，人工智能的研发与应用以促进人类向善为目的（AI for Good），和平利用人工智能及相关技术；在算法方面，人工智能的研发与应用应符合人的尊严，保障人的基本权利与自由，确保算法设定避免歧视，缩小数字鸿沟；在数据使用方面，人工智能的研发与应用要关注隐私保护，防止数据滥用。

（2）透明度原则。透明度原则要求在人工智能的设计中，人们应当知道人工智能如何以及为何做出特定决定。透明度原则的实现有赖于人工智能算法的可解释性、可验证性和可预测性。

（3）权责一致原则。权责一致原则是指在人工智能的设计和应用中应当保证问责的实现，包括留存相关记录、明确责任归属、建立公共审查制度等。

应当特别指出的是：人工智能伦理原则，应当由人工智能系统各相关方共同遵守，包括与人工智能相关的研究机构、研发和应用企业及相关的科技工作者。此外，所有机器人、数字人、人工智能平台、人工智能应用系统更应该通过"嵌入系统"的方式遵守人工智能伦理原则。

以上是我们所讨论的人工智能伦理和传统伦理的根本差别所在。人工智能的本质是机器对人类智能的模拟、延伸和扩展，机器人或者人工智能系统被赋予了独立决策的能力，不需要操控者的下一步指令，而这种决策正是可能会产生人类预料不到的结果的地方，是最需要严加约束的。机器人、数字人或人工智能应用系统应当是接受伦理原则的主体。

6.2.5　元宇宙中的伦理问题

当前元宇宙的发展方兴未艾，世界各国、各行各业对元宇宙的关注越来越多，相应的批判和质疑的声音也不绝于耳。社会只有相信元宇宙能够给人带来的利益大于伤害，才有可能持续支持元宇宙的发展。这就需要我们认识和探讨有关元宇宙的伦理和治理问题，规避和防范可能产生的负面影响，在政府、学界、企业界、研究者和从业者之中，形成广泛的共识，遵循一些基本的伦理原则，为元宇宙发展的行稳致远奠定坚实基础。

1. 遵循人工智能伦理的基本原则，合理管控人工智能风险

人工智能（AI）技术是元宇宙发展的核心技术，元居民，无论阿凡达、数字员工，还是 NPC 和智慧物件，都需要人工智能技术的支撑。在元宇宙中，人工智能技术的应用更普遍、更深入。因此，人类社会构建的关于人工智能、机器人的所有伦理原则，都应该在元宇宙的建设实践中得到贯彻和执行。这些基本原则包括：

捍卫人类的根本利益原则。元宇宙中可能包含众多的利益主体，比如不同的个人、组织、企业，甚至是不同的国家，这些利益主体所创造和使用的人工智能，都要首先保证人类的整体安全利益和人类发展的长远利益。

透明度原则。在研发和使用人工智能技术时，要采用可知、可控的技术，避免使用无法了解、无法掌控的技术，避免研发和应用有不可知后果的技术。

责权一致性原则。任何人工智能的研发和使用都要自负其责、责权明晰、可追踪、可评价；要保留必要的数据痕迹，自觉遵守规范、承担责任；主动接受政府或相关管理组织的检查，形成制度。

2. 遵循现实社会的基本伦理规范，造福人类社会

元宇宙是依附在现实世界之上的一个独立宇宙，和现实世界有密切的联系。元宇宙的主要居民阿凡达，同时"生活"在现实世界和元宇宙之中，具有双重身份。其行为规范自然带有所在现实世界的痕迹。来自现实世界中不同组织、不同地区甚至是不同国家的阿凡达，会在元宇宙中相遇、相识，组建元宇宙中的元组织，形成元宇宙中的元社会，衍生出元宇宙中的元文明。

在元宇宙中存在多种文化的融合效应，我们期待在元宇宙中慢慢形成一个更高级的文明，带动现实世界中的人类社会更好地发展。要实现这个

造福人类的长远目标，要求元居民自觉遵守人类文明的共同原则，构建和谐、进取、公正、平等的美好元宇宙。

3. 超越当前人类伦理标准的新要求，规避不良的文化现象

互联网、人工智能、虚拟化等新技术的发展，已经给现实社会带来了一系列需要研究的社会课题，"Z 世代""阿尔法"一代年轻人的行为方式和生活准则越来越难以被上一代人理解。

据公开资料报道，许多日本年轻人沉溺于网络，婚恋意向不高。他们表示："有这时间和闲钱，还不如去玩游戏。"

科技和互联网的发展让日本人越来越孤独。在 20 世纪 80 年代任天堂打造出一个使人沉迷的电子世界后，科技和互联网孕育了日本的初代"阿宅"。随着"宅群体"的壮大，科技和互联网演变出许多满足"阿宅"需求的服务，宅着的生活变得无可挑剔，他们沉浸在自己的世界不愿意被打扰，催生出日本人的"不打扰"哲学。

这些报道揭示了互联网科技发展带来的日益严重的社会问题。年轻人宅在家里，低欲望、低需求，婚恋、社交乃至工作都通过虚拟化的手段来解决，这已经成为很多大城市年轻一代的生活方式，不要说发展，人类自身的繁衍都面临着严峻的挑战。

元宇宙的出现和发展，能解决这些问题还是进一步恶化这些社会问题？不少有识之士表示出了严重的担忧。

元宇宙是我们创造的宇宙，采用了最先进的技术，因此要设定更高的道德伦理标准。就像一个人慢慢地走路可以漫不经心，如果骑上自行车则要小心许多；如果骑上一匹快马，则更应该聚精会神，免得从马背上摔下来。

最新的科技，尤其是人工智能，以比人类快得多的速度"飞奔"，我

们要想更好地驾驭这匹"烈马"，就要对自己提出更高的要求。这就是人类的两难处境：我们既想要追求更新的科技、更高的发展速度，又想要更多的从心所欲和自由散漫。鱼和熊掌不可兼得！

在不可控的情况下，人工智能比核武器更可怕。上帝把人工智能这把"菜刀"交到了人类手中，我们不知道未来会有什么后果。因此，在元宇宙中，要构建更高的道德伦理标准，为人类寻找一条永续发展的康庄大道。

6.3
精心设计的宇宙

人类繁衍生息的宇宙究竟是怎么回事儿？人类从何处来？往何处去？意识和物质是一个整体还是二元分立？世界的神秘莫测让科学家有了奋斗的方向，也让世界本身充满神秘的诱惑力，引导一代代人类永不停歇地探索。

笔者曾看到网络上的一篇文章，提到人类评选的近代 100 位最顶尖的科学家，有 74 位到晚年成了虔诚的宗教信徒，剩下的介于科学和宗教之间，没有一位是完全不信"神"的。这里在"神"字上加上一个引号，是因为这则消息传达意思的可能并不是其字面上的意思。笔者的理解是，即使这则消息是真的，也并不意味着这些人类中的精英分子是真的宗教信徒，而是他们被终其一生所研究的物理世界的精致和微妙震惊了、迷住了，如此鬼斧神工、妙不可言的世界，一定不是所谓自然演化的，一定是一位无比伟大的存在者精心设计的！这个无比伟大的存在者叫什么？没有人知道！老子的《道德经》中有一段话："有物混成，先天地生。寂兮寥兮，独立而不改，周行而不殆，可以为天地母。吾不知其名，强字之曰道，强为之名曰大。"这个天地之母没有名字，人们总要尊敬地称呼她，只好万般无奈地强行给她一个名字，称之为"道""神""佛""仙""上帝"，等等。这就是那些科学家们心目中所尊敬、信仰的"神"。

"英雄到老皆皈佛，宿将还山不论兵"。这些真正的英雄，不是信奉平常人口中的"宗教"，而是随着他们对这个世界认识的深化，无不倾倒于那位万能的"造物主"。

看看宇宙的"设计"，看看生命的"设计"，其奇妙精巧、宏大渊博，无所不备，无不震撼心灵，让人目瞪口呆，顶礼膜拜！

6.3.1　计算主义

在世界斯诺克大师赛上，丁俊晖做出了一个绝妙的斯诺克，惊叹之余我告诉你这是丁俊晖计算出来的，你也许会表示认同；当你徜徉花海，陶醉于鲜花的艳丽和芬芳时，我告诉你它们的形成也是出于某种计算，你很可能觉得这是天方夜谭；当你仰观满天星斗，为每一颗飞逝的流星而感叹时，我告诉你这个宇宙也是大自然计算出来的，你一定瞠目结舌。是的，这就是计算主义，一种随着计算机技术的发展而产生的新的世界观。

现代意义上的计算主义思潮是在 20 世纪 40 年代和计算机一同诞生的。大致经历了三个发展阶段。在计算主义初兴的第一阶段，主要认为人的智能或者心灵活动是一个计算过程，人类大脑的活动完全可以用"通用图灵机"来模拟，这也直接导致了人工智能这门新学科的诞生。

在计算主义发展的第二阶段，人们开始把生命的本质看作计算。冯·诺依曼认为生命的本质是自我繁殖，进而提出了"细胞自动机"模型。不只是计算机专家，甚至同时期的一些生物学家也接受了这一观点。1994 年美国科学家雷纳德·阿德勒曼在《科学》杂志上发表文章，直截了当地指出

"是否可能存在一种由相互作用的生物细胞进行计算的液体计算机呢？答案是肯定的"。

计算主义发展到当今的第三个阶段，人们开始把整个世界的本质看作计算机，认为整个宇宙就是一个巨大的计算机系统，宇宙中的一切皆为计算，这也是计算主义的宇宙观。已故的著名物理学家约翰·阿奇博尔德·惠勒甚至提出"万物源于比特"。美国著名量子计算专家赛斯·劳埃德认为宇宙是一个巨大的量子计算机，一旦我们对宇宙的规律有了全面的了解，我们就可以用一个量子计算机来模拟整个宇宙。

计算主义已经成为信息化社会重要的标志性哲学思潮，并得到越来越多的学者支持。计算主义把整个宇宙看作一台巨大的计算机，把整个物质世界中的所有过程，从人类的思维到自然界的四季变化，从最小的粒子到巨大的天体，都看作大自然的计算过程。这种崭新的世界观不仅带动了分形几何学、人工生命、人工神经网络、混沌科学等一大批新学科的兴起，也正在对宇宙学、社会学、语言学、认知科学、经济学和政治学产生深刻的影响。

用计算主义的观点来看，一个社会可以被看作一台计算机，其中的任何一个经济组织也可以被看作一台计算机，譬如一个企业就是一台计算机。企业的每一个员工都是一个不停运转的 CPU，数十个 CPU 组成一个小组，就是我们最基层的小队或者班组。几个班组组成一个车间，几个车间可以组成一个工厂，不同数量的工厂构成我们的分子公司。分子公司就已经是一个规模适度、功能齐备的计算机，其中的每一个人（CPU）都按照企业的规章制度运行，就像是计算机按照预先安装的程序运行一样，集中所有人（CPU）的努力（运算）就会得到我们最终的劳动成果（计算结果）。

按照这样的类比，我们可以用挑选计算机的眼光来审视和优化我们企业的运行流程。在购置一台计算机时,我们主要关心以下三个方面。

一是 CPU 是否先进。主频要高,保证运算速度够快;多线程,保证可以同时开展多项工作;此外,当然内存也要配置合理。

二是计算机架构是否合理。主机架构是高内聚的计算模式,单位 CPU 效率更高,当然成本也更高;集群架构是联盟模式,很多计算机联合工作。

三是安装的程序是否高效。要关注采用什么样的操作系统,什么样的数据库,什么样的中间件和应用软件。

将上面的三个条件对应到一个公司中,首先,就要考察公司的单个员工(CPU),把好人才招聘关,不断培训,让 CPU 不断升级,始终保证 CPU 的先进性。其次,公司的组织架构也很关键,不同的业务模式要选用不同的组织方式。最后是计算机程序,也就是公司的各种规章制度,所有的个人或者部分组织都是按照规章制度的要求运转的,规章制度的合理性、可执行性和效率在很多时候会成为制约公司整体效率的瓶颈。这也就是为什么同样的人,有时候凑在一起是一条“虫”,而有时候则会是一条“龙”。计算机在运算的时候,所有的程序都被从磁盘调入 CPU 的内存,以支持 CPU 的高速运算。以此类比,公司要想高效,也要让所有的制度深入每个员工的头脑之中。云计算时代已经到来,提出了计算的虚拟化、动态调配、随地接入、计量服务等新的概念,这是一种更加高效的计算资源利用之道,我们的公司能否按照企业云来运作?值得思考。

6.3.2 精妙设计的宇宙

牛顿在其著作《自然哲学的数学原理》的末尾这样写道:“这个最为动人的太阳、行星和彗星体系,只能来自一个全能全智的上帝的设计和统治。如果恒星都是其他类似体系的中心,那么这些体系也必定完全从属于上帝的统治,因为这些体系的产生只可能出自同一份睿智的设计。

尤其是，由于恒星的光与太阳光具有相同的性质，而且来自每个系统的光都可以照耀所有其他的系统：为避免各恒星的系统在引力作用下相互碰撞，他便将这些系统分置在相距很远的距离上。"

牛顿相信这个宇宙有一个精心的设计者，他是一个"从永恒持续到永恒，从无限延伸到无限，至高无上、全能全智的存在"。

科学研究发现，人类的诞生需要宏观、微观各个层级、各个环节、多种因素的精准调校，一个细小环节的某个微小因素的变化就会彻底泯灭人类产生的可能性。

1. 宇宙参数调校得非常微妙

科学家经过研究发现，这个宇宙似乎是为了让人类存在而刻意设定了各种参数。宇宙的膨胀速度恰到好处，如果这个膨胀速度稍微快一点，物质就会四散飞开，也就无法形成恒星、星系；反过来，如果膨胀速度稍微慢一点，引力就会把所有的物质都拉到一起，宇宙将坍缩成一个奇点。精巧之处就在于，我们的宇宙膨胀速度正好处于临界速度。

万有引力常数也恰到好处，科学家通过用计算机模拟计算出，如果它小一点，那么星系引力将无法束缚自身，星系也会分崩离析；如果它大一点，又无法形成稳定的星系。

组成物质的原子核是由带正电的质子和中子构成的，原子核的外部围绕着带负电荷的电子。奇妙的是，质子和电子的大小刚刚好，如果它们稍大或者稍小一点，那么原子就无法形成分子，人类或者说生物就无法存在。

2. 地球位置设置得如此舒适

地球是生命的摇篮。太阳系只有地球适宜生命生存，显然地球处于一个非常温暖舒适的区域，这个区域也被称为宜居带。同样，太阳系也正好处于银河系的宜居带内。地球自身也具备优越性和特异性：地球公转倾角的存在确保了地球上的四季变化，而能够让这个倾角保持稳定又是由于月球的引力作用。地球大气层的气体含量、地球表面的反射率、地球的磁场、温度都恰到好处……精密的设计，让太阳、地球、月球，达到了某种完美的和谐状态，共同缔造了地球生命的神话。

3. 生命诞生发展是个奇迹

即使地球具备了如此优越的条件，生命的出现也还是一个奇迹。

宇宙自大爆炸后，产生的都是氢、氦等元素，这些元素需要在太阳这种恒星中聚变才能生成更重的元素。基本的元素和简单的化合物，只有经过某些特定的物理和化学过程，才能进一步搭建出糖、氨基酸等更为复杂的化合物。而这些更加复杂的化合物又需要更加复杂的过程和苛刻的条件，才能产生多聚核苷酸和蛋白质。蛋白质等大分子复杂化合物又需要经过极其漫长的时间和极其偶然的相互作用，才能自发聚合在一起形成单细胞生命。简单的生命体出现后，还需要经过随机的变异、漫长的自然选择和进化，才能出现当今生物体所拥有的复杂高级的功能，比如眼睛、神经系统、循环系统，等等。

最不可思议的是，这一堆物质搭建的躯体中居然进化出了人类，并产生了意识。

这一漫长演化过程的每一步都是奇迹，一连串不能有丝毫差错的巧合，最终诞生了生命。可以说生命的出现就是种种发生概率极低的巧合的结果，而人类这种有智慧的生命的诞生更是巧合中的巧合，奇迹中的奇迹。

从银河系、太阳系到地球生命系统，处处都显示了鬼斧神工的精巧设计，差之毫厘就没有太阳系、地球、生命的存在，差之毫厘就不会有人类的诞生。如果说一处的巧合是巧合，一时的巧合是巧合，在漫长历史的每

一环节都能如此精准地"巧合"到一起，那么我们已经没有更好的语言来描述，只能说是奇迹。

6.3.3　量子力学、意识与数字永生

元宇宙中的阿凡达是人类的数字化身，代替人类在元宇宙中工作和生活。相比于人类短暂的一生，阿凡达可以是一个永恒的存在。人工智能技术的发展，可以让阿凡达和真人"无限逼近"，无论面貌、身材、声音，还是思考方式、行为方式，通过阿凡达的持续学习、长期训练，阿凡达会和真人极其相像。达到这种程度，阿凡达就可以替代人类"真身"存在，和亲人朋友相处，慰藉亲人的思念。但这是不是就意味着"真人"的永生？是不是还差了一个叫作"灵魂"或其他名称的东西呢？这是一个值得思考的、有趣的话题。

量子力学是研究物质世界微观粒子运动规律的物理学分支，主要研究原子、分子、凝聚态物质，以及原子核和基本粒子的结构、性质。它与相对论一起构成了现代物理学的理论基础。量子力学不仅是现代物理学的基础理论之一，也在化学等学科和许多近代技术中得到广泛应用。

19 世纪末，人们发现经典理论无法解释微观系统，于是物理学家在 20 世纪初创立量子力学。量子力学从根本上改变了人类对物质结构及其相互作用的理解。除了广义相对论描述的引力，迄今所有基本相互作用均可以在量子力学的框架内描述。

一大批科学家为量子力学的建立和发展做出了卓越的贡献，如普朗克、爱因斯坦、玻尔、海森堡、狄拉克、薛定谔，他们的名字如巨星般在人类历史的天幕上永恒闪烁，照亮了人类探索科学的前路。

量子力学中有几个特别有趣的独特现象，引人深思。

1．量子叠加态与薛定谔的猫

薛定谔的猫是物理学家薛定谔提出的一个思想实验，是指将一只猫关在装有少量镭和氰化物的密闭容器里，镭的衰变存在概率，如果镭发生衰变，则会触发机关打碎装有氰化物的瓶子，猫就会死；如果镭不发生衰变，则猫就存活。根据量子力学理论，由于放射性的镭处于衰变和没有衰变两种状态的叠加，猫就理应处于死猫和活猫的叠加状态。这只既死又活的猫就是所谓的薛定谔的猫。

不可能存在既死又活的猫，但又必须在打开箱子后才知道结果。该实验从宏观尺度阐述了微观尺度下的量子叠加原理。

为什么粒子可以同时既处于这个态，又处于那个态？而在观测（打开箱子）之后，又固定在一个态上面了？为什么粒子的行为取决于我是否观测它？

以玻尔为首的哥本哈根学派认为，测量的动作造成了波函数坍缩，原本的量子态服从一定的概率分布，最终坍缩成某一个可以存在的量子态。

量子世界的本质就是概率。传统观念中的严格因果关系在量子世界是不存在的，必须以一种统计性的解释来取而代之。换句话说，我们不知道一个东西在不在某个地方，只能说，这个东西有多少可能在某个地方。

观测者的观测行为对于被观测物存在扰动，因而影响其存在状态。换句话说，我们看这个世界，这个世界就存在。不看的话，谁也不知道这个世界是啥样。

2．双缝实验

双缝实验是证明波粒二象性的一个著名实验。顾名思义，就是在一块隔板上开两条缝。用一个发射光子的机枪对着双缝扫射，从缝中漏过去的光子，打在缝后面的屏上，就会留下一个光斑。观察光斑的形态来研

究光子的行为。

在实验之前，科学家已经有了很明确的预期：

第一种可能：光子是纯粒子。光子像子弹一样笔直地从缝中穿过，那么屏幕上留下的一定是两道杠，因为其他角度的光子都被隔板挡住了

第二种可能：光子是纯波。光子波穿过缝时会形成 2 个波源。两道波会产生干涉现象，波峰与波峰相遇强度叠加，波峰与波谷相遇正反抵消，最终屏幕上会出现一道道强弱相间的斑马线（干涉条纹）。

第三种可能：光子是波粒二象。屏幕图案应该是以上两种图形的杂交混合体。

这个实验简单清晰，实验结果在屏幕上一目了然。

实验结果获得了清晰的"斑马线"，证明了光的波动特性。

支持光子是粒子的一派认为，试验存在不足，光子不能像机枪一样扫射出去，应该把光子一颗一颗地发射出去，就会形成两道杠了。

再一次实验，把光子枪切换到点射模式，保证每次只发射一个光子。但得到的结果竟然还是斑马线。

根据波动理论，斑马线来源于双缝产生的两个波源之间的干涉叠加；而单个光子要么穿过左缝、要么穿过右缝，穿过一条缝的光子到底是在和谁发生干涉？

为了观察光子究竟是怎样穿过小缝的。科学家在小缝的位置加装两个摄像机，一边一个左右排开。还是点射模式发射光子，拍摄光子穿过小缝的情况。

结果屏幕上的图案变成了两道杠！

关闭摄像机，结果总是斑马线，光子是波；打开摄像机，结果就成了两道杠，光子变成了粒子。

实验结果取决于开没开摄像机？

严谨的实验者进一步细化试验设计。让光子发射出去飞行通过小缝后再打开摄像机，光子已经飞行到半途，应该不会变化了吧？结果依然是，只要打开摄像机，得到的总是两道杠。

3. 量子纠缠

量子纠缠是指，即使两个粒子相隔数光年之遥，也能够具有相互联系的特性，爱因斯坦称之为幽灵般的远距效应，如图6-1所示。

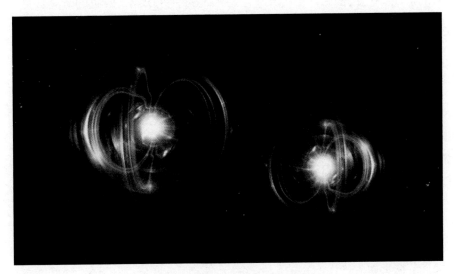

图6-1　量子纠缠：幽灵般的远距效应

在微观世界里，如果我们用某种办法把一个微观系统（可以是一个原子或者一束激光等）"切割"成两个更小的粒子，那么这两个小粒子之间就会具有"心灵感应"的特点。即使它们之间相距再遥远都会彼此感应到对方的状态，并且是瞬间完成的。

以两个向相反方向移动但速率相同的电子为例，即使一颗行至太阳边，另一颗行至冥王星边，在如此遥远的距离下，它们仍保有关联性；亦即当其中一个被操作（例如量子测量）而状态发生变化时，另一个也会即时发生相应的状态变化。如此"鬼魅似"的超距作用，仿佛两颗电子拥有超光速的秘密通信能力一般。

4. 量子力学与意识问题

意识是事关生命奥秘的重大问题，量子力学可以解释意识问题吗？意识只是人脑内神经信息之间复杂的计算行为，是一种生物现象，它又如何能和量子力学这一描述微观世界中粒子运动规律的物理学产生关联呢？然而，自 20 世纪下半叶以来，有关从大脑中寻找量子效应的研究就从未停止过。

赫伯特·弗洛里希、马里·吉布等众多物理学家先后开展了多方面的研究。这些研究都是将人脑内的神经活动描述为相应的量子活动。意识不仅仅是单纯的生物性现象，我们不能将人脑视为单纯的生物脑，大脑时刻进行着量子活动，是具有量子效应的量子脑。

20 世纪 90 年代中期，英国杰出数学家、物理学家和科学哲学家罗杰·彭罗斯与美国亚利桑那大学麻醉学系和心理学系名誉教授、意识研究中心主任斯图亚特·哈梅洛夫共同提出了一种新的意识理论：调谐的客观还原理论。该理论认为意识是量子时空结构中的产物，人脑神经元微管的精细生物结构具备量子效应产生的相关条件。由于在微管内同样存在着量子叠加效应，当量子引力达到一定的临界值而引起其中的叠加态发生坍缩时，意识也就出现了。

该理论不再将意识拘泥于传统复杂的神经计算，而是从量子力学和神经元微管的角度来构建对意识的描述，可以说在意识解释上是极具创新性的。

关于意识的研究还有很长的路要走。从量子力学的角度来看，人的主观意识确实可以影响我们的客观世界，甚至从某种程度上来说，它决定了我们的客观世界。如果我们能从量子研究的角度认识到意识的本体，并进而能够捕捉到意识、甚至分离出意识，人类离永生就真的不远了。

5. 数字人与数字永生

意识是人对外界的察觉和关注，意识具有能动性、自觉性和目的性三大作用特性，其中意识的能动性可产生人的兴趣、意志等人格倾向；意识的自觉性可产生人的饥饿、寒冷、欲望需求等内在意向；意识的目的性可产生人的清醒、糊涂、注意力集中与分散等外在意识。

当我们说一个人"有意识了"，基本上表示这个人活过来了。因此，通常意义上，一个活的生命基本上包含躯体和意识两部分。躯体容易损坏，而意识也许可以永存。

当前人们讨论"数字永生"，一般分为两种，一种是已经可以实现的数字永生，另一种还只是未来的一种可能性。

当前可以实现的"数字永生"，是指"数字化身体+知识学习"。即从数字躯体的构建开始，利用当前的计算机图形学技术，打造在身高、形态、外貌方面非常逼真的"身体"；再利用人工智能、自然语言处理、机器学习等相关技术，让数字人在声音、习惯、行为方式，乃至知识的构成上高度逼近真人。两者的结合，可以构建某人的数字孪生——数字人。

由于数字人和真人在身体、长相、习惯、语言等各方面的相似性，数字人在陪伴、怀念等应用场景中有很大的应用市场。比如痛失独生子女的父母可以打造子女的数字人，失去配偶的老人可以打造自己配偶的数字人，孩子也可以打造年迈父母的数字人，通过永生的数字人，实现永久陪伴。

但这种数字永生并不"彻底"，很多人关注到意识问题。

因为上述的数字人基本上还是以物理层面的东西为主，包括躯体、躯体的一些物理特性，以及一些后天可以习得的东西（通过机器学习训练），如知识、习惯、人际关系等。

但这些东西综合起来是不是就能代表一个人的全部，还是一个很有争议的问题。尽管数字人和真人看起来很像，言行、谈吐、习惯等可能也很像，但这个数字人就能代表那个真人了吗？这个数字人一直存在就能代表那个人"永生"了吗？对一个同事或朋友而言也许是，甚至对家人而言也许是，但对当事人本人可能就不是那么回事儿了。

我之为我，不仅仅要形似、神似，还有一个最本质的意识问题。在科幻电影中能看到未来把人的意识（或者灵魂）上传到计算机系统，人的身体没有了，但人依然在计算机系统中存在，可能这才是最终的"数字永生"。

因此，在元宇宙中，我们打造自己的阿凡达（数字化身），只是我们向着"永生"迈出的第一步。

愿人人都能在元宇宙中找到"自己"！

跋：思想深处

写完一本书，就像完成了一件独自承担的工作，我通常都会长长地舒一口气，愿意静静地坐下来，品一杯清茶，慢慢回味写书过程的点点滴滴，怡然自得，甚至会随口吟诵几句如"细雨鱼儿出，微风燕子斜"，或者"落花人独立、微雨燕双飞"之类轻盈飘逸的诗句，消费难得的轻松和安逸。

但写完这本《工业元宇宙》的感觉则完全不同，感觉更像是进行了一场探秘陌生之地的独自旅行。虽然走完了既定的路线，但感觉一路走来很多重大的景点都没有深入，而前方似乎还有更长、更美妙的旅途。

这次旅行不是已经结束了，而是发现了许多更值得深入探索的通幽曲径，每一条曲径都值得单独展开一次更深入的旅行。

1

工业元宇宙是当前工业社会的数字化倒影，它的奇妙之处在于人们不仅可以观看这个倒影，还可以走进去，随手添加自己的创意与创造物，与新老朋友会面，在自己的工作岗位（倒影）上完成自己的工作。如果想离开，可以把余下的工作交给数字员工，带着挣来的工资回到现实社会潇洒地生活。

就像当前的工业社会有各行各业一样，工业元宇宙中同样有工业、农业、商业、旅游业、文化创意产业，等等。当下有人提出"文旅元宇宙""农业元宇宙"等说法，就像在现实社会中说"文旅社会""农业社会"一样不

合适。它们都是工业元宇宙的组成部分，比较恰当的表述可以是"文旅元域""农业元域"，各色各样的"元域"构成了工业元宇宙。

工业元宇宙是一幅可供所有人自由创意、共同描绘的蓝图，但底图不是架空的网络小说，不是梦幻游戏，而是现实工业社会。创意、创造不能随心所欲，但可以"从心所欲不逾矩"，现实的工业社会提供了可以参照的基本的"矩"。

2

我们看到的宇宙之所以如此，乃是因为我们的存在。

——《时间简史》霍金

从数字计算机诞生之日开始，一个新的空间就诞生了，并在几十年来迅猛发展，就像宇宙大爆炸一样从一个奇点快速扩张，这个空间被称为数字空间、网络空间、赛博空间等，直到在其中诞生了"数字生命"，它才开始成为工业元宇宙。套用霍金在《时间简史》中的话，工业元宇宙之所以如此，乃是因为数字生命的存在。

对工业元宇宙中的数字生命而言，人类就是"造物主"。从造物主的视角，数字生命可以分为五大类：数字化身、NPC、数字员工、智能宠物（动植物）、智慧物件。

数字化身、NPC、数字员工是以"人形"存在的数字生命，可以高、矮、胖、瘦、美、丑各有不同，装扮不同的服装或者饰物，可以有或者没有性别特征、种族特征、职业特征等，但要有一些基本的约定，比如不能赤身裸体、不能设定 100 米以上的身高等。

数字化身是由现实世界中的真人驱动的数字生命，"数字化身"的名称比"数字替身""数字分身"更恰当。NPC 的名称来源于游戏，是指和特定场景、特定任务配套的预设游戏人物，就像电影《失控玩家》中抢银行场景中的保安、银行职员、银行顾客等龙套角色。在工业元宇宙中的不少场合，也需要一些路人甲乙丙丁或者定期清理路边数字垃圾桶的清洁工等NPC人物。

数字员工是工业元宇宙中主体的"产业大军"，一般为个人或者企业所拥有，既是具备一定技能的"劳动者"，也是可以交易的智能数字产品。数字员工的制造、交易将是工业元宇宙中的一个庞大产业。

在工业元宇宙中会有装饰环境的动植物存在，但为满足人类的情感需求或其他需求，人们会制造一些智能化的动植物产品，它们能和人类沟通、陪伴人类、遵从人类的指挥行动，这类动植物形态的初级智能生命被称为智能宠物。

智慧物件是指一些具备联网能力、初步感知能力、通信能力并且能完成设定动作的物品，如可自动开口的垃圾桶、会指路的电线杆等。

3

智能生命的分类、分级、分域似乎是非常必要的。世间万物各安其位、各行其道，才能保证社会运行的平稳有序，鱼在水中游泳、鸟在树上筑巢、蚯蚓在泥土中安家，不能想象所有的野兽、鸟类、昆虫都冲进超市是一种什么样的场景，也无法想象门外树上的喜鹊具备和人类一样高的智商，人类是否还能安静地生活。

在设定工业元宇宙中的智慧生命时，也应该有智能的分级。数字化身是第一级、数字员工是第二级、NPC是第三级、智能宠物是第四级、智慧物件是第五级。同时对智能生命的形态也要有所限定，如智能宠物不能具备人的外形。三级到五级智能生命的活动空间也应有所限定，它们应该只能在设定的区域中活动，或者只能在有限范围内活动，比如总不能满大街

"跑"垃圾桶。

4

工业元宇宙的发展似乎不可能是在统一的顶层设计下进行的，而是从各行各业一个个分散的元域发展并汇集形成的。去中心化或者多中心化似乎是必然趋势，其结果可能是在工业元宇宙中存在许多自治的"元域"，就像小说《雪崩》中描述的各自为政的城邦一样。这里存在多个矛盾的问题需要解决，一是如何在同一个工业元宇宙中设计一些通用的基本协议或标准，保证数据的互联互通？二是政府的治理职能如何在元宇宙中落实落地？行政边界如何界定或者管理？三是元居民的身份，特别是数字化身的身份管理问题。在工业元宇宙的不同元域间旅行，需要持有护照吗？四是现实世界和工业元宇宙的文化、法律、习俗的一致性问题。譬如现实世界中的已婚男女，在工业元宇宙中，其数字化身和另一个数字化身结婚犯重婚罪吗？

工业元宇宙的发展为人类走向大同社会提供了丰富的选择。许多决定权非常清晰地交给了全人类，我们能用好这个权利吗？

我忽然想起甘地的那句名言："地球给予人类的一切，足以满足每个人的需求，但满足不了人类的贪婪。"

5

新人类、新经济和新文化建设是工业元宇宙中三个重要的话题，每一个都需要用一本专著来讨论！

《雪崩》这本几十年前出版的科幻小说是 Metaverse 一词的诞生地，书中所描写的代表赛博朋克文化的"高科技、低生活"社会，绝对不是人类的梦想乐园。其中充斥的毒品、暴力、刺激、混乱、阴暗的文化元素，无疑是引诱人类走向沉迷、堕落乃至毁灭的罂粟花。用积极向上的文化抢占工业元宇宙的文化话语权至关重要，在工业元宇宙这块土地上，抢先种植向日葵，就能让罂粟花无处可种。

如前所述，工业元宇宙的发展，很可能是从分散的元域建设开始的，再逐步走到融合的演化模式，这种模式给培植积极向上的文化带来诸多挑战。每一个分散的元域都会发展自己的文化。这种多元文化现象在一定范围内对文化的发展是有益的，但对整个工业元宇宙而言，很可能造成严重的文化割裂。正如现实社会中温文尔雅的农耕文化和恃强凌弱的海盗文化之间，存在着巨大的文化鸿沟，鸿沟引发冲突、冲突引燃战火，文明的脚步也会因野蛮和暴力而踟蹰蹒跚。

6

我在很多个场合应邀演讲工业元宇宙，一个最常被提及的问题是人类的工作岗位是否会被替代，导致人类的失业问题。其实这是一个伪命题，其原因在于人们对"工作"认知的误区。

我曾在一次旅行中，在一个农村遇到一个忧心忡忡的中年男人，他老婆在家，孩子在上学。他在一家私营加工厂工作，原来每天从早上 6 点到晚上 6 点工作 12 个小时，工作很稳定，待遇也不错，他很满意，上周工作时间忽然变成了从早 6 点到下午 4 点，他担心是不是要失业了。我安慰他说，劳动法规定 8 小时工作制，私人老板原来在违法，现在开始醒悟了。

但我知道，这并没有给他带去多少安慰。认知的局限常常让我们陷入一些误区，产生无谓的担心或焦虑。

当下我们对上班的定义是：每天工作 8 小时，每周工作 5 天，去工厂或在办公室工作。

但不要忘了，科技在发展，人类的生活会越来越美好。未来人们对工作的定义也许是：每天工作 3 小时，每周工作 2 天，可以在任何地方工作。

同样一块巨石，当你贴近跟前观看时，看到的是一个阻挡前行的巨大石块；当你在远处眺望时，你看到的可能就是一尊美丽的雕像。

永远不要忘了，工作只是为了让我们更好地生活。如果工作 1 小时足以提供给我们美好的生活，那么更多的工作就是爱好或者娱乐了。

7

格鲁特是科幻电影《银河护卫队》中的一个角色，它是一个树人，反应有些迟缓，说话也很慢，但它善良、温和，性格坚韧、执着，我很喜欢。格鲁特是我在工业元宇宙中常用的数字化身。关于工业元宇宙，我设想未来会有下面的场景。

这是 2030 年一个初夏的清晨，白云蓝天、凉风习习，我起床后习惯性地去河边慢跑 1 小时，之后回来洗澡、享用机器人厨师准备好的早餐，开始一天的工作。我管理着一家大型制造企业，有 38 个工厂，每周需要工作 2 天，每天工作 1.5~2 小时。

我选择了喜爱的格鲁特化身后，进入工业元宇宙。

我出现在距离办公区最近的入口，首先听到的是 NPC 热情的问候。这是一条灯火通明的大街，头顶有点点星光，硕大的月亮仿佛触手可及，前方是宽阔的街道、整齐的花坛和草坪。这里是工业区，能看到一簇簇的厂房，因为没有承重问题，厂房层层叠叠、犬牙交错，厂房的外墙都是一块块巨型显示屏，滚动着各式各样的产品广告，半空中也都是五彩斑斓的全息数字影像。

我已经习惯了这有些夸张的环境设计，穿过街道，偶尔能遇到匆匆走过的数字化身或漫游的 NPC，我通过密码口令走进办公区。

我的办公室像是一座瞭望塔，正中间有一个高挺的靠背椅，四周及房顶是一块块显示屏。"巡检开始！"我发出语音指令，正前方的屏幕上依次闪现我管理的 38 个虚拟工厂的运行状况，这 38 个虚拟工厂通过融合物联网连接着现实世界中对应工厂的所有生产设备。每个虚拟工厂配备 20~40 名数字员工，每个现实工厂有 3~6 名员工。

现实工厂中的员工会随时以数字化身的方式出现在我的办公室，数字员工随叫随到。大概一个半小时，我检查了工厂的运行状况及工作进展，讨论并安排了此后两天的工作。

结束了一天的工作，我漫步去不远处一个数字化身聚集的咖啡馆。差不多一个小时之后，我又去附近一家旧物拍卖交易市场，淘到了一本装帧精美的旧书——《庄子译注》，书中彩色的文字特别适合阅读，还配有作者原声讲解。我一边翻阅，一边走向旁边不远处的一个景观湖，正听到作者以舒缓的声音深情朗诵道："昔者庄周梦为蝴蝶，栩栩然蝴蝶也，自喻适志与，不知周也！俄然觉，则蘧蘧然周也。不知周之梦为蝴蝶与？蝴蝶之梦为周与？"

抬眼望去，湖水倒映着灯光、繁星与明月，水天无界、一片迷离。远处湖光粼粼，荷花摇曳，一条弯弯曲曲的栈道通向荷花深处，有人在划船，有人在观光漫游，一群水鸟在水滨翩然飞舞。我忽想起易安居士的一首小令：

"常记溪亭日暮，沉醉不知归路。兴尽晚回舟，误入藕花深处。争渡，争渡，惊起一滩鸥鹭。"

2022 年端午，小区封控，居家